奈良文化財研究所史料　第八十五冊　別冊

平城宮木簡　七

解説

独立行政法人国立文化財機構
奈良文化財研究所

序

ここに、奈良文化財研究所史料第八十五冊として、『平城宮木簡七』をおとどけいたします。これには、平城宮跡の第一次大極殿院地域、中央区朝堂院地域周辺から出土した木簡一六〇〇点余を収録しております。この地域の調査は、当研究所創設のごく初期から継続して行なってきたもので、木簡が出土した調査に限っても、一九六五年度に行なった第二七次調査から、二〇〇二・〇三年度に行なった第三三七次調査まで、およそ四〇年に及んでおります。

今年、二〇一〇年は、平城遷都一三〇〇年にあたり、平城宮跡の第一次大極殿の復原工事も無事竣工を迎えます。本書は、この記念すべき年にあわせて刊行すべく、数年にわたり準備を進めてきたものです。これとともに、近々第一次大極殿院の遺構に関する報告を予定しておりますので、第一次大極殿院という遺跡を、遺物と遺構の両方から究明することが可能になり、平城宮の中枢部の様相がいっそう鮮明になると期待しております。

ところで、平城宮木簡シリーズは、これまでコロタイプ印刷により刊行してまいりましたが、需要の低下から材料の供給が困難となり、印刷が難しくなっているため、高精細印刷へと切り替えることといたしました。近年の印刷事情に鑑み印刷の方法は変わりましたが、『平城京木簡三』で採用したネガからの直接のデータ化により、極めて鮮明な文字と木の質感を維持するよう努めております。

最後に、報告をまとめるにあたって、多くの方々のご指導とご協力を得ました。この場を借りて心からお礼を申し上げます。

二〇一〇年一月

独立行政法人国立文化財機構理事
奈良文化財研究所長

田辺征夫

目　次

総　説

第一章　序　言……三

第二章　木簡出土の遺構……一一

一　各発掘調査の成果……一一

二　第一次大極殿院とその周辺の整地土・検出遺構……三四

三　第一次大極殿院・中央区朝堂院東辺の検出遺構……四三

四　第一次大極殿院西辺の整地土・検出遺構……五〇

五　中央区朝堂院の検出遺構……五四

第三章　第一次大極殿院地区の変遷と出土木簡……五六

一　奈良時代初頭（Ⅰ－1期）の木簡……五六

二　奈良時代前半（Ⅰ－2期）の木簡……六二

釈　文

6ABE・6ABQ・6ABR区

第一次大極殿院整地土出土木簡……八五

内裏西南隅外郭整地土下層黒色粘質土層出土木簡……八九

SB八一八二建物出土木簡……一一三

SB八一八四建物出土木簡……一一三

SB七八〇二建物（東楼）出土木簡……一一四

SB一八五〇〇建物（西楼）出土木簡……一三九

SA三七七七塀出土木簡……一九四

SD五五六三溝出土木簡……一九五

SE九二一〇井戸出土木簡……一九六

6ABE・6ABF・6ABG・6ABH・6ABI・6ABJ・6ABL・6ABR・6ABS・6ABT・6ABU・6ABV・6ABW・6ABX・6ABY区
SD三七六五溝出土木簡……一九九
SK五五三五土坑出土木簡……二〇三
SD三七一五溝・SX八四一一堰状遺構出土木簡……二〇四
SD五五〇五溝出土木簡……二三八
SD五五六四溝出土木簡……二四五
SD五四九〇溝出土木簡……二四七
SD八四一九溝出土木簡……二四七
SK三七三〇土坑出土木簡……二四八
SD一〇三二五溝出土木簡……二四九

ＳＤ一〇七〇五溝Ａ出土木簡……三六五
ＳＤ一〇七〇六溝出土木簡……三六六

6ＡＣＣ区

ＳＧ八一九〇池南岸堆積土出土木簡……三六九
第一次大極殿院西辺整地土下層木屑層・炭層出土木簡……三七七
ＳＤ三八二五溝Ａ出土木簡……四一三
ＳＤ三八二五溝Ｂ出土木簡……四二〇
ＳＤ三八二五溝Ｃ出土木簡……四二四
ＳＤ三八二五溝ＢまたはＣ出土木簡……四三三
ＳＤ三八二五溝不明出土木簡……四三九

SD一二九六五溝出土木簡……四一
SD一八二二〇溝出土木簡……四四
SK三八三三土坑出土木簡……四五
6ABG・6ABJ・6ABY区
SA八四一〇塀出土木簡……四五
SK一二五三〇土坑出土木簡……四六
SE一一七二〇井戸出土木簡……五三
6ABH・6ABI・6ABJ・6ACC区
出土遺構不明木簡……五三

索　引 ……………… xxxiii
英文要約 ……………… iii

挿図目次

第1図　平城宮木簡出土地点図 ……………… 八
第2図　奈良時代前半の第一次大極殿院・中央区朝堂院の建物配置と調査区位置図 ……………… 一三
第3図　第二七次調査遺構図・地区割図 ……………… 一五
第4図　第二八次調査遺構図・地区割図 ……………… 一六
第5図　第四一次調査遺構図・地区割図 ……………… 一七
第6図　第七七次調査遺構図・地区割図 ……………… 一八
第7図　第九一次調査遺構図・地区割図 ……………… 一九
第8図　第九二次調査遺構図・地区割図 ……………… 二〇
第9図　第九七次調査遺構図・地区割図 ……………… 二一
第10図　第一〇二次調査遺構図・地区割図 ……………… 二二
第11図　第一一一次調査遺構図・地区割図 ……………… 二三
第12図　第一一七次調査遺構図・地区割図 ……………… 二四
第13図　第一三六次調査遺構図・地区割図 ……………… 二五
第14図　第一四〇次調査遺構図・地区割図 ……………… 二六
第15図　第一五〇次調査遺構図・地区割図 ……………… 二七
第16図　第一五七次調査遺構図・地区割図 ……………… 二八
第17図　第一五七次補足調査遺構図・地区割図 ……………… 二八
第18図　第一七一次調査遺構図・地区割図 ……………… 二九
第19図　第一七七次調査遺構図・地区割図 ……………… 三〇
第20図　第三一五次調査遺構図・地区割図 ……………… 三一
第21図　第三一六次調査遺構図・地区割図 ……………… 三二
第22図　第三三七次調査遺構図・地区割図 ……………… 三三
第23図　第一次大極殿院整地土断面図 ……………… 三四

第24図　ＳＢ八一八二建物・ＳＢ八一八四建物
　検出状況（南から）……………………三五
第25図　ＳＢ七八〇二建物（東楼）番付……………三六
第26図　ＳＢ七八〇二建物（東楼）
　柱穴平面図・断面図……………………三六
第27図　ＳＢ一八五〇〇建物（西楼）番付…………三七
第28図　ＳＢ七八〇二建物（東楼）全景（東から）……三八
第29図　ＳＢ一八五〇〇建物（西楼）
　全景（北から）……………………………三八
第30図　ＳＢ一八五〇〇建物（西楼）柱穴断面図………三九
第31図　ＳＡ三七七七掘立柱柱根実測図……………四〇
第32図　ＳＤ五五六三木樋実測図……………………四一
第33図　ＳＥ九二一〇井戸平面図・断面図……………四二
第34図　ＳＥ九二一〇井戸枠組あげ状況写真…………四二
第35図　ＳＤ三七六五溝断面図………………………四六
第36図　ＳＤ三七一五溝断面図………………………四六
第37図　ＳＤ三七一五溝とＳＸ八四一一堰状遺構
　（北西から）……………………………………四六
第38図　ＳＤ五五〇五溝・ＳＤ五五六四溝・
　ＳＤ三七一五溝（東から）……………………四七
第39図　ＳＤ一〇三二五溝・ＳＤ一〇七〇五溝Ａ・
　ＳＤ一〇七〇六溝（北から）…………………四九
第40図　ＳＧ八一九〇池南岸堆積土断面図……………五〇
第41図　第一次大極殿院西辺整地土下層
　木屑層・炭層断面図……………………………五一
第42図　ＳＤ三八二五溝・ＳＤ一二九六五溝断面図……五二
第43図　ＳＤ三八二五溝（南から）……………………五二
第44図　ＳＤ一八二二〇溝（北西から）………………五二
第45図　ＳＡ八四一〇塀とＳＤ三七一五溝（北から）…五五
第46図　第一次大極殿院地区の変遷……………………五七
第47図　顕微鏡写真…………………………………八四
第48図　一二七〇一実測図……………………………四〇〇

表目次

第1表　本書所収遺構別出土木簡点数と内容分類　……………　六
第2表　樹種同定結果一覧（樹種／分類群別）　……………　八二
第3表　本書所収木簡の樹種と木取り
（生物顕微鏡観察分）　……………………　八三
第4表　本書所収木簡の樹種と木取り
（実体顕微鏡観察分）　……………………　八三

図版目次

一　第一次大極殿院整地土　文書・荷札　履歴・伊勢ほか（一二八五・一二八六・一二九三）
二　第一次大極殿院整地土　荷札・付札　伊勢・参河・遠江・駿河・国名不詳（一二八七～一二九二、一二九四）
三　内裏西南隅外郭整地土下層　文書　伝票ほか（一二九五・一二九六）
四　内裏西南隅外郭整地土下層　文書・荷札・削屑　歴名・山背・摂津・尾張（一二九七～一三〇一）
五　内裏西南隅外郭整地土下層　荷札　参河・近江・上野・越前・隠岐・備中（一三〇二～一三〇五、一三一一・一三一〇）
六　内裏西南隅外郭整地土下層　荷札　丹波国氷上郡・加佐郡（一三〇六～一三一〇）
七　内裏西南隅外郭整地土下層　荷札　播磨・讃岐・伊豫（一三一二～一三一五、一三二二～一三二五）
八　内裏西南隅外郭整地土下層　荷札　備前・備中・備後（一三一六～一三一九、一三二一）
九　内裏西南隅外郭整地土下層　荷札　国名不詳（一三二六～一三二九）
一〇　内裏西南隅外郭整地土下層　荷札・その他　人名・国名不詳・墨書木製品ほか（一三三〇～一三三四、一三三六～一三三八）
一一　内裏西南隅外郭整地土下層　荷札・その他　国郡名列記・国名不詳ほか（一三三五・一三四一・一三五〇）
一二　内裏西南隅外郭整地土下層　その他・削屑　人名ほか（一三三九・一三四〇、一三四二～一三四九、一三五一～一三五三、一三五九・一三六六）
一三　内裏西南隅外郭整地土下層　習書・その他・削屑　数字ほか（一三五四～一三五八、一三六〇～一三六二、一三七〇・一三七一）
一四　内裏西南隅外郭整地土下層・SB八一八二・SB八一八四　習書・削屑　千字文ほか
（一三六三～一三六五、一三六七～一三六九、一三七二～一三九二）
一五　SB七八〇二　文書・習書　牒ほか（一三九三・一三九七、一三九九～一四〇一）

一六　SB七八〇二　文書　伝票（一二三九四）
一七　SB七八〇二　文書　解・伝票ほか（一二三九五・一二三九六・一二三九八）
一八　SB七八〇二　文書・荷札　歴名・志摩ほか（一二四〇二～一二四〇七、一二四〇九～一二四一一、一二四一五・一二四一六）
一九　SB七八〇二　荷札・付札　伊豆・丹後・国名不詳・衛門府付札ほか（一二四一三～一二四一四、一二四一七～一二四一九、一二四四二・一二四四三）
二〇　SB七八〇二　付札・その他・削屑　食料支給・人名ほか
（一二四〇八、一二四二〇～一二四二四、一二四三一・一二四三五・一二四三九・一二四四四・一二四五七）
二一　SB七八〇二　付札・その他・削屑　人名ほか（一二四二五～一二四三〇、一二四三三・一二四三四・一二四三六～一二四三八・一二四四一・一二四四六）
二二　SB七八〇二　付札・習書　人名ほか（一二四三二・一二四四五・一二四五一）
二三　SB七八〇二　習書・削屑　年紀ほか（一二四四〇、一二四四七～一二四五〇、一二四五二～一二四五五）
二四　SB七八〇二　付札・断片・削屑（一二四五八～一二四六二、一二四六四～一二四六七、一二四七一～一二四七五、一二四八九）
二五　SB七八〇二　削屑（一二四五六・一二四六三・一二四六八～一二四七〇、一二四七六～一二四八八、一二四九〇～一二四九五）
二六　SB一八五〇〇　文書・削屑　宣・移・解ほか（一二四九六～一二五〇〇、一二五〇二、一二五〇四～一二五〇九）
二七　SB一八五〇〇　文書　解・伝票（一二五〇一・一二五〇三・一二五一三・一二五一四）
二八　SB一八五〇〇　文書　進上・伝票・歴名（一二五一〇・一二五一一・一二五一五・一二五一六）
二九　SB一八五〇〇　文書・荷札　題籤軸・伝票・伊勢・尾張ほか（一二五一二、一二五一七～一二五二二）
三〇　SB一八五〇〇　荷札　参河・武蔵・但馬・隠岐・周防・阿波・国名不詳（一二五二三～一二五二六、一二五三〇・一二五三二・一二五三三）
三一　SB一八五〇〇　荷札　備前・安芸・淡路（一二五二七・一二五二九・一二五三一）
三二　SB一八五〇〇　荷札・その他　備中・梨ほか（一二五二八・一二五三四・一二五三九）

三三　ＳＢ一八五〇〇　荷札・付札・その他・削屑　薪・片児・官職名・人名（一一五三五～一一五三八、一一五四〇～一一五五三）
三四　ＳＢ一八五〇〇　その他・削屑　位階・人名（一一五五四～一一五七二）
三五　ＳＢ一八五〇〇　断片・削屑　河内・尾張・丹後・年紀・人名ほか（一一五七三～一一五七九、一一五八一～一一五九八、一一六一三・一一六一四）
三六　ＳＢ一八五〇〇　習書・削屑　人名ほか（一一五八〇、一一六一八～一一六二五）
三七　ＳＢ一八五〇〇　文書・習書・削屑　数字・助数詞ほか（一一五九九～一一六一二、一一六一五～一一六一七）
三八　ＳＢ一八五〇〇　削屑（柾目）官職・位階・人名ほか（一一六二六～一一六四七、一一六四九・一一六五〇・一一六五三）
三九　ＳＢ一八五〇〇　削屑（柾目）位階・人名ほか（一一六四八・一一六五一・一一六五二、一一六五四～一一六七六）
四〇　ＳＢ一八五〇〇　削屑（柾目）人名（一一六七七～一一七〇一）
四一　ＳＢ一八五〇〇　削屑（柾目）人名ほか（一一七〇二～一一七三七）
四二　ＳＢ一八五〇〇　削屑（柾目）人名ほか（一一七三八～一一七八〇）
四三　ＳＢ一八五〇〇　断片・削屑・横材　人名ほか（一一七八一～一一八〇二）
四四　ＳＡ三七七七・ＳＥ九二一〇　柱根・木製品　刻書・棒状木製品（一一八〇三・一一八二二）
四五　ＳＤ五五六三　木樋暗渠　刻書（一一八〇四・一一八〇五）
四六　ＳＥ九二一〇　井戸枠　下から一段目番付（一一八〇六～一一八〇九）
四七　ＳＥ九二一〇　井戸枠　下から二段目番付（一一八一〇～一一八一三）
四八　ＳＥ九二一〇　井戸枠　下から三段目番付（一一八一四～一一八一七）
四九　ＳＥ九二一〇　井戸枠　下から四段目番付（一一八一八～一一八二一）
五〇　ＳＤ三七六五　文書・荷札・削屑　解・伊勢・官職名・人名ほか（一一八二三～一一八三六）

目　次

五一　SK五五三五　習書・削屑　年紀ほか（一八三七〜一八四三）
五二　SD三七一五　文書・削屑　奏・移・牒・解ほか（一八四四、一八四六〜一八五八）
五三　SD三七一五　文書　宿奏・請ほか（一八四五・一八六〇・一八六一）
五四　SD三七一五　文書　申状・請ほか（一八五九・一八六二・一八六三）
五五　SD三七一五　文書　伝票・食料請求（一八六四・一八六八）
五六　SD三七一五　文書　食料請求ほか（一八六五〜一八六七、一八七〇〜一八七二）
五七　SD三七一五　文書　歴名（一八六九）
五八　SD三七一五　文書　進上瓦（一八七三〜一八七六）
五九　SD三七一五　文書　進上銭・氷・小石ほか（一八七七〜一八八〇）
六〇　SD三七一五　文書　召文ほか（一八八一〜一八八四）
六一　SD三七一五　文書・削屑　人名ほか（一八八五〜一八九三）
六二　SD三七一五　文書　歴名（一八九四）
六三　SD三七一五　文書　歴名（一八九五〜一八九七）
六四　SD三七一五　文書　造営（一八九八〜一九〇一）
六五　SD三七一五　文書　造営（一九〇二、一九〇六〜一九〇八）
六六　SD三七一五　文書　造営（一九〇三〜一九〇五、一九〇九〜一九一三、一九一六）
六七　SD三七一五　文書　造営（一九一四・一九一五）
六八　SD三七一五　文書　造営（一九一七・一九一八）

六九　SD三七一五　文書　歴名ほか（一九一九〜一九二二、一九二三・一九二六）
七〇　SD三七一五　文書　人名ほか（一九二三・一九二四）
七一　SD三七一五　文書　歴名（一九二五、一九二七〜一九二九、一九三一〜一九三三）
七二　SD三七一五　文書　伝票ほか（一九三〇・一九三四、一九三八〜一九四〇）
七三　SD三七一五　文書　伝票ほか（一九三五〜一九三七）
七四　SD三七一五　文書　題籤・考課（一九四一〜一九四七、一九五二）
七五　SD三七一五　文書　文書軸（一九四八〜一九五一）
七六　SD三七一五　荷札　山背・参河・遠江・近江・美濃・丹後（一九五三、一九五五〜一九五八、一九六一）
七七　SD三七一五　荷札　尾張・若狭・能登・淡路・讃岐（一九五四・一九五九・一九六〇・一九六三・一九六四・一九六六・一九六七）
七八　SD三七一五　荷札　周防・阿波・国名不詳（一九六二・一九六五・一九六八・一九六九・一九七一）
七九　SD三七一五　荷札　国名不詳（一九七〇、一九七二〜一九七六）
八〇　SD三七一五　付札　食品・贄（一九七七〜一九八〇、一九八二〜一九八七）
八一　SD三七一五　付札　食品・銭ほか（一九八一、一九八八〜一九九五）
八二　SD三七一五　その他・削屑　官職名ほか（一九九六〜二〇〇七、二〇〇九・二〇一〇）
八三　SD三七一五　その他・削屑　官職名ほか（二〇〇八、二〇一一〜二〇一三）
八四　SD三七一五　その他・削屑　位階・人名（二〇三三〜二〇三八、二〇四〇・二〇四二・二〇四三・二〇五〇・二〇五一・二〇五五）
八五　SD三七一五　その他・削屑　人名（二〇三九・二〇四一・二〇四四〜二〇四九、二〇五二〜二〇五四、二〇五六・二〇五七）
八六　SD三七一五　その他・削屑　人名・姓（二〇五八〜二〇七一、二〇七三〜二〇七八、二〇九四）

目　次

八七　SD三七一五　その他・削屑　人名（二〇七二、二〇七九～二〇九三）
八八　SD三七一五　その他・削屑　人名（二〇九五～二一一六）
八九　SD三七一五　その他・削屑　国郡名ほか（二一一七～二一二六）
九〇　SD三七一五　付札・その他・削屑　人名・年紀ほか（二一二七～二一三七）
九一　SD三七一五　その他　日付ほか（二一三八・二一四〇・二一五七）
九二　SD三七一五　その他・削屑　日付・物品名ほか（二一三九、二一四一～二一五六、二一五八・二一六〇・二一六一）
九三　SD三七一五　その他　物品名（二一五九）
九四　SD三七一五　その他・削屑　助数詞ほか（二一六二～二一八〇）
九五　SD三七一五　その他・削屑　助数詞ほか（二一八一～二一九二）
九六　SD三七一五　その他・削屑　数字・九九（二一九三～二二〇九）
九七　SD三七一五　習書・削屑（二二一〇・二二一一、二二一五～二二二〇）
九八　SD三七一五　習書（二二一二～二二一四）
九九　SD三七一五　習書・その他・削屑（二二二一～二二三四、二二四八）
一〇〇　SD三七一五　習書・その他・削屑（二二三五～二二四七、二二四九～二二五九）
一〇一　SD三七一五　木製品　盤（二二六〇）
一〇二　SD三七一五　木製品　定木・曲物ほか（二二六一・二二六二、二二六四～二二六九）
一〇三　SD三七一五　木製品　板状木製品（二二六三）
一〇四　SD三七一五　その他・削屑（二二七〇～二二八四）

目　次

一〇五　SD三七一五　その他・削屑（一二二八五～一二三〇七）
一〇六　SD三七一五　その他・削屑（一二三〇八～一二三二七）
一〇七　SD三七一五　その他・削屑（一二三二八～一二三五六）
一〇八　SD三七一五　その他・削屑（一二三五七～一二三九四）
一〇九　SD三七一五　横材文書・横材削屑　宣・請・人名ほか（一二三九五～一二四一一）
一一〇　SD三七一五　横材文書・横材削屑　物品名ほか（一二四一二～一二四三三）
一一一　SD三七一五　横材文書・横材削屑（一二四三三～一二四五三）
一一二　SD五五〇五　文書・その他・削屑　解・進上ほか（一二四五四～一二四五九）
一一三　SD五五〇五　荷札・その他　播磨・美作・国名不詳ほか（一二四六〇～一二四六四、一二四六六・一二四六七・一二四七〇、一二四七三～一二四七五）
一一四　SD五五〇五　習書・その他・削屑　人名ほか（一二四六五・一二四六八・一二四六九・一二四七一・一二四七二・一二四七六・一二四七七）
一一五　SD五五六四・SD五四九〇・SD八四一九・SK三七三〇　文書・付札・その他・削屑　題籤・年紀・熬海鼠・角俣ほか（一二四七八～一二四八九）
一一六　SD一〇三二五　文書・付札・削屑　奏・請・西大宮・官司名・位階ほか（一二四九〇～一二四九五、一二四九八～一二五一〇）
一一七　SD一〇三二五　文書　食料支給・人名（一二四九六・一二五一四）
一一八　SD一〇三二五　文書・削屑　解・人名ほか（一二四九七・一二五一二・一二五一三、一二五一五～一二五一七、一二五二一～一二五二四、一二五二八）
一一九　SD一〇三二五　習書・その他・削屑　人名ほか
（一二五一一、一二五一八～一二五二〇、一二五二六・一二五二七・一二五二九・一二五三〇・一二五三五、一二五三七～一二五三九、一二五四二～一二五四五）
一二〇　SD一〇三二五　習書・その他・削屑　人名・日付・干支ほか

目　次

（一二五二五、一二五三二～一二五三四、一二五三六・一二五四〇・一二五四一、一二五四六～一二五四八、一二五五〇～一二五五二、一二五五四～一二五五六、一二五五八～一二五六二）
一二一　SD一〇三二五　その他・削屑・横材削屑　人名ほか（一二五四九・一二五五三・一二五五七、一二五六三～一二五八一）
一二二　SD一〇七〇五A・SD一〇七〇六　文書・荷札　米支給ほか（一二五八二・一二五八七）
一二三　SD一〇七〇六　文書・横材文書・荷札・削屑　宣・口宣・弾正台・播磨ほか（一二五八三～一二五八六、一二五八八～一二五九一）
一二四　SG八一九〇南岸堆積土　文書　解・兵士歴名（一二五九二・一二五九四）
一二五　SG八一九〇南岸堆積土　文書・荷札　膳部所・上野（一二五九三・一二五九八）
一二六　SG八一九〇南岸堆積土　文書・横材文書　兵士勤務管理ほか（一二五九五～一二五九七）
一二七　SG八一九〇南岸堆積土　荷札　伊勢・越前・播磨・備前ほか（一二五九九～一二六〇三）
一二八　SG八一九〇南岸堆積土　荷札・付札・その他・削屑　御竈薪・国名不詳ほか（一二六〇四～一二六一〇、一二六一二）
一二九　SG八一九〇南岸堆積土　習書・その他・削屑（一二六一一、一二六一三～一二六一六）
一三〇　第一次大極殿院西辺整地土下層木屑層・炭層　文書　釜・丹比門・火・五十上（一二六一七～一二六一九、一二六二二）
一三一　第一次大極殿院西辺整地土下層木屑層・炭層　文書　歴名（一二六二〇）
一三二　第一次大極殿院西辺整地土下層木屑層・炭層　文書・その他・削屑　人名ほか（一二六二一、一二六二三～一二六二六）
一三三　第一次大極殿院西辺整地土下層木屑層・炭層　荷札　伊勢・尾張・参河・駿河・伊豆ほか（一二六二七～一二六三三）
一三四　第一次大極殿院西辺整地土下層木屑層・炭層　荷札　近江・美濃・上野・越前ほか（一二六三四～一二六三八、一二六四四）
一三五　第一次大極殿院西辺整地土下層木屑層・炭層　荷札　若狭（一二六三九・一二六四一・一二六四三）
一三六　第一次大極殿院西辺整地土下層木屑層・炭層　荷札　若狭・播磨（一二六四〇・一二六四二・一二六五五）
一三七　第一次大極殿院西辺整地土下層木屑層・炭層　荷札　丹波・丹後・但馬（一二六四五～一二六四九、一二六五三）

一三八　第一次大極殿院西辺整地土下層木屑層・炭層　荷札　但馬（一二六五〇・一二六五一）
一三九　第一次大極殿院西辺整地土下層木屑層・炭層　荷札　但馬・伯耆・美作（一二六五二・一二六五四・一二六五六・一二六五八）
一四〇　第一次大極殿院西辺整地土下層木屑層・炭層　荷札　美作ほか（一二六五七・一二六七一・一二六七二）
一四一　第一次大極殿院西辺整地土下層木屑層・炭層　荷札　備中・阿波・国名不詳（一二六五九・一二六六一・一二六六二・一二六六七）
一四二　第一次大極殿院西辺整地土下層木屑層・炭層　文書・荷札　紀伊・阿波・讃岐・国名不詳
（一二六六〇、一二六六三～一二六六六、一二六六八～一二六七〇、一二六九七）
一四三　第一次大極殿院西辺整地土下層木屑層・炭層　荷札・付札　供御・主水司布・帳ほか（一二六七三・一二六七四、一二六七六～一二六八二）
一四四　第一次大極殿院西辺整地土下層木屑層・炭層　荷札・付札・削屑　薦・茄子・腊・人名ほか
（一二六七五、一二六八三～一二六九二、一二六九八）
一四五　第一次大極殿院西辺整地土下層木屑層・炭層　馬形木製品・断片・削屑　年紀・人名ほか
（一二六九三～一二六九六、一二六九九～一二七〇四）
一四六　第一次大極殿院西辺整地土下層木屑層・炭層　付札・習書・その他・削屑（一二七〇五～一二七一三、一二七二〇・一二七二一）
一四七　第一次大極殿院西辺整地土下層木屑層・炭層　その他　数字（一二七一四）
一四八　第一次大極殿院西辺整地土下層木屑層・炭層　その他　筆・墨・人名ほか（一二七一五・一二七二七）
一四九　第一次大極殿院西辺整地土下層木屑層・炭層　呪符・習書（一二七一六～一二七一八）
一五〇　第一次大極殿院西辺整地土下層木屑層・炭層　習書・その他（一二七一九、一二七二三～一二七二五、一二七二九・一二七三〇）
一五一　第一次大極殿院西辺整地土下層木屑層・炭層　その他（一二七二六・一二七三二・一二七三三、一二七三六～一二七三九、一二七四二）
一五二　第一次大極殿院西辺整地土下層木屑層・炭層　横材・その他・削屑　人名ほか

（二七二八、二七三三～二七三五、二七四〇・二七四一、二七四三～二七四七）
一五三　SD三八二五A　文書・習書・その他・削屑　尾張国造・官職名・人名ほか（二七四八・二七四九、二七五五～二七六一）
一五四　SD三八二五A　荷札　尾張・美濃・越前・国名不詳（二七五〇～二七五四）
一五五　SD三八二五A　その他・削屑　弓ほか（二七六二・二七六三、二七六八～二七七二）
一五六　SD三八二五A　習書・その他　難波津歌ほか（二七六四～二七六七）
一五七　SD三八二五B　文書・荷札　解・申状・美濃（二七七三～二七七五）
一五八　SD三八二五B　荷札・付札　備後・国名不詳・薦（二七七六～二七七八、二七八一）
一五九　SD三八二五B　付札・習書・その他・削屑　釘・人名・難波津歌ほか（二七七九・二七八〇、二七八二～二七八七）
一六〇　SD三八二五C　文書・荷札・削屑　解・山背・伊豆・若狭・讃岐（二七八八、二七九二～二七九五、二七九七）
一六一　SD三八二五C　文書　僧歴名・官職名ほか（二七八九～二七九一）
一六二　SD三八二五C　荷札・琴形状木製品　但馬・国名不詳ほか（二七九六・二七九八・二八〇三）
一六三　SD三八二五C　荷札・付札・削屑　布乃利ほか（二七九九～二八〇二、二八〇四～二八〇九）
一六四　SD三八二五BまたはC　文書・荷札　衛士府・解・長谷部内親王・近江・年紀ほか
（二八一〇～二八一三、二八一六・二八二六・二八二七）
一六五　SD三八二五BまたはC　荷札　参河・讃岐・国名不詳ほか（二八一四・二八一五・二八一八、二八二一～二八二三）
一六六　SD三八二五BまたはC　荷札・習書・その他・削屑　阿波・伊豫ほか
（二八一七・二八一九・二八二〇・二八二四・二八二五、二八二八～二八三一）
一六七　SD三八二五不明　荷札・習書・その他・削屑　紀伊・人名ほか（二八三二～二八三五）

目　次

一六八　SD一二九六五　文書・荷札・付札　宣・参河・美濃・備後・讃岐ほか（一二八三六〜一二八四二）
一六九　SD一二九六五・SD一八二二〇・SK三八三三　習書・削屑・木製品　曲物底板ほか（一二八四三〜一二八四八）
一七〇　SA八四一〇・SK一二五三〇　荷札・削屑　若狭・移・官位・人名ほか（一二八四九〜一二八七三、一二八七五・一二八七六）
一七一　SK一二五三〇　習書・その他・削屑（一二八七四、一二八七七〜一二八九三）
一七二　出土遺構不明　荷札・付札・その他　人名ほか（一二八九四〜一二九〇一）
一七三　SD三七一五出土木簡分布1
一七四　SD三七一五出土木簡分布2
一七五　SD三八二五出土木簡分布

凡　例

一、この報告書は、奈良文化財研究所史料の第八十五冊にあたる。

一、この報告書は、『平城宮木簡一』、『同二』、『同三』、『同四』、『同五』、『同六』に続くもので、次の略報告および発掘調査の報告書『平城宮発掘調査報告』に収録した木簡の正報告書である。釈文が略報告と異なるものがあるが、それらについては今後は本報告書によられたい。

『平城宮発掘調査出土木簡概報（四）』（一九六七年）６ＡＢＥ区（第二七次調査）、６ＡＣＣ区（第二八次調査）出土木簡。

『平城宮発掘調査出土木簡概報（五）』（一九六八年）６ＡＢＥ区（第四一次調査）出土木簡。

『平城宮発掘調査出土木簡概報（九）』（一九七三年）６ＡＢＲ区（第七七次調査）出土木簡。

『平城宮発掘調査出土木簡概報（十）』（一九七五年）６ＡＢＥ区（第九一次調査）、６ＡＣＣ区（第九二次調査）出土木簡。

『平城宮発掘調査出土木簡概報（十一）』（一九七七年）６ＡＢＦ区（第九七次調査）出土木簡。

『平城宮発掘調査出土木簡概報（十二）』（一九七八年）６ＡＢＧ区（第一〇二次調査）出土木簡。

『平城宮発掘調査出土木簡概報（十三）』（一九八〇年）６ＡＢＧ区（第一一一次調査）、６ＡＢＱ区（第一一七次調査）出土木簡。

『平城宮発掘調査出土木簡概報（十五）』（一九八二年）６ＡＢＪ区（第一三六次調査）出土木簡。

『平城宮発掘調査出土木簡概報（十六）』（一九八三年）６ＡＢＩ区（第一四〇次調査）出土木簡。

『平城宮発掘調査出土木簡概報（十七）』（一九八四年）６ＡＢＸ区（第一五〇次調査）出土木簡。

『平城宮発掘調査出土木簡概報（十八）』（一九八五年）６ＡＢＬ区（第一五七次調査）出土木簡。

『平城宮発掘調査出土木簡概報（十九）』（一九八七年）６ＡＢＪ・６ＡＢＷ区（第一七一次調査）、６ＡＣＣ区（第一七七次調査）出土木簡。

『平城宮発掘調査出土木簡概報（二十）』（一九八八年）６ＡＢＬ区（第一五七次補足調査）出土木簡。

『平城宮発掘調査出土木簡概報（三十六）』（二〇〇一年）６ＡＣＣ区（第三一五次調査・第三一六次調査）出土木簡。

『平城宮発掘調査出土木簡概報（三十七）』（二〇〇三年）６ＡＢＲ区（第三三七次調査）出土木簡。

『平城宮発掘調査報告Ⅺ―第一次大極殿地域の調査』（奈良国立文化財研究所学報第四〇冊）（一九八二年）

『平城宮発掘調査報告ⅩⅥ―兵部省地区の調査』（奈良文化財研究所学報第七〇冊）（二〇〇五年）

一、木簡は、調査次数にかかわらず出土遺構ごとにまとめて排列した。

一、出土遺構の中の木簡の排列は、後述する木簡の内容分類により、概ね文書、付札、その他、不明の順に並べることを原則とした。木目と直交する方向に文字を書く木簡（横材木簡）は最後にまとめた場合がある。

一、木簡番号は『平城宮木簡二』からの通し番号で、二二八五から三九〇一までを収めた。

一、一点一画の墨付しかもたない断簡・削屑の類は、かえって煩瑣にわたるので、収録しないこととした、但し、残画は少なくとも、形態上取り上げるべきものは採録した。

一、図版には解説編で取り上げた木簡を原寸大で掲載した。但し、大型建築部材などに墨書・刻書などがあるものは、全体の縮小写真と文字部分の原寸大写真等とを掲載した。図版の左下に付した図版名称は、木簡の形態と記載内容の分類によるものである。

一、木簡の記載内容は、大きく文書・付札・その他の三種類に分けることができる。

文書　諸官司において作成された様々の文書・記録・官人の書状などを一括して文書と総称する。これはさらに、その書式によって狭義の文書と帳簿・伝票などの記録に分けることができる。

文書　狭義の文書とは、書式上何らかの形で授受関係が明らかにされているものを指す。文書の差出者・受取者が明記されているものはいうまでもないが、充所はないがいずれかに差し出したことを示す用語（例えば「請」など）があるものもこの中に含まれる。

帳簿・伝票　狭義の文書に対して、文書の授受関係が明記されていないもので、例えば物資の出納などに関する記録がこれにあたる。

付札　文書に対して、物資に付けられたものを付札と総称する。これには調・庸・中男作物・贄・舂米などの税物に付けられたものと、諸官司が物品の保管・整理のために付けたものの二種類がある。前者を荷札、後者を狭義の付札と呼んで区別した。

その他　習書・楽書・記載内容の不分明な断簡類が含まれる。

なお、削屑のうち、内容の明らかなものは右記の分類にしたがって図版に排列し、不分明なものは後ろに削屑として一括して収めた。

一、「解説」の構成は総説と釈文の二篇とし、前者では木簡の出土状況・伴出遺物についての必要最小限の解説と出土木簡の概要を記述し、あわせて第一次大極殿院地区と出土木簡の特徴について略述した。

一、釈文は木簡番号にしたがって排列し、図版写真でなお判然としない木簡の形状・内容に関し、必要に応じて補注を加えた。形状については木簡の四周の加工状況を中心に記述した。なお、上端・下端・左辺・右辺の語を用いたが、端とは木簡の木目方向の上下両端をいい、また上下左右は木簡の文字の方向を基準とすることとする。

一、釈文の漢字は常用字体を用い、常用字体のない文字は、康熙字典の字体に準拠した。但し、實・證・龍・廣・盡・應・寶・萬・ム・尓・弥・祢・麁・嶋・毗・涞については木簡の表記を尊重した。

一、釈文上段の平体和数字（ゴシック）は木簡番号を示す。

一、釈文下段のアラビア数字は、木簡の長さ・幅・厚さ（単位はミリメートル。いずれも最大値）を示す。欠損しているものおよび二次加工を受けているものは、現存部分の法量を括弧付きで示した。長さ・幅は木簡の文字の方向による。なお、削屑についてはこれを省略した。法量下の四桁のアラビア数字（イタリック）は型式番号を示す。型式番号は次の通りで、第一位の数字は時代を示す。五は飛鳥時代、六は奈良時代、七は平安時代、八は鎌倉時代、九は室町時代以降である。なお、二次的整形の場合に推定できる原形の型式は括弧内に示した。六〇一五型式の木簡を考選木簡以外の用途に転用していることが明らかな場合も同様に扱った。

6011型式　長方形の材（方頭・圭頭などもこれに含める）のもの。

6015型式　長方形の材の側面に孔を穿ったもの。

6019型式　一端が方頭で、他端は折損・腐蝕などによって、原形の失われたもの。原形は6011・6015・6032・6041・6051型式のいずれかと推定される。

6031型式　長方形の材の両端の左右に切り込みをいれたもの。

6032型式　長方形の材の一端の左右に切り込みをいれたもの。

6033型式　長方形の材の一端の左右に切り込みをいれ、他端を尖らせたもの。

6039型式　長方形の材の一端の左右に切り込みがあるが、他端は折損・腐蝕などによって、原形の失われたもの。原形は6031・6032・6033・6043型式のいずれかと推定される。

6041型式　長方形の材の一端の左右を削り、羽子板の柄状に作ったもの。

6043型式　長方形の材の一端の左右を削り、羽子板の柄状にし、他端の左右に切り込みをもつもの。

6049型式　長方形の材の一端の左右を削り、羽子板の柄状にしているが、他端は折損・腐蝕などによって、原形の失われたもの。原形は6041・6043型式のいずれかと推定される。

凡　例

6051型式　長方形の材の一端を尖らせたもの。

6059型式　材の一端を尖らせているが、他端は折損・腐蝕などによって、原形の失われたもの。原形は6033・6051型式のいずれかと推定される。

6061型式　用途の明瞭な木製品に墨書のあるもの。

6065型式　用途未詳の木製品に墨書のあるもの。

6081型式　折損・割截・腐蝕その他によって原形の判明しないもの。

6091型式　削屑。

一、型式番号の下に掲げたアルファベット二文字と二桁のアラビア数字からなる記載（イタリック）は、木簡が出土した地区を示す。アルファベット一文字目が中地区、アルファベット二文字目とその次の二桁のアラビア数字が小地区を示す。小地区のアルファベットは中地区を南北に三mおきに区切った東西方向のライン、アラビア数字は東西に三mおきに区切った南北方向のラインを示し、これらの組み合わせで両者の交点を東南隅にもつ一辺三m四方の地区の呼称としている。なお、Zは出土地区不明、二八次のFFZ、三三七次のEZは出土小地区不明を示す。大地区（アラビア数字6とアルファベット三文字からなる）は出土遺構ごとに掲げた。

一、出土地区の下の和数字＋次からなる記載は木簡が出土した調査次数を、アラビア数字（イタリック）は図版のプレート番号を示す。

一、法量・型式番号・出土地区の註記の次行に、樹種・木取りを示した。なお、削屑についてはこれを省略した。

樹種のうち、生物顕微鏡を用いた観察による樹種同定の結果は、ヒノキ＊、スギ＊のごとく＊を付し、実体顕微鏡による表面観察によるものは、ヒノキ科、スギのごとく示し区別した。また、資料の劣化等により樹種の決め手にかけるものは、ヒノキ科？、スギ？のごとく？を付した。既刊の正報告『平城宮発掘調査報告XI』などで報告済みの遺物のうち、保存処理済みの遺物等は正報告の記載に従った。木取りのうち、追柾目は基本的に柾目に含めたが、表裏面と側面（左辺・右辺）の両方で柾目状を呈しているものに限り追柾目として区別した。

一、編者において加えた文字には次の二種の括弧を施した。括弧は原則として右傍に加えたが、組版の都合上左傍に施した場合もある。

〔　〕　校訂に関する註のうち、本文に置き換わるべき文字を含むもの。

（　）　右以外の校訂註、および説明註。

一、本文に加えた符号は次の通りである。

・　木簡の表裏に文字がある場合、その区別を示す。

○　木簡の上端もしくは下端に孔が穿たれていることを示す。

□□□　欠損文字のうち字数の推定できるもの。

［　］　欠損文字のうち字数が数えられないもの。

⊔　⊓　記載内容からみて、上または下に一字以上の文字を推定できるもの。但し削屑については煩雑になるので、この記号を省略した場合がある。

■■　抹消により判読が困難なもの。

ミミミ　抹消した文字の字画が明らかな場合に限り、原字の左傍に付した。

「　」　異筆、追筆。

﹁　合点。

カ　編者が加えた註で、疑問が残るもの。

マ、　文字に疑問はないが、意味の通じ難いもの。

……　同一木簡と推定されるが直接つながらず、中間の一字以上が不明なことを示す。

---　木目と直交する方向の刻線が施されていることを示す。

〔×　〕　文字の上に重書して原字を訂正している場合、訂正箇所の左傍に・を付し、原字を右傍に示した。

一、木簡の形状の注記は、本書では便宜的に以下の語句を用いた。

削り　木簡の四周が刃物で人為的に加工・調整されている状況。木簡使用後になされた場合は、「二次的削り」とした。

切断　木簡の端部が刃物で人為的に切断されている状況。木簡使用後になされた場合は、「二次的切断」とした。

折れ　木簡の端部が折れている状況。

割り　木簡の辺部が人為的に割られている状況。木簡使用後になされた場合は、「二次的割り」とした。
割れ　木簡の辺部が割れている状況。
なお、いずれにおいても、腐食などにより判然としない場合もあり、（二次的）割りまたは割れ、割りか、などの表現を用いた場合がある。

一、参照した研究書・論文などの文中引用は、報告書の性格上最小限にとどめた。また、特に竹内理三・山田英雄・平野邦雄編『日本古代人名辞典』、池邊彌『和名類聚抄郡郷里驛名考證』、関根真隆『奈良朝食生活の研究』はそのつど引用することはしなかったが、全篇にわたり参照したことを明記する。

一、当研究所の刊行物については、次のような略称を用いた場合がある。
『平城木簡概報』三十九（『平城宮発掘調査出土木簡概報』三十九）
『平城報告Ⅺ』（『平城宮発掘調査報告Ⅺ—第一次大極殿地域の調査』）
『紀要二〇〇九』（『奈良文化財研究所紀要二〇〇九』）

一、英文訳は、企画調整部国際遺跡研究室の石村智による。

一、本報告書の作成は、都城発掘調査部長井上和人の指導のもとに、都城発掘調査部史料研究室があたった。木簡の釈読は、渡辺晃宏・吉川聡（現文化遺産部歴史研究室）・馬場基・山本崇・浅野啓介・桑田訓也が行ない、井上幸・古藤真平（都城発掘調査部史料研究室特別研究員）の協力を得た。また、故田中稔・狩野久・故横田拓実・故鬼頭清明・玉井力（現愛知大学）・加藤優（現徳島文理大学）・東野治之（現奈良大学）・今泉隆雄（現東北大学）・綾村宏（現京都女子大学）・佐藤信（現東京大学）・清田善樹（現岐阜聖徳学園大学）・舘野和己（現奈良女子大学）・寺崎保広（現奈良大学）・橋本義則（現山口大学）・森公章（現東洋大学）・古尾谷知浩（現名古屋大学）・山下信一郎（現文化庁）・市大樹（現大阪大学）も当時参画した。編集にあたっては、有田洋子・梅本有貴江・小池綾子・杉本敬子・寺尾淳子・松本大輔・南島真理子・吉岡直人各氏の助力を得た。写真撮影は企画調整部写真室が担当し、牛嶋茂・井上直夫・中村一郎・岡田愛のほか、故渡辺衆芳・故八幡扶桑・佃幹雄があたり、現像・焼付けには鎌倉綾、杉本和樹氏（西大寺フォト）が協力した。図面の作成・浄書は都城発掘調査部遺構研究室が担当し、大林潤のほか北野陽子・土井智奈美両氏の協力を得た。木製品の所見は、考古第一研究室の国武貞克により、井上和人・次山淳（都城発掘調査部考古第三研究室）・加藤真二（飛鳥資料館学芸室）の助言を得た。木簡の樹種・木取りの判定は、光谷拓実・伊東隆夫（客員研究員）の指導のもと、大河内隆之（埋蔵文化財センター年代学研究室）・藤井裕之（客員研究員）・山本が行なった。一部の木簡については、生物顕微鏡観察による樹種同定を実施し、その作業は藤井が担当するとともに総説付章第二節第三節でその結果を報告した。本書の編集は山本が担当し、総説第一章から第三章までおよび付章第一節を執筆した。

平城宮木簡　七　解説

総説

第一章　序言

この報告書は、『平城宮木簡六』に続く第七集として編集したものである。本書には、位置的に相互に関係ある地区として、平城宮の中央部に位置する、いわゆる第一次大極殿院地区および中央区朝堂院地区から出土した木簡を一括して収載した。この地区は、平城宮跡における発掘調査開始のごく初期から継続的に調査してきた地域で、一九五九年に行なった第二次調査から、二〇〇九年に行なった第四五四次調査まで、六五回、総発掘面積は、延べ一三万一二〇〇㎡におよぶ。

このうち、木簡が出土した調査に限り、その調査期間を示す。第二七次調査は、一九六五年度（一九六五年七月二十四日から一九六六年一月十七日まで）、第二八次調査は、一九六五年度（一九六五年九月十六日から一九六六年三月十八日まで）、第四一次調査は、一九六七年度（一九六七年七月一日から十一月二十三日まで）、第七七次調査は、一九七二年度（一九七三年一月十三日から四月二十三日まで）、第九一次調査は、一九七四年度（一九七四年七月一日から十月二十五日まで)、第九二次調査は、一九七四年度(一九七五年一月七日から一月二十八日まで)、第九七次調査は、一九七六年度(一九七六年四月一日から七月二十四日まで)、第一〇二次調査は、一九七七年度(一九七七年四月六日から八月十二日まで)、第一一一次調査は、一九七八年度(一九七八年四月三日から七月十五日まで)、第一一七次調査は、一九七九年度(一九七九年九月十九日から一九八〇年一月十二日まで)、第一三六次調査は、一九八一年度(一九八二年一月七日から四月二十四日まで)、第一四〇次調査は、一九八二年度(一九八二年八月十九日から一九八三年一月十三日まで)、第一五〇次調査は、一九八三年度(一九八三年四月二十五日から八月一日まで)、第一五七次調査は、一九八四年度(一九八四年七月九日から十一月一日まで)、第一五七次補足調査は、一九八七年度(一九八七年六月十日から七月十日まで)、第一七一次調査は、一九八五年度(一九八六年一月七日から四月二十六日まで)、第一七七次調査は、一九八六年度(一九八六年十月十三日から十月三十一日まで)、第三二五次調査は、二〇〇〇年度(二〇〇〇年四月三日から七月七日まで)、第三二六次調査は、二〇〇〇年度(二〇〇〇年七月三日から十一月十六日まで)、第三三七次調査は、二〇〇一年度から二〇〇二年度まで(二〇〇一年十月十五日から二〇〇二年八月二十九日まで)である。

木簡の出土総点数は、四七六四点(うち削屑三二九九点)であるが、一点一画の墨付だけのものは収載しなかったので、図版に採録したものは一六一七点(うち削屑八一九点)である。なお、平城宮中枢部の呼称は、幾通りかの用法が用いられているが、本書では、歴史的名辞としては第一次大極殿院・中央区朝堂院、平城宮跡における地区を示す用語としては、第一次大極殿院地区・中央区朝堂院地区を用いる。

本報告書に収載した木簡の出土地は、大地区を示せば、６ＡＢＥ・６ＡＢＦ・６ＡＢＧ・６ＡＢＨ・６ＡＢＩ・６ＡＢＪ・６ＡＢＬ・６ＡＢＱ・６ＡＢＲ・６ＡＢＳ・６ＡＢＴ・６ＡＢＵ・６ＡＢＶ・６ＡＢＷ・６ＡＢＸ・６ＡＢＹ・６ＡＣＣである。これらの地区は、前述の如く、大きく第一次大極殿院と中央区朝堂院に分かれる。木簡が出土した遺構は、第一は、第一次大極殿院にかかわる遺構、第二は、第一次大極殿院の東面築地回廊・西面築地回廊の外側にあたる、東辺・西辺の遺構で、南流する宮内の基幹排水路とそれに関連する遺構、第三は、中央区朝堂院にかかわる遺構である。これまで、本シリーズにおける遺構の解説、木簡の収載順序は、概ね大地区による区分を基本としてきたが、本報告書は、位置的に相互に関連ある地区から出土した木簡を対象とするものであり、複数の大地区をまたいで同一の遺構が検出され、その各所から木簡が出土する例も認められることから、大地区にかかわらず遺構の位置を基本として解説を加えることにする。

以下、第二章では、調査次数ごとに主要な発掘成果を概観した上で、木簡出土遺構の概要を、第一次大極殿院とその周辺の整地土および殿院にかかわる検出遺構、第一次大極殿院の東基幹排水路ＳＤ三七一五・ＳＤ三七六五など殿院東辺の検出遺構、西基幹排水路ＳＤ三八二五など殿院西辺の遺構、中央区朝堂院の遺構の順に述べる。次いで第三章では、第一次大極殿院地区の木簡と最新の発掘成果から明らかになるこの地区の遺構変遷の諸問題を略述しつつ、本書に掲載した木簡のうち、特徴的なものを選び論じることとする。

なお、本報告書の内容は、既刊の『平城宮木簡』のシリーズと次の二点で大きく異なっている。第一は、木簡の釈文ごとに調査次数を表記することとしたこと、第二は、樹種同定をより厳密に行なうよう努めたことである。

第１表　本書所収遺構別出土木簡点数と内容分類

出土遺構	調査次数	出土点数	収載点数	内容分類		
				文　書	付　札	その他・不明
第一次大極殿院整地土	第337次	14 (0)	10 (0)	1	9	0
内裏西南隅外郭整地土下層黒色粘質土層	第91次	212 (142)	92 (39)	4	36	52
SB8182	第91次	15 (14)	4 (3)	0	0	4
SB8184	第91次	3 (2)	2 (2)	0	0	2
SB7802	第77次	240 (154)	103 (43)	18	9	76
SB18500	第337次	1415 (1247)	307 (249)	24	19	264
SA3777	第41次	1 (0)	1 (0)	0	0	1
SD5563	第41次	2 (0)	2 (0)	0	0	2
SE9210	第117次	17 (0)	17 (0)	0	0	17
SD3765	第41次	9 (3)	5 (3)	2	1	2
	第150次	34 (34)	7 (7)	1	0	6
	第171次	4 (2)	2 (0)	1	0	1
SK5535	第41次	11 (6)	7 (3)	0	0	7
SD3715	第41次	701 (452)	308 (182)	38	18	252
	第97次	17 (6)	11 (5)	0	0	11
	第102次	28 (0)	16 (0)	3	4	9
	第111次	23 (7)	14 (3)	2	1	11
	第136次	46 (17)	21 (2)	5	0	16
	第140次	413 (399)	85 (78)	5	2	78
	第157次	135 (73)	50 (18)	16	4	30
	第157次補足	30 (18)	9 (6)	2	0	7
	第171次	27 (9)	8 (0)	3	2	3
SX8411	第97次	138 (34)	88 (13)	34	12	42
SD5505	第41次	47 (10)	24 (5)	6	3	15
SD5564	第41次	8 (6)	6 (4)	2	1	3
SD5490	第41次	14 (13)	1 (0)	0	0	1
SD8419	第97次	5 (2)	3 (2)	0	0	3
SK3730	第27次	4 (0)	2 (0)	1	0	1
SD10325	第140次	291 (215)	92 (68)	9	0	83
SD10705A	第140次	1 (0)	1 (0)	1	0	0

出土遺構	調査次数	出土点数	収載点数	内容分類		
				文書	付札	その他・不明
SD10706	第140次	36 (27)	9 (4)	1	2	6
SG8190	第92次	37 (6)	25 (4)	7	11	7
第一次大極殿院西辺整地土下層木屑層・炭層	第177次	268 (63)	129 (19)	10	58	61
	第316次	3 (0)	2 (0)	0	1	1
SD3825A	第28次	23 (4)	11 (1)	1	3	7
	第92次	1 (0)	1 (0)	0	1	0
	第315次	7 (1)	4 (0)	0	0	4
	第316次	15 (5)	9 (2)	1	1	7
SD3825B	第315次	95 (68)	15 (1)	2	7	6
SD3825B・C	第28次	36 (3)	22 (1)	4	10	8
SD3825C	第28次	6 (5)	4 (4)	0	0	4
	第315次	12 (5)	5 (1)	0	2	3
	第316次	38 (11)	13 (2)	4	7	2
SD3825不明	第28次	3 (0)	2 (0)	0	1	1
	第315次	28 (25)	2 (1)	0	0	2
SD12965	第177次	3 (0)	2 (0)	1	1	0
	第316次	8 (0)	8 (0)	0	5	3
SD18220	第315次	5 (4)	2 (1)	1	0	1
SK3833	第28次	2 (0)	1 (0)	0	0	1
SA8410	第102次	2 (0)	1 (0)	0	1	0
SK12530	第171次	212 (203)	43 (42)	1	0	42
SE11720	第157次	1 (1)	1 (1)	0	0	1
出土遺構不明	第28次	9 (0)	5 (0)	0	2	3
	第41次	1 (0)	0 (0)	0	0	0
	第140次	2 (1)	1 (0)	0	0	1
	第315次	3 (0)	2 (0)	0	1	1
SK8948	第111次	1 (0)	0 (0)	0	0	0
SX18225A	第316次	1 (1)	0 (0)	0	0	0
整地土	第171次	1 (1)	0 (0)	0	0	0
本書収録総計		4764 (3299)	1617 (819)	211	235	1171

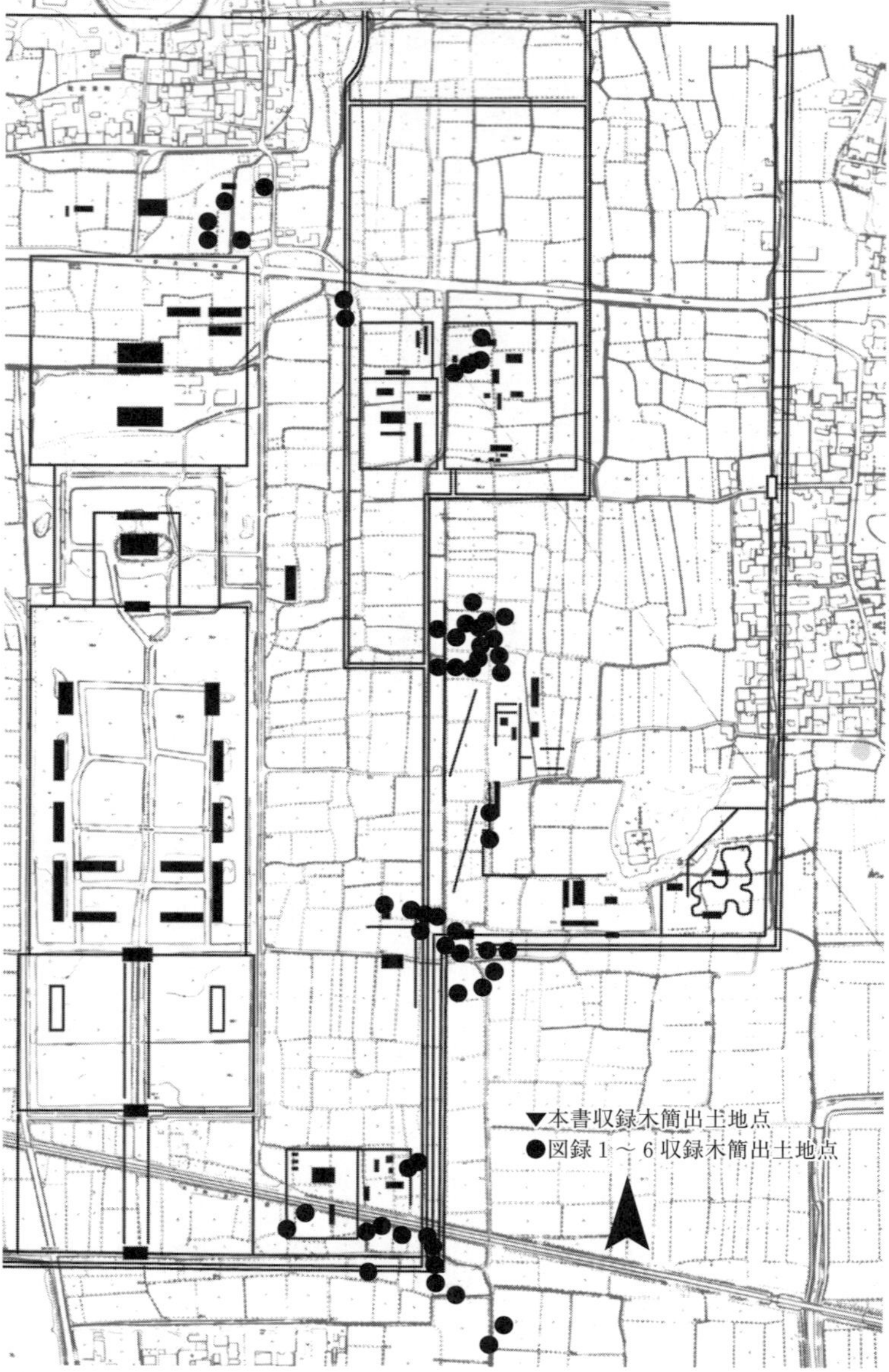

第1図　平城宮木簡出土地点図

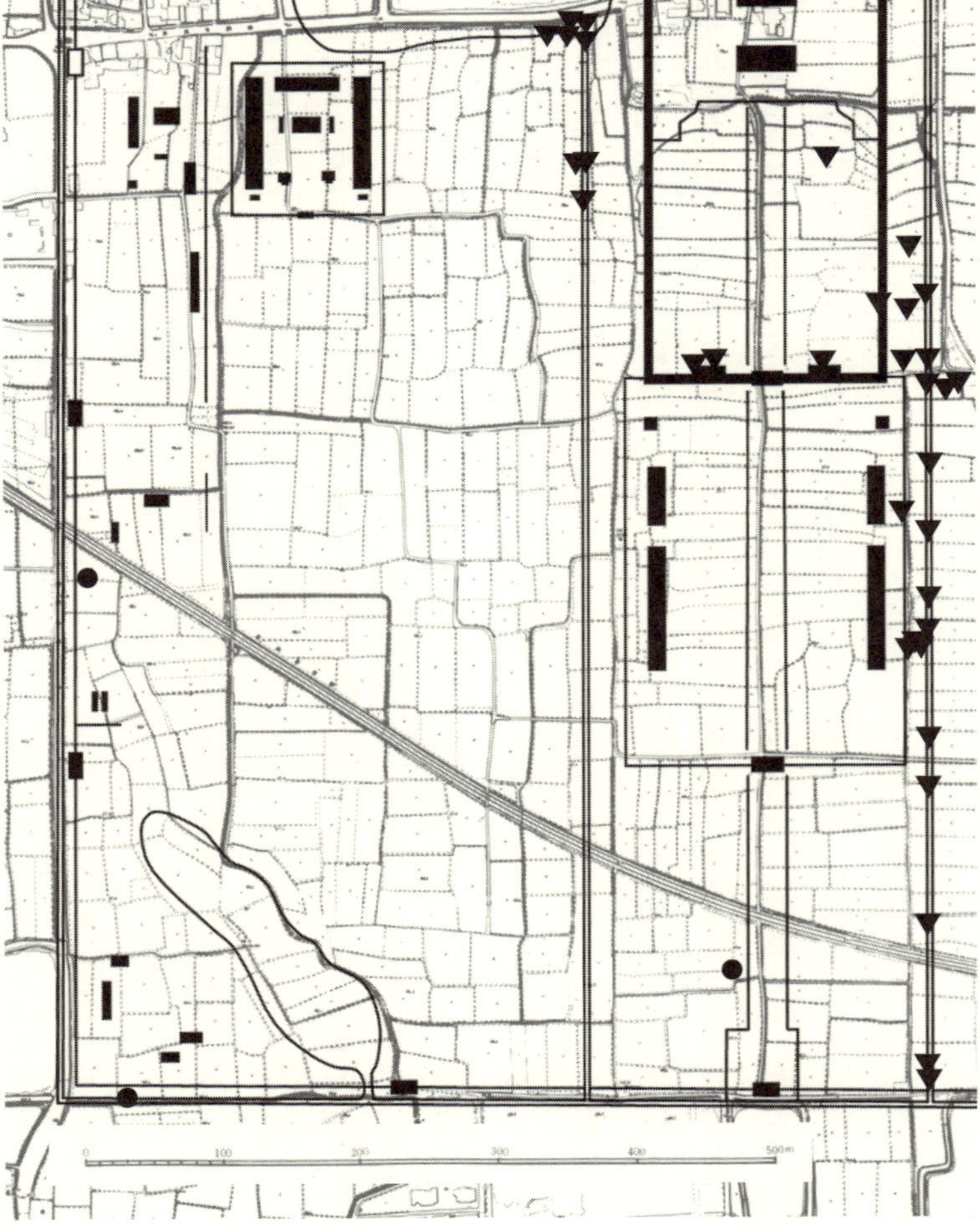
0
100
200
300
400
500m

『平城宮木簡』のシリーズでは、これまで調査次数の表示をしてこなかった。これは、調査次数はあくまで研究所内部において調査に付した連番に過ぎず、内部資料であるとの認識による。ところが、実際には、各年度ごとに取りまとめられる発掘調査概報や、これまで発行してきた『平城宮発掘調査出土木簡概報』などでは、いずれも次数別に調査成果や遺構・遺物、主要な木簡を略報告してきており、遺跡の理解において、次数の情報は一定程度の了解を得ていると思われる。また、とくに大地区をまたいだ同一の遺構から出土した木簡は、中小地区の表示のみではその出土地を理解するには不充分ともいえる。そこで、先に刊行した『平城宮木簡六』において採用した遺物取り上げの小地区の表記に加え、調査次数をその末尾に付け加えることとした。

木簡の樹種は、その性格を検討する上で重要な手がかりとなることはいうまでもない。ところが、これまで本シリーズで報告してきた木簡の樹種は、主として肉眼による表面観察によるものであり、近年精密かつ厳格に行なわれる樹種同定の現状とはほど遠いものといわざるを得ないものでもあった。表面観察のみによる樹種同定に限界があることは認めざるを得ない。そこで、木そのものを専門とする研究員を含め内部で協議検討を重ねるとともに、木簡のみならず仏像など、広く木製の文化財における樹種同定の現状なども参考にしつつ、総説付章で述べるような形で、木簡の樹種を報告することとした。むろん、この方針は現段階の試案に過ぎないものであり、今後の研究の進展とともに、調査方法・調査技術の革新に期待しつつ、以後もよりふさわしい方法を模索することになろう。

第二章　木簡出土の遺構

一　各発掘調査の成果

ここでは、まず当該地区の発掘調査成果を木簡が出土した調査を中心に概観することとする。本書で扱う調査については、『平城宮発掘調査報告XI』が第一次大極殿院の東半について報告し、『平城宮発掘調査報告XVI』が南端の平城第一五七次調査・第一五七次補足調査で検出した遺構の一部を報告している。また、近刊の『平城宮発掘調査報告XVII』が、第一次大極殿院西半について報告する予定である。これらの正報告で示された第一次大極殿院地区、中央区朝堂院地区の時期区分は、新たな知見により修正を続けており、現段階の試案は以下に示す通りである。

Ⅰ-1期　和銅三年（七一〇）三月から和銅八年（七一五）頃まで。　朝堂院A・B期
造営期。和銅八年頃、第一次大極殿SB七二〇〇と、築地回廊の造営で一段落する。

Ⅰ-2期　霊亀初年頃から天平十二年（七四〇）まで。
霊亀初年頃、朝堂院地区に第一次整地。　朝堂院B期
その後、第二次整地土上に区画塀、第三次整地土上に朝堂が造営される。　朝堂院C・D期

養老末年頃、大極殿院北西に池が整備される。

天平初年頃、南面築地回廊に東西楼が付設される。

Ⅰ-3期　天平十二年（七四〇）十二月から天平十七年（七四五）五月まで。

恭仁宮・紫香楽宮の時期。

Ⅰ-4期　天平十七年（七四五）五月から天平勝宝五年（七五三）末頃まで。

中央区の改作期、Ⅱ期の造営段階の様相が強い。南面築地回廊および東西楼の解体まで。

Ⅱ　期　天平勝宝五年（七五三）末頃から宝亀初年頃まで。　朝堂院E期

その後半は、称徳天皇西宮の時期にあたる。

Ⅱ期の解体は、山背遷都時と平安時代初頭の二時期ある。

Ⅲ-1期　大同四年（八〇九）十一月から天長二年（八二五）十一月まで。　朝堂院F期

平城太上天皇宮（西宮）の時期。中央区朝堂院地区は遺構なし。

Ⅲ-2期　天長二年（八二五）十一月以降。

平城太上天皇の親王により維持管理される時期。

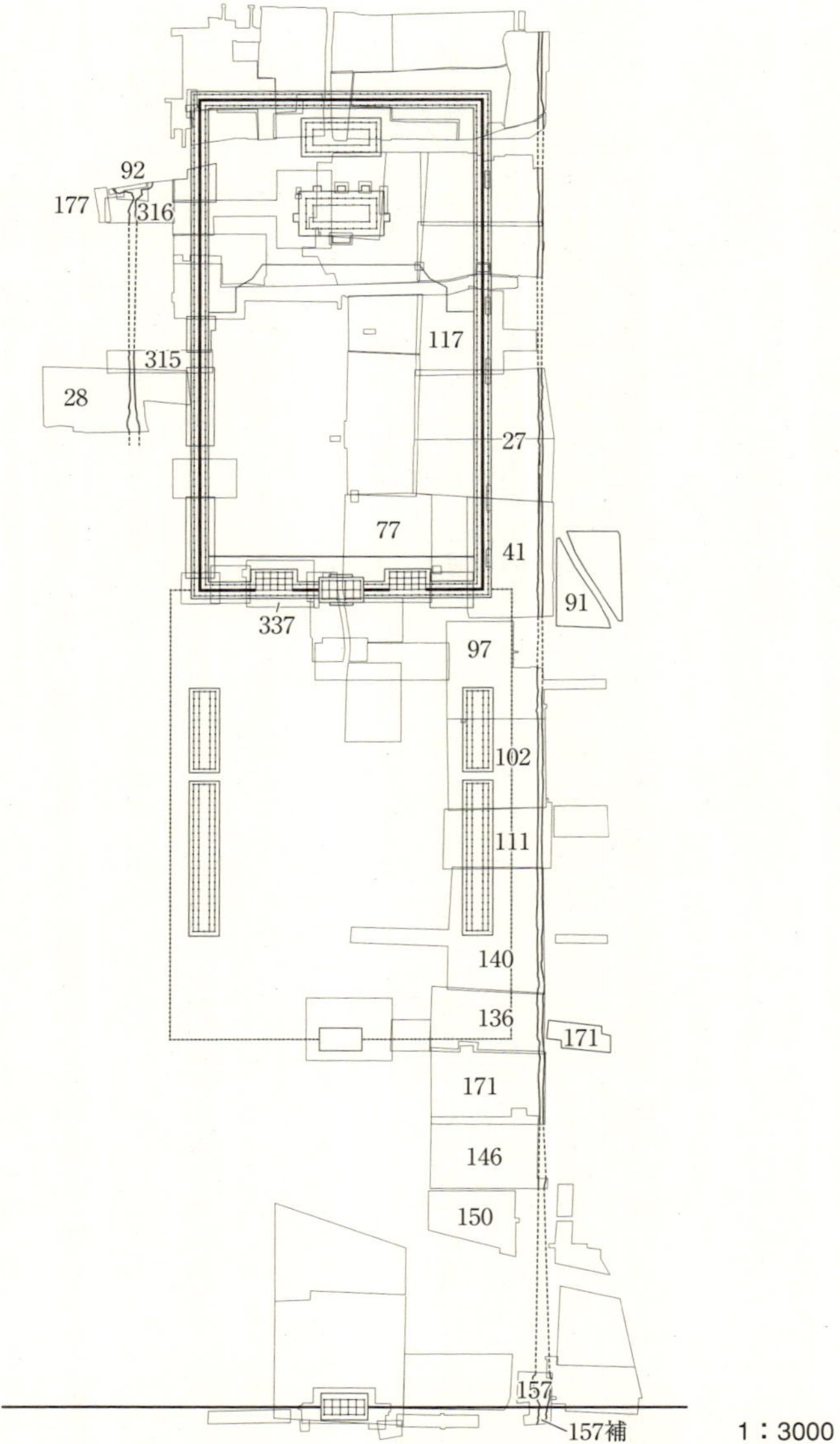

第２図　奈良時代前半の第一次大極殿院・中央区朝堂院の建物配置と調査区位置図

なお、中央区朝堂院の時期変遷は、正報告書未刊のため、各年度の『平城宮跡発掘調査部発掘調査概報』等の記載をもとに仮にA期からF期までの呼称を用い、第一次大極殿院の遺構変遷との並行関係の試案を示した。A期は朝堂院造営前。B期は、第一次整地が行なわれ、SA八四一〇が掘られる段階。SD三七六五が南流する。C期は第二次整地に掘立柱の区画塀SA五五五〇A・SA九二〇一Aが建てられる段階。SD三七一五が南流する。D期は第三次整地に区画塀SA五五五〇AがSA五五五〇Bへ、SA九二〇一AがSA九二〇一Bへと改修されるとともに、朝堂・朝堂院南門を造営して朝堂院が完成する段階。E期は区画塀を築地塀SA五五五〇Cへと改築する段階。F期は平安時代にあたり朝堂院が機能していない段階である。なお、第一四〇次調査では、D期は二時期に細分する。また、内裏西南隅外郭にあたる第九一次調査は、上記第一次大極殿院の時期区分とともに、内裏地区時期区分、第九一次調査独自の時期区分を並記する。

朝堂院造営段階の年代比定は困難であるが、参考となる事象を列挙しておく。C期は、霊亀元年（七一五）の木簡を出すSK五五三五とSD三七一五の重複関係から上限は霊亀元年で、霊亀三年（七一七）四月にみえる「西朝」を中央区の朝堂院とみるならば、少なくとも区画施設の存在は必須のため、C期開始の下限は霊亀三年。従って、A期・B期が概ね和銅年間（七〇八～七一五）にあたる。また、D期は、神亀元年（七二四）五月にみえる「重閣中門」を朝堂院南門とする説に従うならば、その開始の下限は神亀元年となる。

以下、調査次数ごとに主要な発掘成果を概観する。

第二七次調査　第一次大極殿院東面築地回廊および東辺の調査である。Ⅰ-1期の遺構は、東面築地回廊ＳＡ三八〇〇、西雨落溝にあたる石敷南北溝ＳＤ三七九〇（下層）と、東雨落溝にあたるＳＤ五五七五である。Ⅰ-3期には、SA三八〇〇の基壇を東へ拡張し、ＳＡ三八〇〇を解体した上で掘立柱の南北塀ＳＡ三七七七が造られる。Ⅰ-4期に、石敷南北溝ＳＤ三七九〇（上層）から東方の南北溝ＳＤ三七一五へと注ぐ木樋暗渠ＳＤ三七七〇が埋設される。Ⅱ期には、南北塀ＳＡ三七七七を廃し、宮殿群を取り囲む東面築地ＳＡ三八六〇および南面築地ＳＡ三八一〇Ａが新たに造られる。木簡は、調査区東南部の土坑ＳＫ三七三〇から出土した（『平城報告Ⅺ』）。

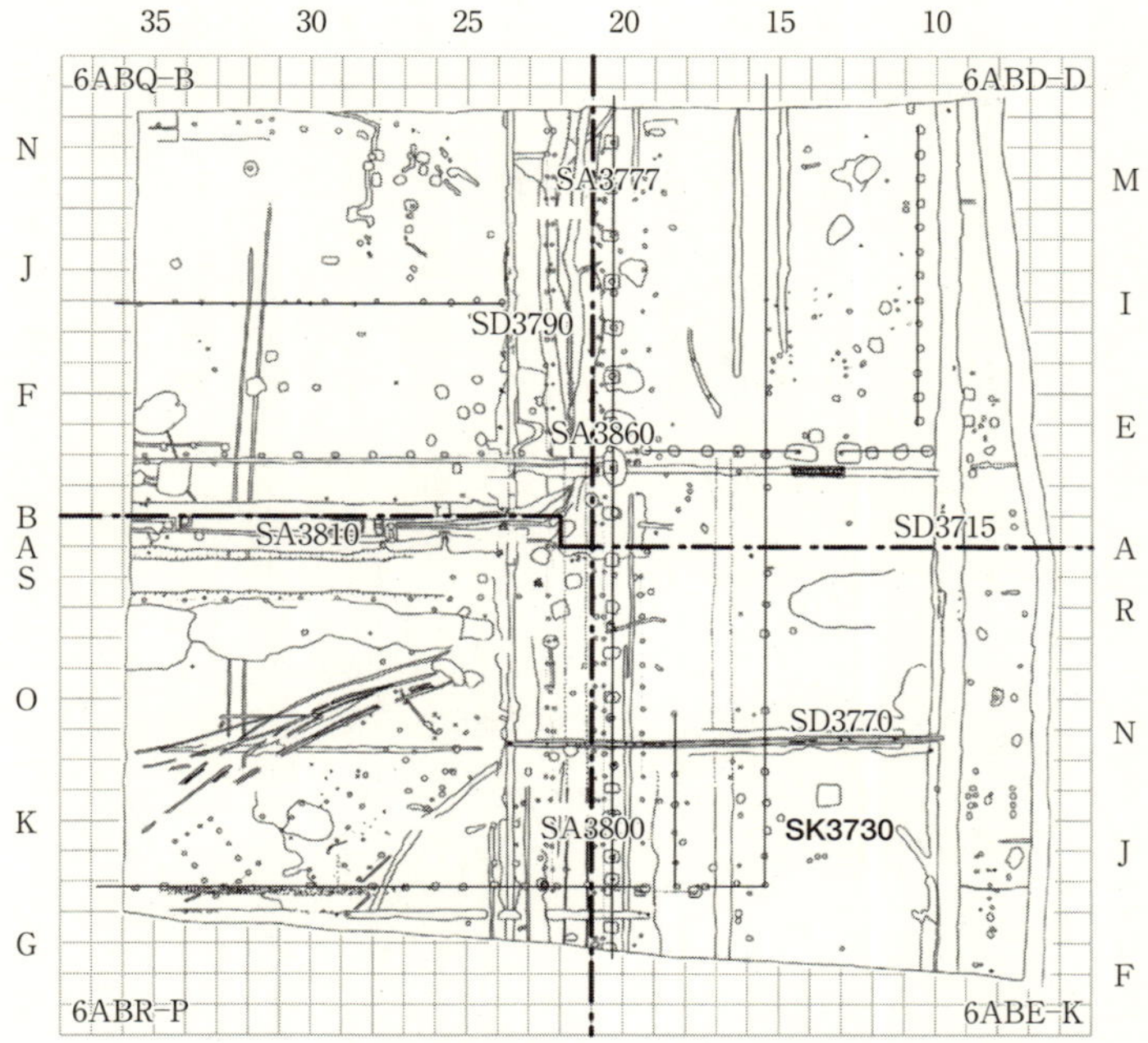

第３図　第27次調査遺構図・地区割図　1：1200

第二八次調査　第一次大極殿院西辺の調査である。調査区の中央やや東寄りを、南北溝ＳＤ三八二五が南流し、その東側で、南北の柵列三条（うち二条は重複）を検出した。ＳＤ三八二五の西側は、西方の官衙域の東端にあたると考えられる。西方からＳＤ三八二五に注ぐ二条の東西溝ＳＤ三八三八・ＳＤ三八三九は、その東半部で重複する土坑が一つになった土坑ＳＫ三八三三によりほとんど破壊されている。その他、底石だけを残す玉石溝ＳＤ三八六三、調査区外西側に延びる東西溝ＳＤ三八四一、発掘区中央でＬ字形に曲がる溝ＳＤ三八四五などを検出した。出土遺物は少ないが、南北溝ＳＤ三八二五から出土した木製百万塔未完成品一基が特筆される（井上和人「木製小塔の製作残材―百万塔製作工房の在処について」『紀要二〇〇二』二〇〇二年）。木簡は、ＳＤ三八二五とＳＫ三八三三とから出土した。

第四一次調査　第一次大極殿院回廊東南隅と中央区朝堂院東面区画施設との接合部分の調査で、第二七次調査区の南にあたる。Ｉ−１期の遺構は、東面築地回廊ＳＣ五五〇〇、南面築地回廊ＳＣ五六〇〇と、ＳＣ五六〇〇を横断する暗渠ＳＤ五五六一、ＳＣ五六〇〇の東方を南流する

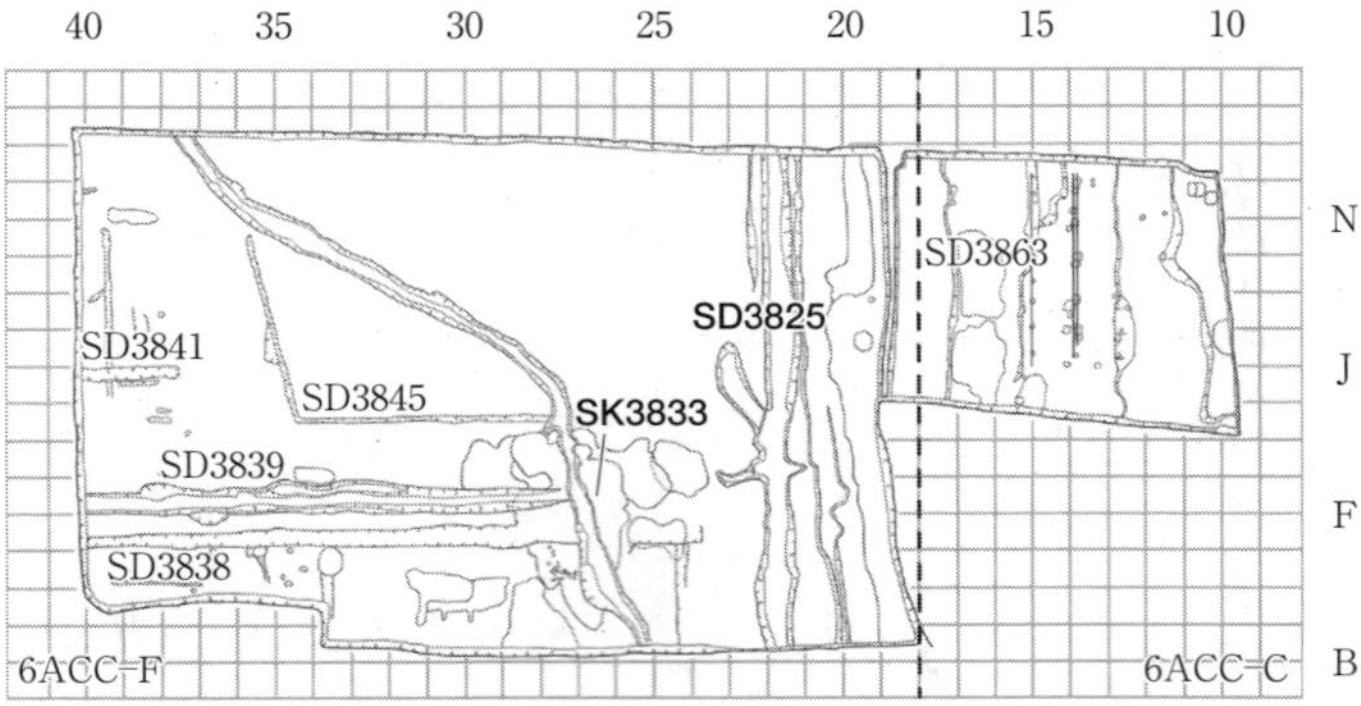

第４図　第28次調査遺構図・地区割図

南北溝ＳＤ三七六五、南北溝ＳＤ三七六五に注ぐ東西暗渠五五六五などである。Ⅰ－２期のごく早い段階に、朝堂院を画する掘立柱塀ＳＡ五五五〇・ＳＡ五五五一が造られ、それに応じて南北溝ＳＤ三七六五は東へ付け替えられ新たに南北溝ＳＤ三七一五が開削された（朝堂院Ｄ期）。Ⅱ期には、朝堂院の掘立柱塀ＳＡ五五五〇・ＳＡ五五五一が築地塀に改作される。また、Ⅰ－４期以降に属する遺構として、もと殿院の庭内から東辺へと排水する三時期分の暗渠ＳＤ五五六二・ＳＤ五五六三・ＳＤ五五六四を検出した。木簡は、ＳＤ三七六五、ＳＤ三七一五、これらにつながる溝ＳＤ五四九〇、ＳＤ五五〇五、ＳＤ五五六四、土坑ＳＫ五五三五から出土したほか、Ⅰ－３期に大極殿院東面築地回廊を解体して造られた掘立柱塀ＳＡ三七七七から出土した柱根一本と、ＳＤ五五六三の木樋暗渠二点に刻書が認められる（『平城報告Ⅺ』）。

第七七次調査　第一次大極殿院南門、南面築地回廊および東楼の調査である。

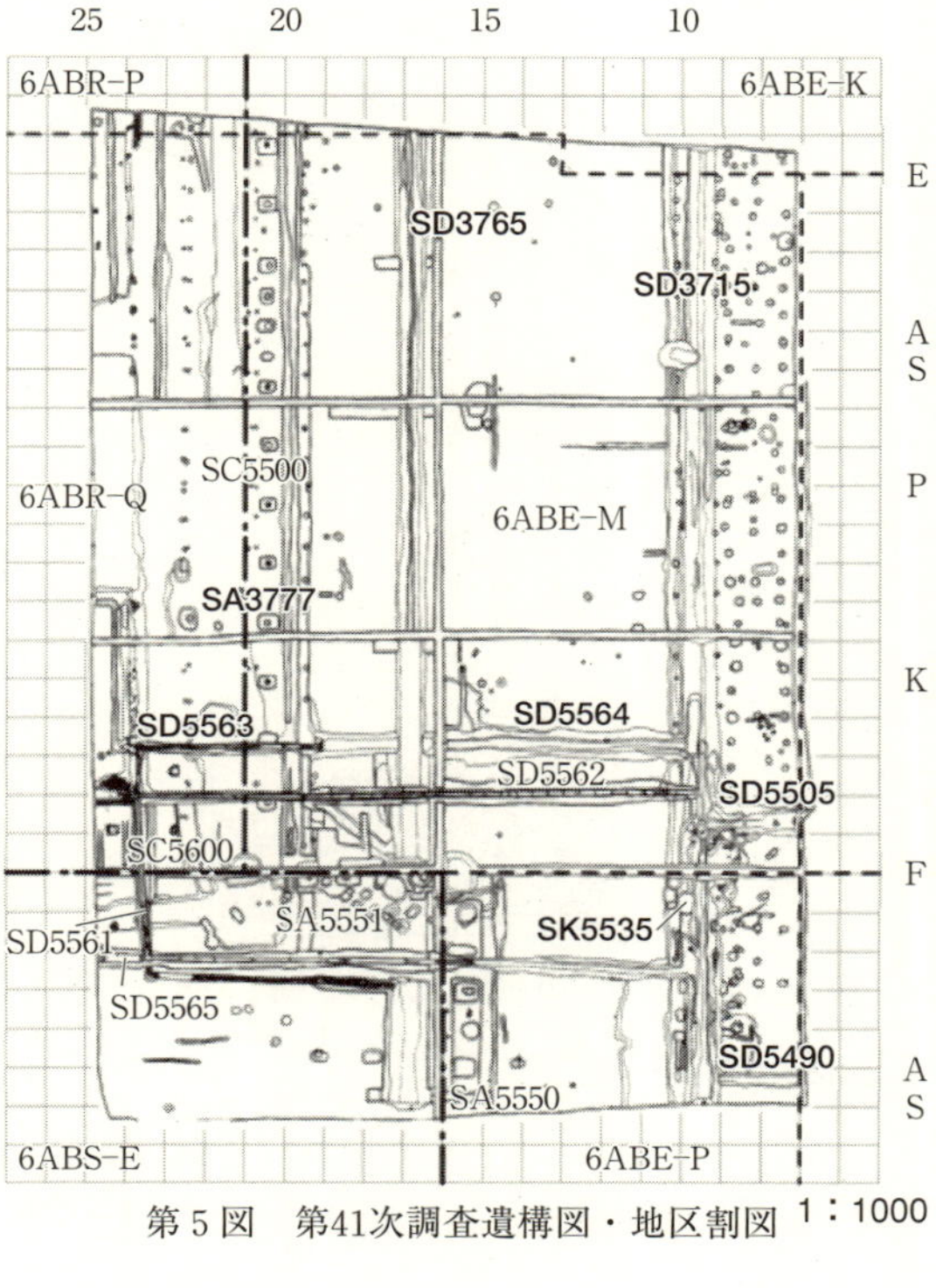

第５図　第41次調査遺構図・地区割図　1：1000

Ⅰ－1期に、宮の中軸線上に南門ＳＢ七八〇一が造営され、その東西に築地回廊ＳＣ五六〇〇・ＳＣ七八二〇が取り付く。Ⅰ－2期には、築地回廊ＳＣ五六〇〇に楼閣建物ＳＢ七八〇二（東楼）が増築される。東楼ＳＢ七八〇二の解体は、柱抜取穴から出土した木簡の年紀から天平勝宝五年（七五三）以降であり、楼閣と同じ頃、南面築地回廊も取り払われたと考えられる。Ⅱ期には、一面の礫敷広場として用いられる。Ⅲ期に属する遺構として、桁行七間（推定）梁行四間の礎石建ち四面廂建物ＳＢ七八〇三を検出した。木簡は、東楼ＳＢ七八〇二の柱抜取穴から出土した（『平城報告Ⅺ』）。

第九一次調査　第一次大極殿院東南隅と内裏西南隅外郭とに挟まれた谷地形の調査で、

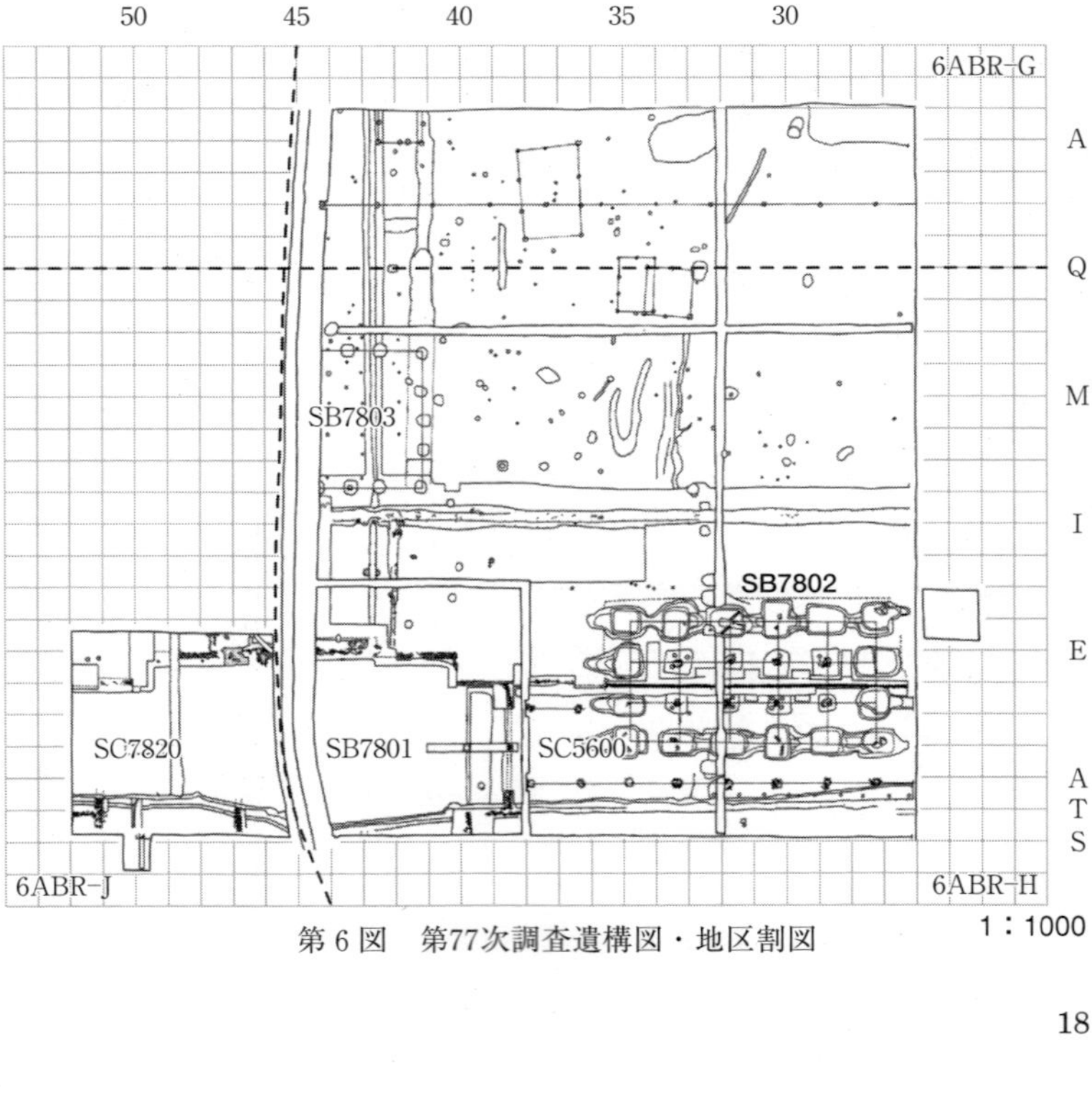

第６図　第77次調査遺構図・地区割図

第四一次調査区の東にあたる。Ⅰ-1期（九一次A期）に、谷の低湿地に約五〇㎝の第一次整地を施し、内裏外郭を囲む掘立柱塀SA八一六五を設け、その南に五棟の小規模な掘立柱建物を建てる。Ⅰ-2期（九一次B期、天平年間）には、SA八一六五以北の内裏外郭内側に第二次整地を施し、約一mの土壇を築き、この縁に沿って内裏外郭を区画する単廊SC八一六八を設ける。Ⅱ期（九一次C期）には、SC八一六八とほぼ同位置に築地塀SA八一七〇に造り替え、南面に門SB八一六〇を設け、内裏外郭内部に桁行七間梁行四間の総柱礎石建物SB八一五〇を造る（内裏Ⅲ期に相当）。木簡は、調査区西南部の旧地表と第一次整地層との間から建築用材の破片や削屑・檜皮とともにまとまって出土したほか、Ⅰ-1期に属する小規模な掘立柱建物柱穴から出土した。

第九二次調査　第一次大極殿院西面築地回廊および第一次大極殿院西辺の佐紀池南岸の調査である。検出遺構は、大き

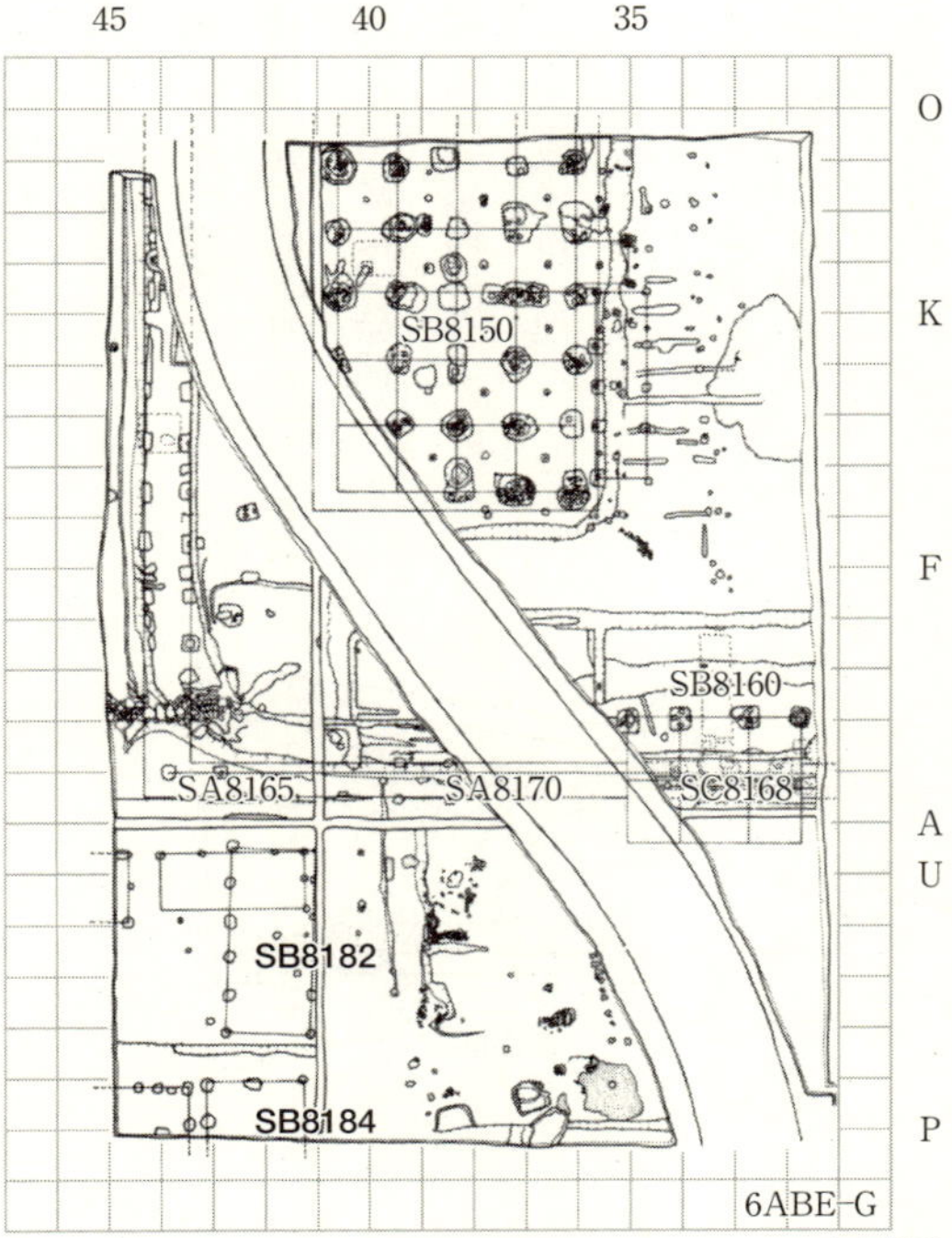

第７図　第91次調査遺構図・地区割図

く二時期に区分できる。I－2期の前半には、発掘区の大部分が池状の低地となり、南西と南東側が高く、北に向かって地山が下降する。中央部に南北溝ＳＤ三八二五Ａが南流するが、発掘区南端では溝肩が明瞭でなくなる。この溝および低地部分には木屑を多量に含む暗褐色粘土層が堆積する。I－2期の後半には、発掘区の西南部に約一ｍの盛土を行ない、ＳＤ三八二五Ａを埋め立て、袋状に入り組んだ岸をもつ池ＳＧ八一九〇を造成する。池と排水溝の接続部の両岸に堰状遺構かと思われるＳＸ八一九二とこれにともなう掘立柱の東西塀ＳＡ八一九一・ＳＡ八一九四があり、ＳＸ八一九二は後に北側に寄せて柵ＳＸ八一九三に造り替えられる。木簡はＳＧ八一九〇下層の暗褐色粘土層とＳＤ三八二五Ａとから出土した。

第九七次調査　中央区朝堂院東北隅で、第四一次調査区の南にあたる。朝堂院Ｂ期には、中央区朝堂院の東を限る南北塀ＳＡ八四一〇と南北溝ＳＤ三七六五が設けられた。朝堂院Ｃ期には、南北塀ＳＡ五五五〇Ａが造られるとともに、ＳＤ三七六五が埋めら

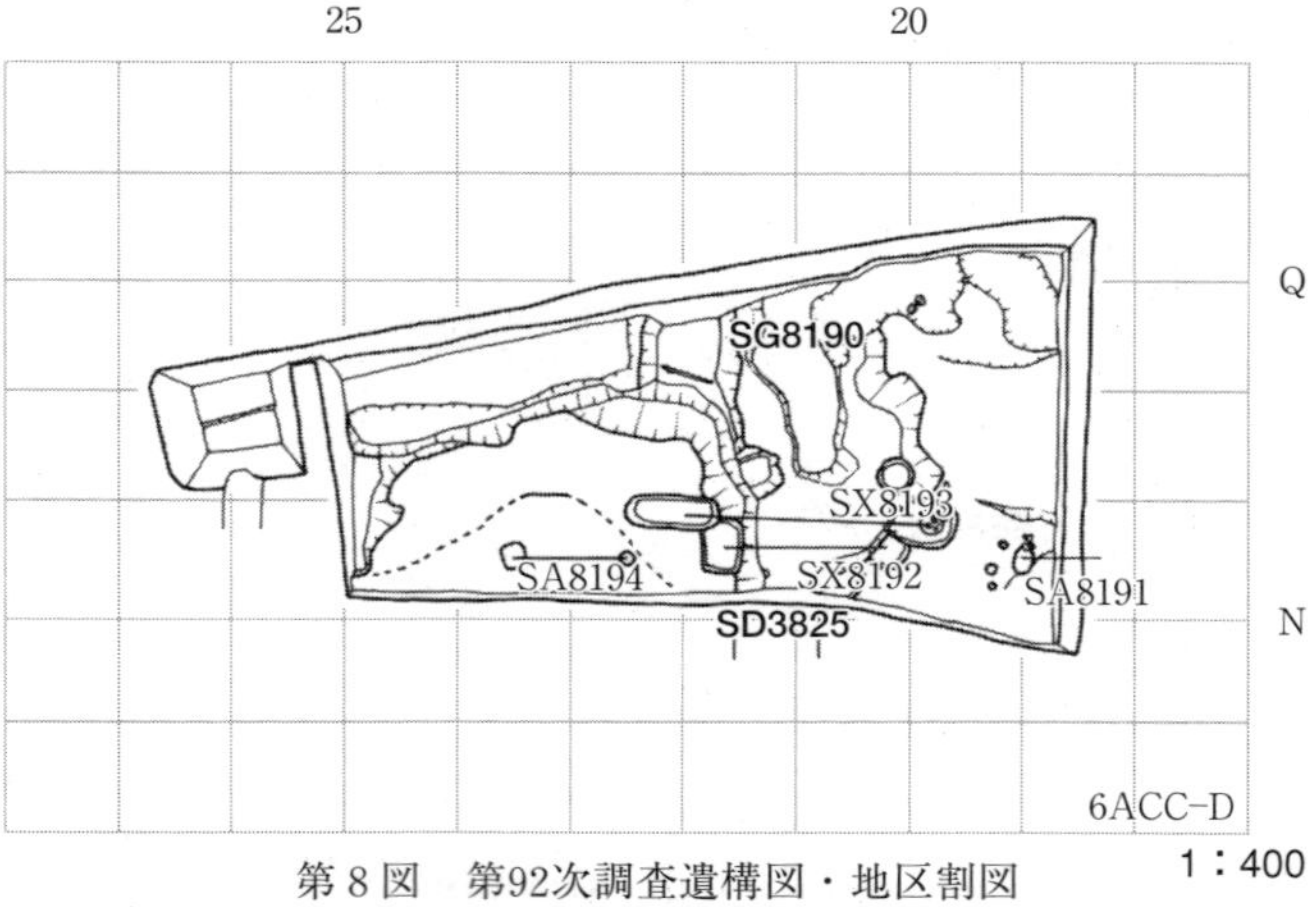

第８図　第92次調査遺構図・地区割図

れ、新たに一八m東に南北溝SD三七一五が掘られる。朝堂院D期には、SA五五五〇AをSA五五五〇Bに改修するともに、東第一堂SB八四〇〇を建造する。以後、SA五五五〇は、掘立柱塀SA五五五〇Bから築地塀SA五五五〇Cへと改築されるが、区画に基本的な変化はない。木簡は、SD三七一五、これに設けられた堰状遺構SX八四一一、東からSD三七一五に注ぐ東西溝SD八四一九から出土した。

第一〇二次調査　中央区朝堂院東北部で、第四一次調査区の南、第九七次調査区の北にあたる。朝堂院B期には、第一次整地層に南北塀SA八四一〇と南北溝SD三七六五とが設けられた。ただし、SA八四一〇は底面の凹凸が激しく、柱痕跡が認められないことから、掘方だけを掘った後計画変更したものと理解される。朝堂院C期には、第二次整地を施し、中央区朝堂院の東面を画する南北塀SA五五五〇Aと南北溝SD三七一五が掘られる。朝堂院D期に

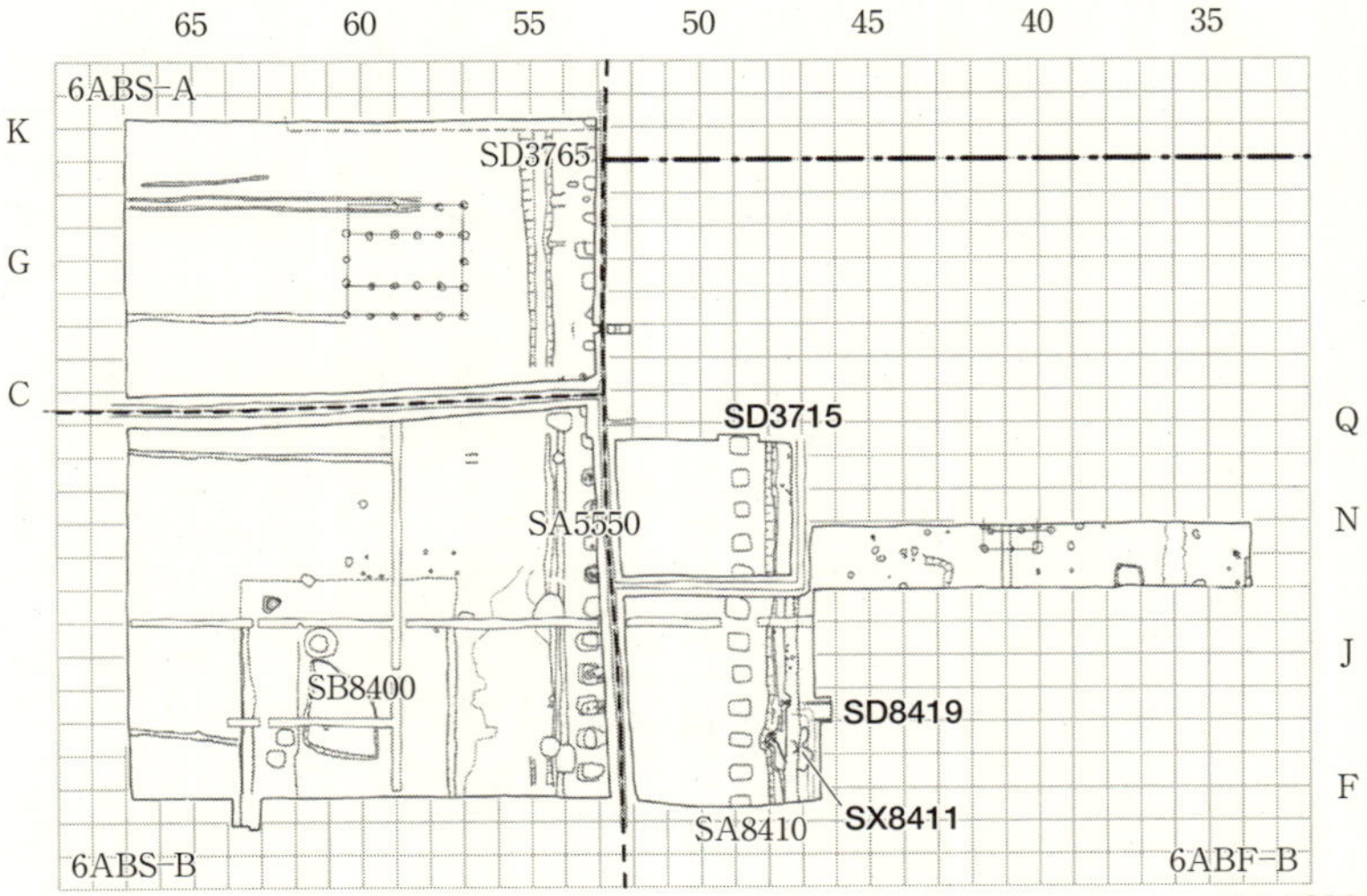

第９図　第97次調査遺構図・地区割図

は、さらに第三次整地を施し、朝堂東第一堂ＳＢ八四〇〇と東第二堂ＳＢ八五五〇を造営した。その後基本的な変化はなく、朝堂は、宮廃絶まで存続したと考えられる。木簡は、南北塀ＳＡ八四一〇とＳＤ三七一五とから出土した。

第一一一次調査　中央区朝堂院東部の調査で、第一〇二次調査区の南にあたる。朝堂東第二堂の規模を確認することを目的とした。朝堂院Ｂ期には、第一次整地に南北塀ＳＡ八四一〇の掘方と南北溝ＳＤ三七六五とが掘られた。朝堂院Ｃ期には、第二次整地が施され、中央区朝堂院の東を画する区画塀ＳＡ五五五〇Ａが造られる。ＳＡ五五五〇Ａは、柱を立てた後幅約六ｍの基壇を構築している。この後、ＳＡ五五五〇は二回改修され、同じく掘立柱塀のＳＡ五五五〇Ｂ、築地塀のＳＡ五五五〇Ｃへと変遷することが確認された。また、南北溝ＳＤ三七一五が掘られた。朝堂院Ｄ期には、第二次整地が施され、朝堂東第二堂ＳＢ八五五〇が建てられる。ＳＢ八五五〇は、梁行四間桁行十二間以上の南北棟で、調査区外のさらに南へと延びることが判明し、中央区朝堂院の朝堂は、

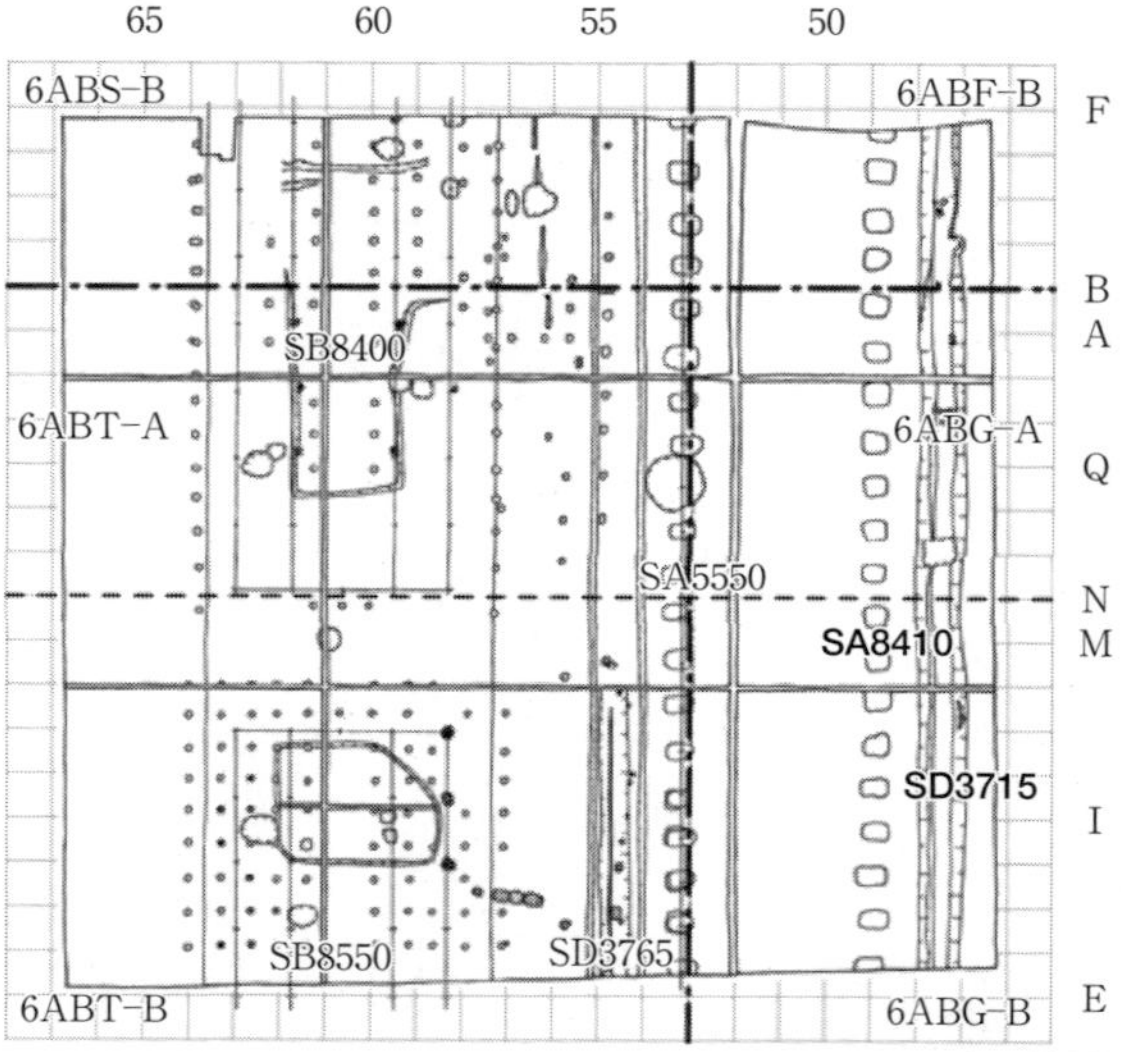

第10図　第102次調査遺構図・地区割図　1：1000

南北に細長い朝堂各二棟を東西対称に配置する可能性が高まった。以後、宮の廃絶期に近いE期には、桁行八間以上梁行四間の二面廂南北棟建物が建てられ、この時期に属する土坑SK八九四八が掘られる。朝堂院廃絶後は、鍛冶工房として用いられ、平安時代末にはSA五五五〇と東第二堂の間の窪みが大量の瓦により埋め平坦に造成される。木簡は、SD三七一五とSK八九四八とから出土した。

第一一七次調査　第一次大極殿が造営される高台とその南面に広がる礫敷広場との接合部の調査で、第二七次調査区の北にあたる。Ⅰ—1期の遺構は、第八七次調査で検出した塼積擁壁SX六六〇〇が東南方向へ延びる部分と、その先で検出した長さ・幅ともに約一五mの斜道SF九二三七Aなどである。Ⅱ期には、塼積擁壁SX六六〇〇が南へ二〇m延び、石積擁壁SX九二三〇と傾斜を緩めた斜道SF九二三七Bとが造られる。Ⅲ期には、井戸SE九二一〇が掘られたほか、東面築地SA三八〇〇Aが造られ、後にSA三八〇〇Bへと改作される。木簡は、井戸SE九二一〇から出土した。なお、この調査により、第一次大極殿院地区の東半をほぼ完掘したものとなり、その成果をう

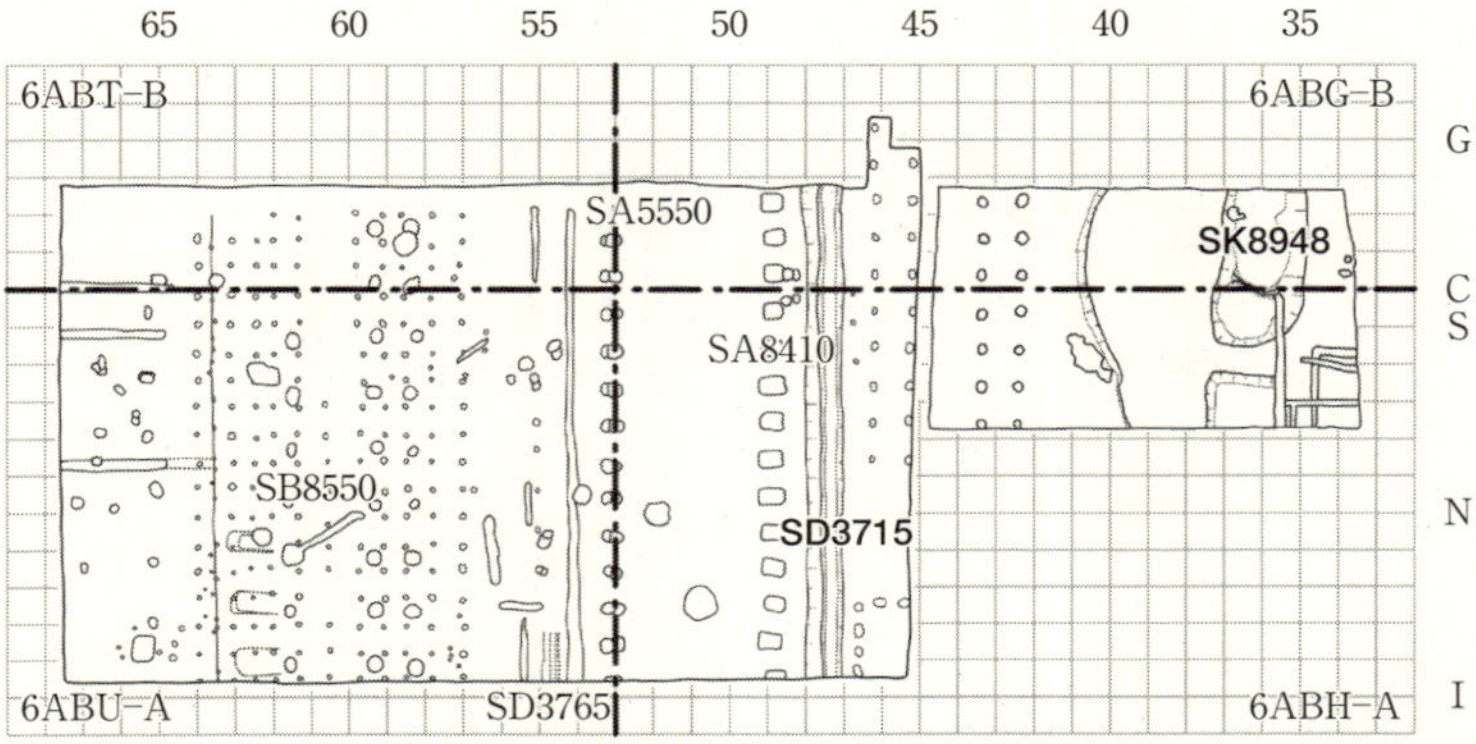

第11図　第111次調査遺構図・地区割図　1：1200

けて『平城報告XI』が刊行された。

第一三六次調査　中央区朝堂院東南隅の調査である。朝堂院の東南隅の区画施設の取り付き状況の解明を目的とした。朝堂院B期の遺構は、中央区朝堂院の東限となる塀SA八四一〇と南限となる塀SA九一九九とであるが、第一一九次調査の成果などから、両者ともに掘方だけを掘って柱を立てず、計画変更したものと理解される。調査区南端で南北溝SD三七六五も確認した。朝堂院C期には、SD三七六五が埋め立てられ、東限の掘立柱塀SA五五五〇Aと南限の掘立柱塀SA九二〇一とにより朝堂院区画が造られ、SA五五五〇の東約一八メートルに南北溝SD三七一五が掘られる。朝堂院D期は、朝堂院区画が築地塀SA五五五〇Bに改作される時期で、築地塀を石組暗渠SX一〇三五〇により通り抜ける東西溝SD九一

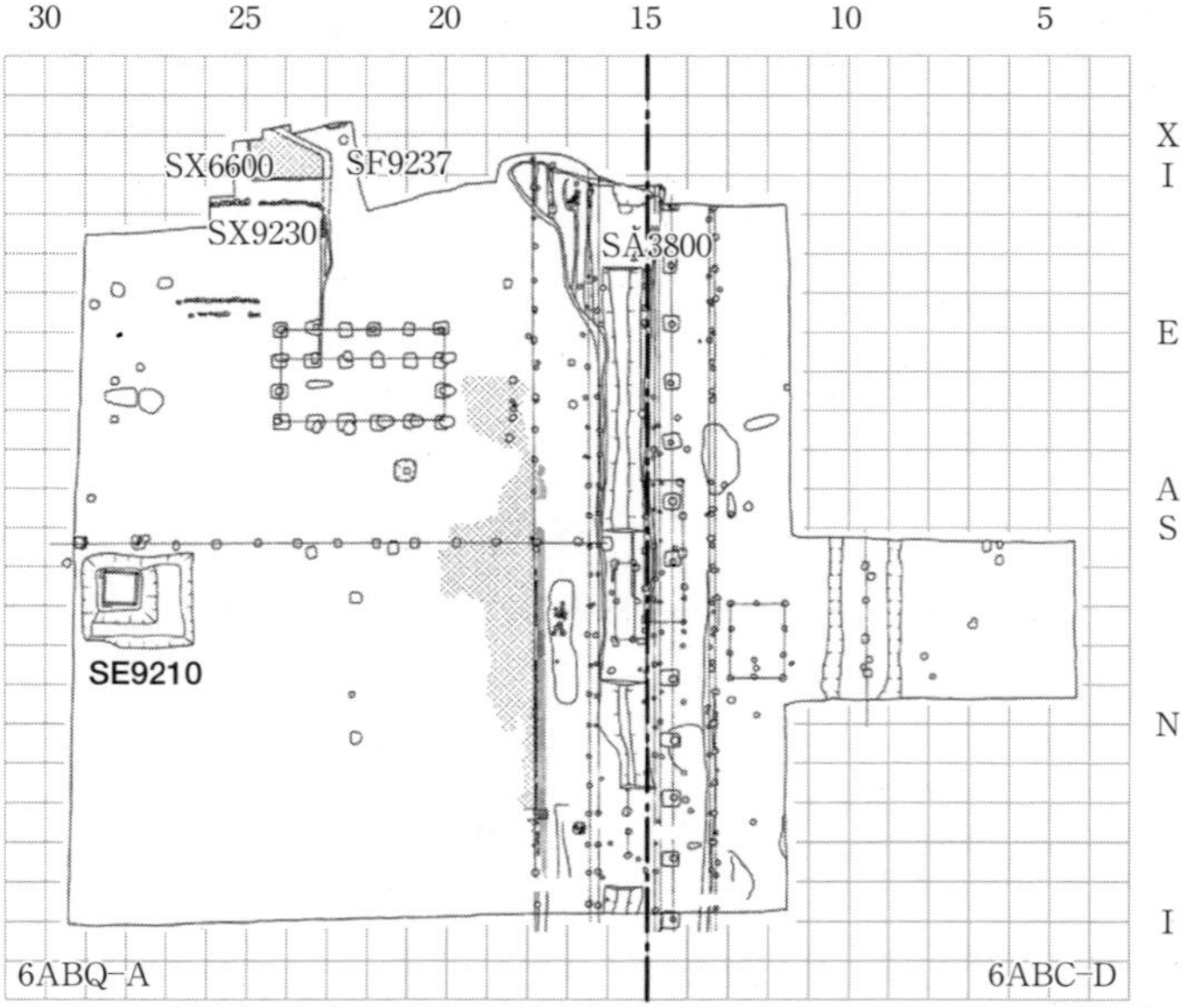

第12図　第117次調査遺構図・地区割図

七一もこの時期に属するものである。調査の結果、朝堂院の東を限る区画塀は接合部より南へは続かず、この南に朝集殿を推定する場合、その東限の区画施設は存在しないことが判明した。木簡は、SD三七一五から出土した。

第一四〇次調査　中央区朝堂院地区東部の調査で、第一一一次調査区の南、第一三六次調査区の北にあたる。第一一一次調査で検出した東第二堂の規模とその南方の状況、中央区朝堂院と東区朝堂院との間地の様相を解明することを目的とした。平城宮造営以前に属する遺構として、下ツ道東側溝を検出した。中央区朝堂院の造営は、第一次大極殿院の造営が一段落した頃はじまるらしく、朝堂院B期に第一次整地が行なわれ南北溝SD三七六五が掘られる。朝堂院C期に至り第二次整地が行なわれてSD三七六五・SA八四一〇を埋め、南北溝SD三七一五が掘られる。南北塀SA五五五〇Aにより区画されるが、この段階には朝堂などの建物はまだ存在しない。朝堂院D期に至り、第三次整地を行ない朝堂東第二堂SB八五五〇が造営さ

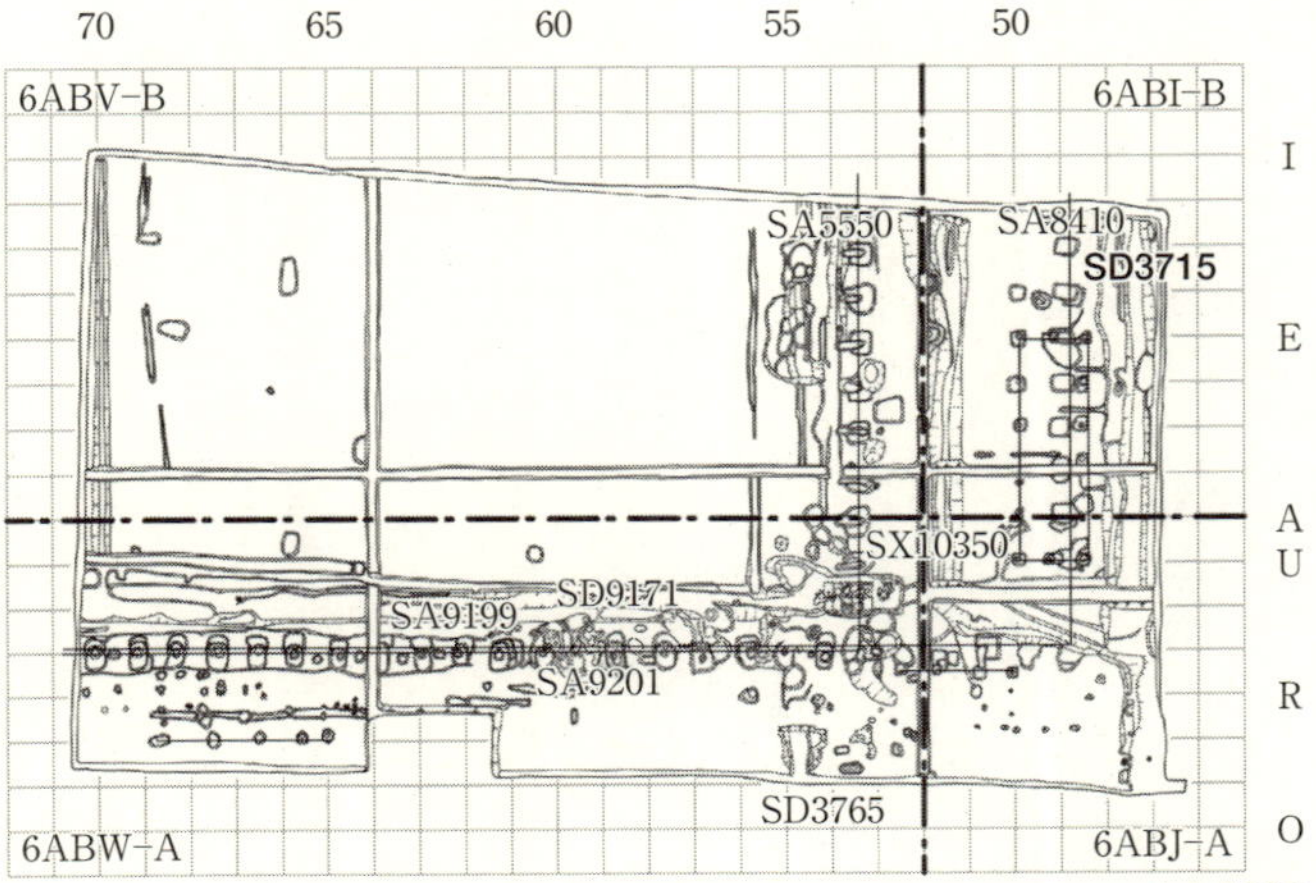

第13図　第136次調査遺構図・地区割図

れ、朝堂院地区が完成する(D1期)。続いて、Ⅱ期には南北塀SA五五五〇Aの改修と共に東第二堂南方に仮設建物SB一〇七〇〇が建てられ、その西側に南北一七〇m以上におよび平行する杭列SA九〇一六・SA一〇八〇一・SA一〇八〇二が設けられる。東辺には官衙が設定される(D2期)。この官衙は改修を経るが、平城宮廃絶期頃には、大規模な土坑が掘られる。朝堂院F期には、この地域の区画施設は消滅していた可能性が高く、平安時代末に整地されるまで朝堂と築地塀との間の空閑地が、一時的に鍛冶工房として使われていた。木簡は、SD三七一五、SD一〇三二五、SD一〇七〇五A、SD一〇七〇六から出土した。

第一五〇次調査　中央区朝堂院東南部の調査で、第一四六次調査区の南にあたり、南は近鉄

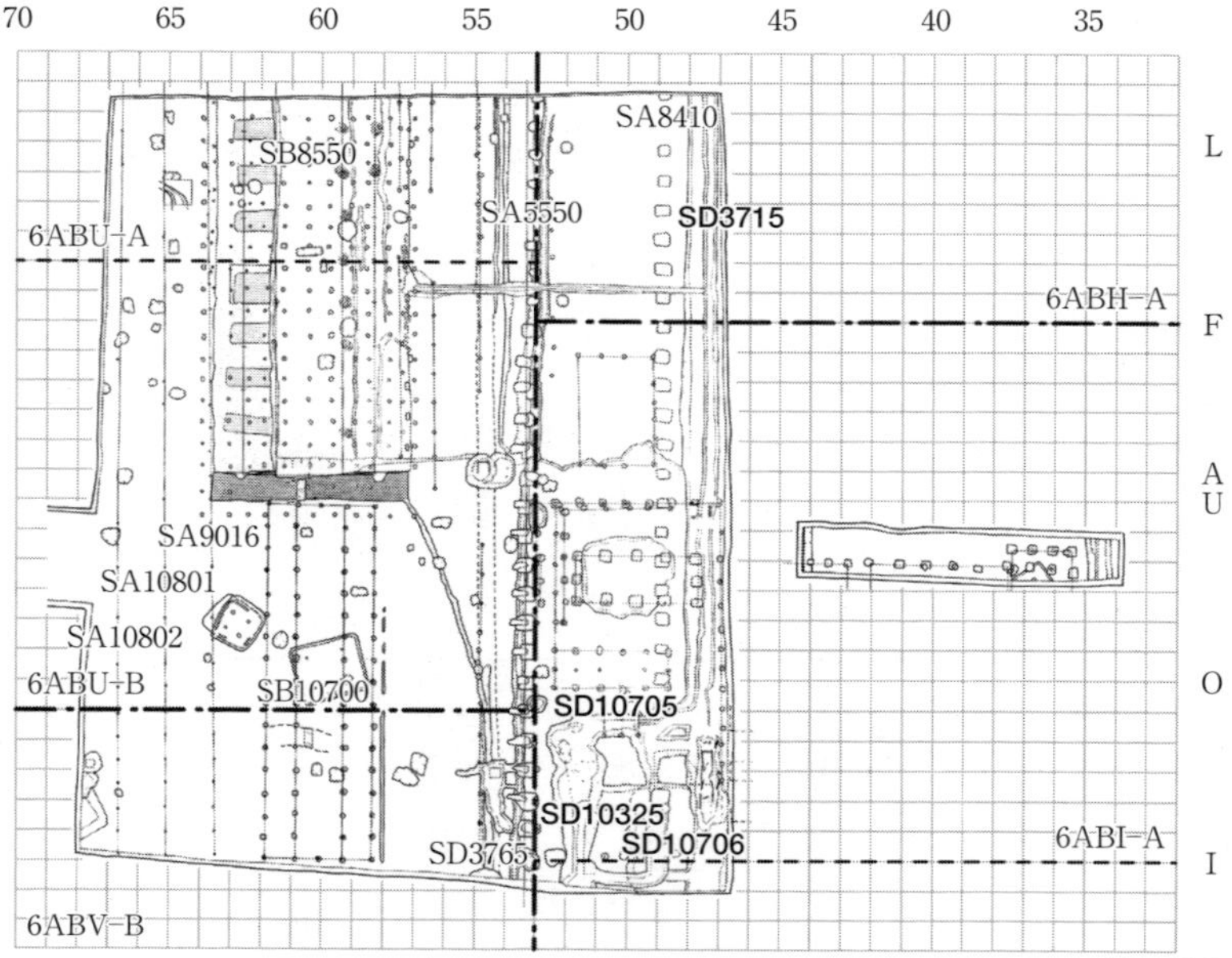

第14図　第140次調査遺構図・地区割図　1：1200

線の敷地と接する。朝堂院B期には、幅約一・〇m深さ約〇・三mの素掘りの基幹排水路SD三七六五が南流する。これに続く朝堂院C期には、SD三七六五は機能を停止する。次いで朝堂院D期には東を限る築地塀SA一一一五〇が築かれるものの、その内部に建物は存在しない。木簡は、SD三七六五から出土した。

第一五七次調査　中央区朝堂院南方にあたり、朱雀門の東方、南面大垣に接する部分の調査である。朝堂院A期に属する遺構は、南面大垣SA一二〇〇の北約一六mで検出した東西方向に続く掘立柱塀SA一七六五で、この塀が南面大垣に先行する造営当初の区画となる可能性がある（平城第一六次・第一七次調査でも検出）。その後、南北溝SD三七六五Aと南北塀SA一一七〇〇とが造られる。朝堂院C期に至り、南北溝SD三七一五が掘られる。木簡は、SD三七一五と井戸SE一一七二〇とから出土した（『平城報告XVI』）。

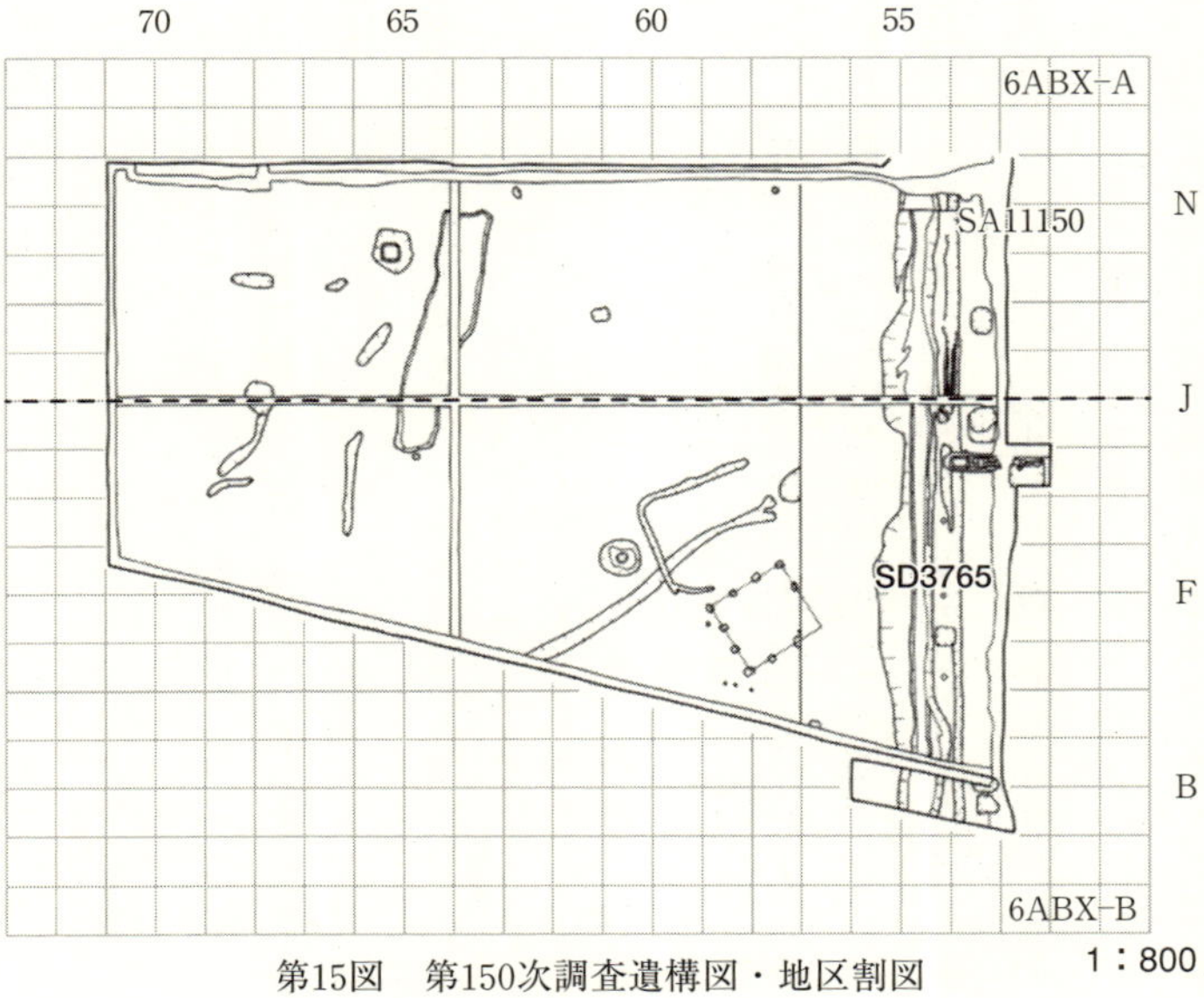

第15図　第150次調査遺構図・地区割図

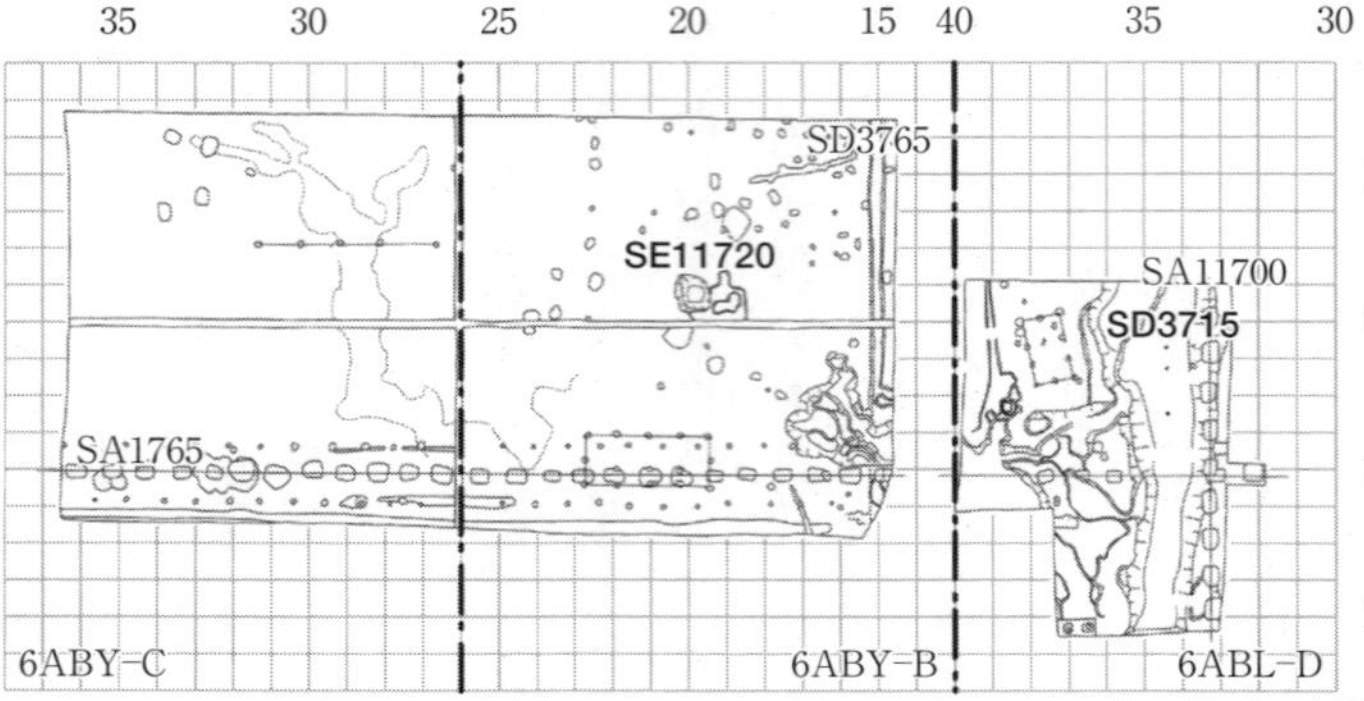

第16図　第157次調査遺構図・地区割図

第一五七次補足調査　第一五七次調査で未調査であったSD三七一五と南面大垣SA一二〇〇との交点付近の様相の把握を主な目的とした調査である。SD三七一五は、大垣部分でも開渠で流下することが確認された。木簡は、SD三七一五から出土した（『平城報告XVI』）。

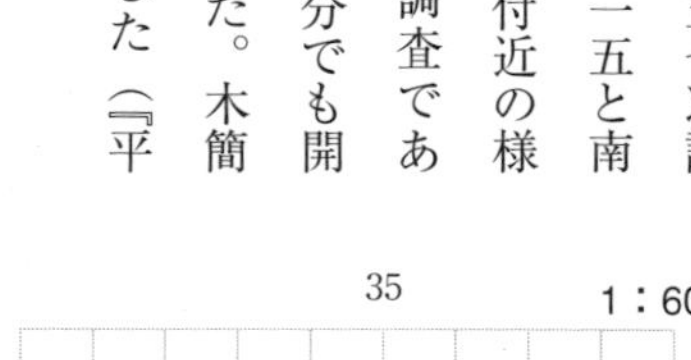

第17図　第157次補足調査遺構図・地区割図

第一七一次調査　中央区朝堂院地区の南東部の調査で、平城第一三六次調査区の南、第一四六次調査区の北にあたる。中央区東朝集殿の存否と朝堂院前面の状況を解明することを目的とした。朝堂院B期には、SD三七六五のほか、東区で平城宮土器Iを含む不定形土坑SK一二五三〇を検出した。朝堂院C期には、SD三七六五を埋め、新たにSD三七一五Aを掘る。また、朝堂院の区画塀SA九二〇一Bを設け、朝堂の東側柱筋を南にほぼ延長した位置に、性格不詳の掘込地業SX一二六〇〇が掘られる。朝堂院E期には区画施設が築地塀に改作され、ＳＤ三七一五Ｂが掘られる。朝堂院Ｆ期には、築地塀はすでになく、ＳＤ三七一五Ｃが掘られる。木簡は、ＳＤ三七一五、ＳＤ三七六五、ＳＫ一二五三〇、および整地土から出土した。

第一七七次調査　第一次大極殿院西方の佐紀池南辺の調査で、第九二次調査区の西にあたる。奈良時代の遺構は四時期に区分される。Ⅰ－１期には、二条の平行する東西溝ＳＤ一二九六六ＡとＳＤ一二九六八、溝状遺構ＳＤ一二九七一が掘削される。Ⅰ－２期には、東西溝を木屑と炭で厚く覆い、さらにその上に整地土を置き、整地土の南裾に東西溝ＳＤ一二九六六Ｂを設

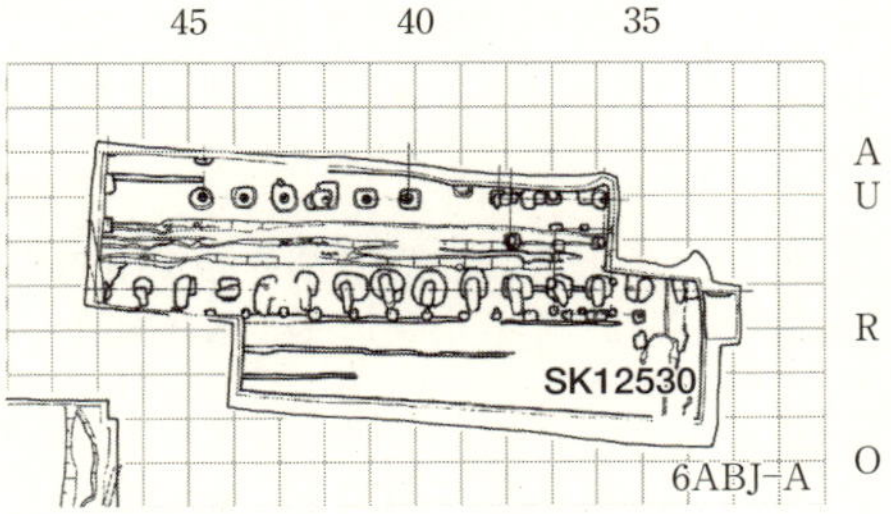

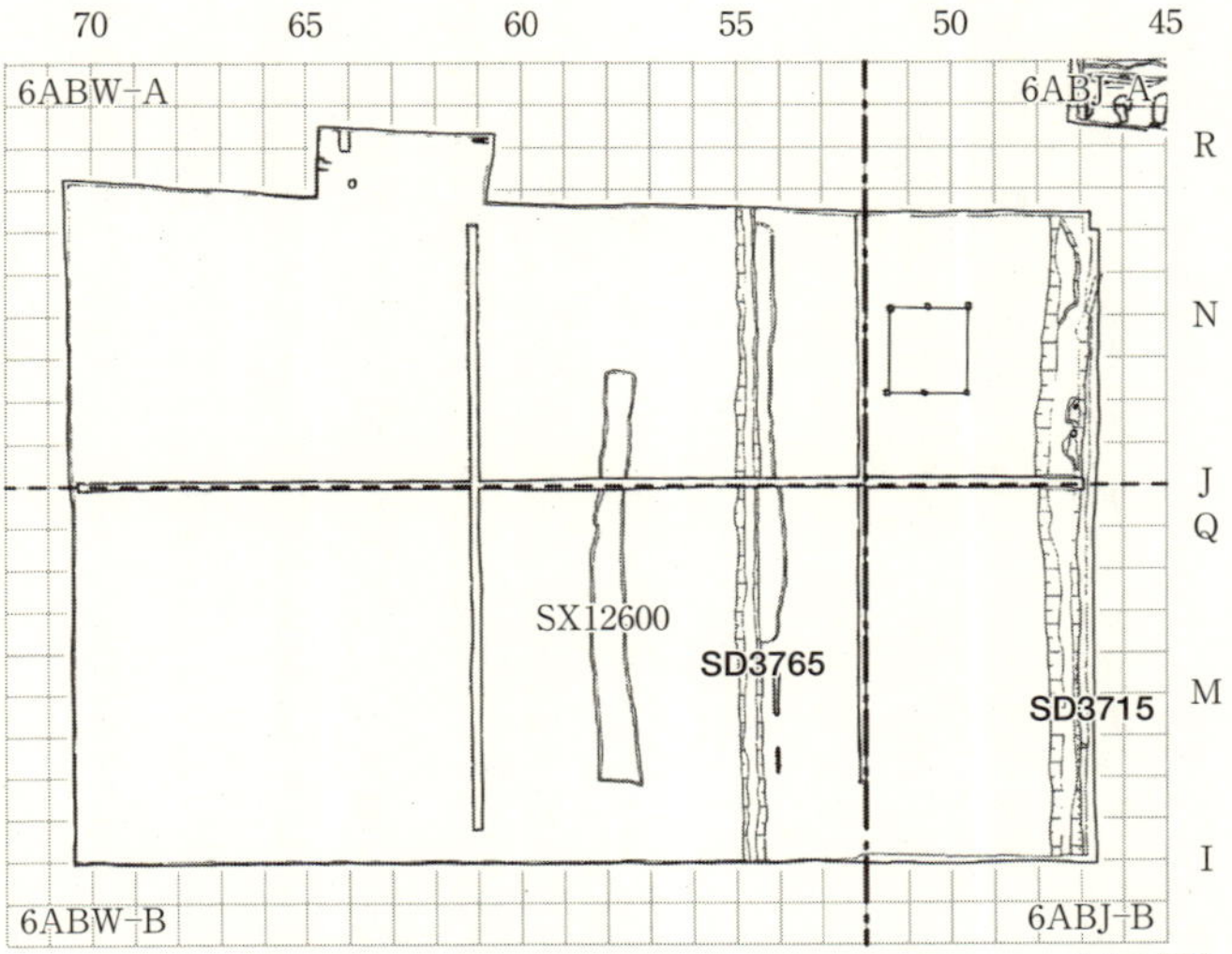

第18図　第171次調査遺構図・地区割図　1：1000

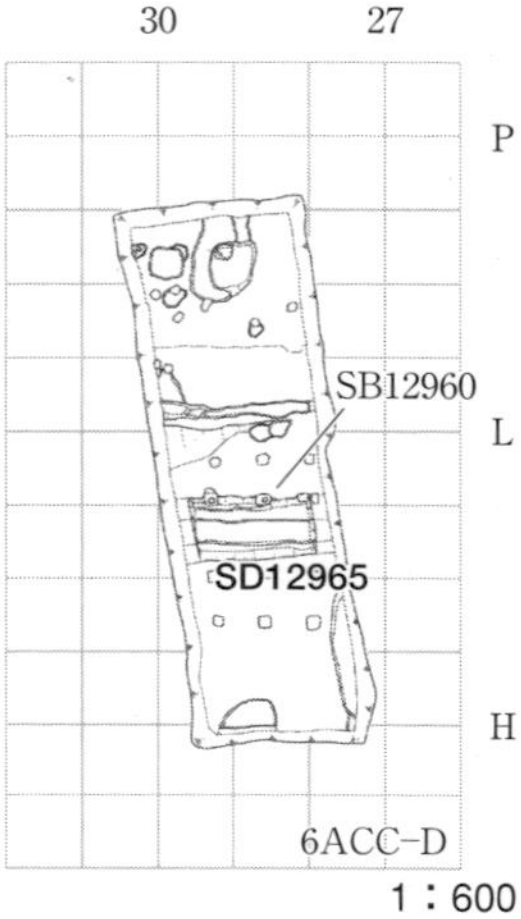

第19図　第177次調査遺構図・地区割図

ける。この整地土が池の堤の一部であった可能性がある。整地土下層の木屑層・炭層から養老六年（七二二）の紀年木簡が出土しており、整地は、この頃以降に行なわれたと考えられる。Ⅰ-3期からⅡ期までには、Ⅰ-2期の積土の南側にさらに積土を置き、その南側のSD一二九七一をほぼ踏襲する位置に東西溝SD一二九六五を設ける。この溝は、宮西辺部の推定馬寮やその東方の官衙の北限築地北側溝の約三m北に位置し、この地域における区画溝の可能性がある。Ⅲ期には、SD一二九六五廃絶後に南北廂付東西棟建物SB一二九六〇が建てられる。木簡は、Ⅰ-2期整地土下層の木屑層・炭層とSD一二九六五から出土した。

第三一五次調査　第一次大極殿院西面築地回廊の調査で、第二八次調査区の北にあたる。Ⅰ期の遺構は、西面築地回廊SC一三四〇〇・東雨落溝SD一七八六〇、大極殿院南庭の礫敷広場SH六六〇三Aなどである。SC一三四四〇はⅠ-3期に解体され、掘立柱塀SA一三四〇四が造られる。Ⅱ期には、周辺の調査成果により宮殿を囲む回廊SC一四二八〇が造営されたと推測されるが、本調査区では遺構は確認しておらず、わずかにその解体にともなう瓦廃棄土坑SK一八二一二を検出した。SD三八二五はこの時期の末に埋没する。また、SD三八二五の西に南北溝SD一八二二〇が掘られる。Ⅲ期には、SC一四二八〇推定位置に、築地塀SA一四三三〇が造られ、ここに門ＳＢ一八二一〇が取り付く。木簡は、ＳＤ三八二五とＳＤ一八二二〇とから出土した。

第三一六次調査　第一次大極殿院西面築地回廊の調査で、第九二次調査区の南、第一七七次調査区の西にあたる。第一次大極殿院が設けられた尾根の地形造成過程と、ＳＧ八一九〇、ＳＤ三八二五の変遷を解明することを目的とした。Ⅰ-1期には、ＳＤ三八二五Ａが掘られるが、溝は調査区外北へ延び、遷都当初の園池がより小規模ないし谷筋の自然流路程度のものであったことが確認された。Ⅰ-2期には、整地を施した上に池の南堤にあたるＳＸ一八二五五Ａを築きＳＧ八一九〇を造成する。また、ＳＤ三八二五Ａを改修しＳＤ三八二五Ｂとし、そ

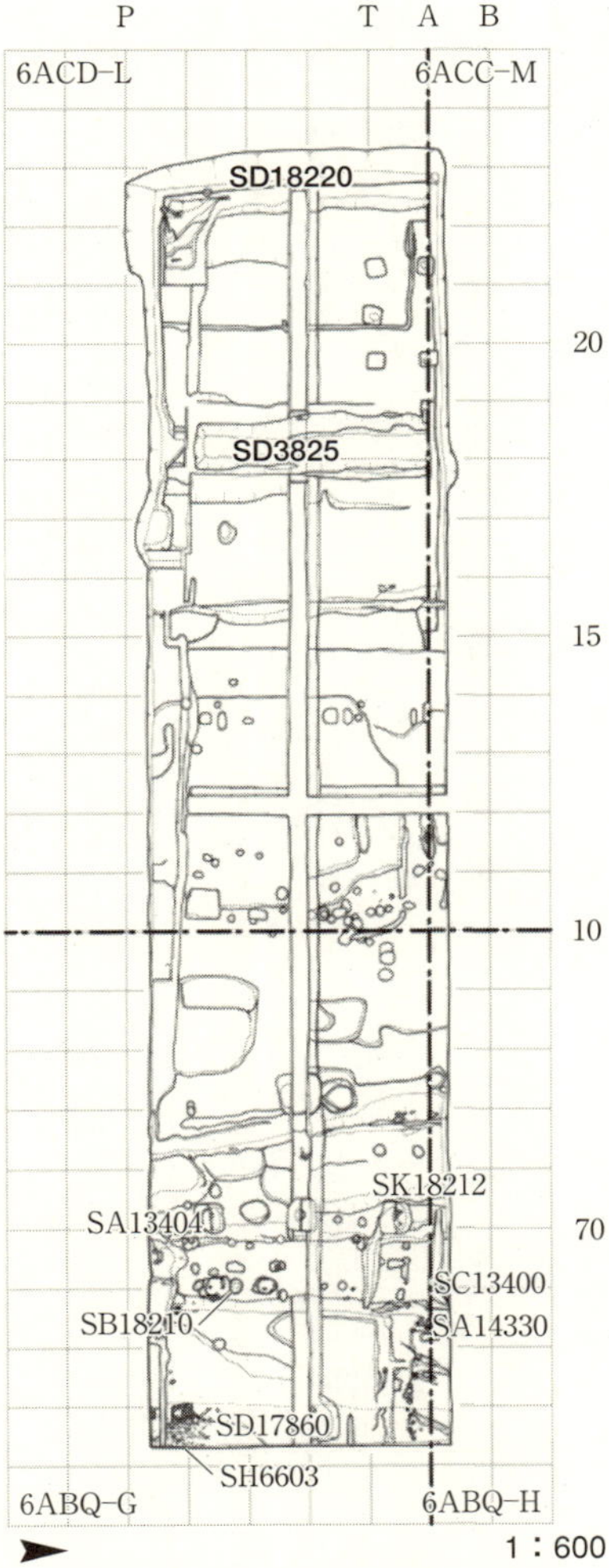

第20図　第315次調査遺構図・地区割図

れに注ぐ東西溝ＳＤ一二九六五・ＳＤ一二九六六Ｂなどを掘る。Ⅱ期の前半には、池堤を南に拡大しＳＸ一八二五五Ｂを造るとともに、それにともないＳＤ三八二五Ｃを掘り直す。Ⅱ期の後半には、ＳＤ一二九六五を南に曲げて南北溝としたＳＤ一八二六一が掘られるが、Ⅲ期に至りこの溝を埋め立てＳＢ一二九六〇が建てられる。木簡は、Ⅰ−2期整地土下層の木屑層・炭層、ＳＤ三八二五、ＳＤ一二九六五、ＳＸ一八二五五Ａから出土した。

第三三七次調査　第一次大極殿院南面築地回廊および西楼の調査である。造営に先立ち整地が施され、南面築地回廊ＳＣ七八二〇の造営と、広場ＳＨ六六一三Ａ（下層礫敷）の造成が行なわれる。Ⅰ−2期には、南面築地回廊ＳＣ七八二〇に楼閣建物ＳＢ一八五〇〇（西楼）が増築される。広場ＳＨ六六一三Ａは改装されＳＨ六六一三Ｂ（中層礫敷）となる。Ⅰ−4期には、

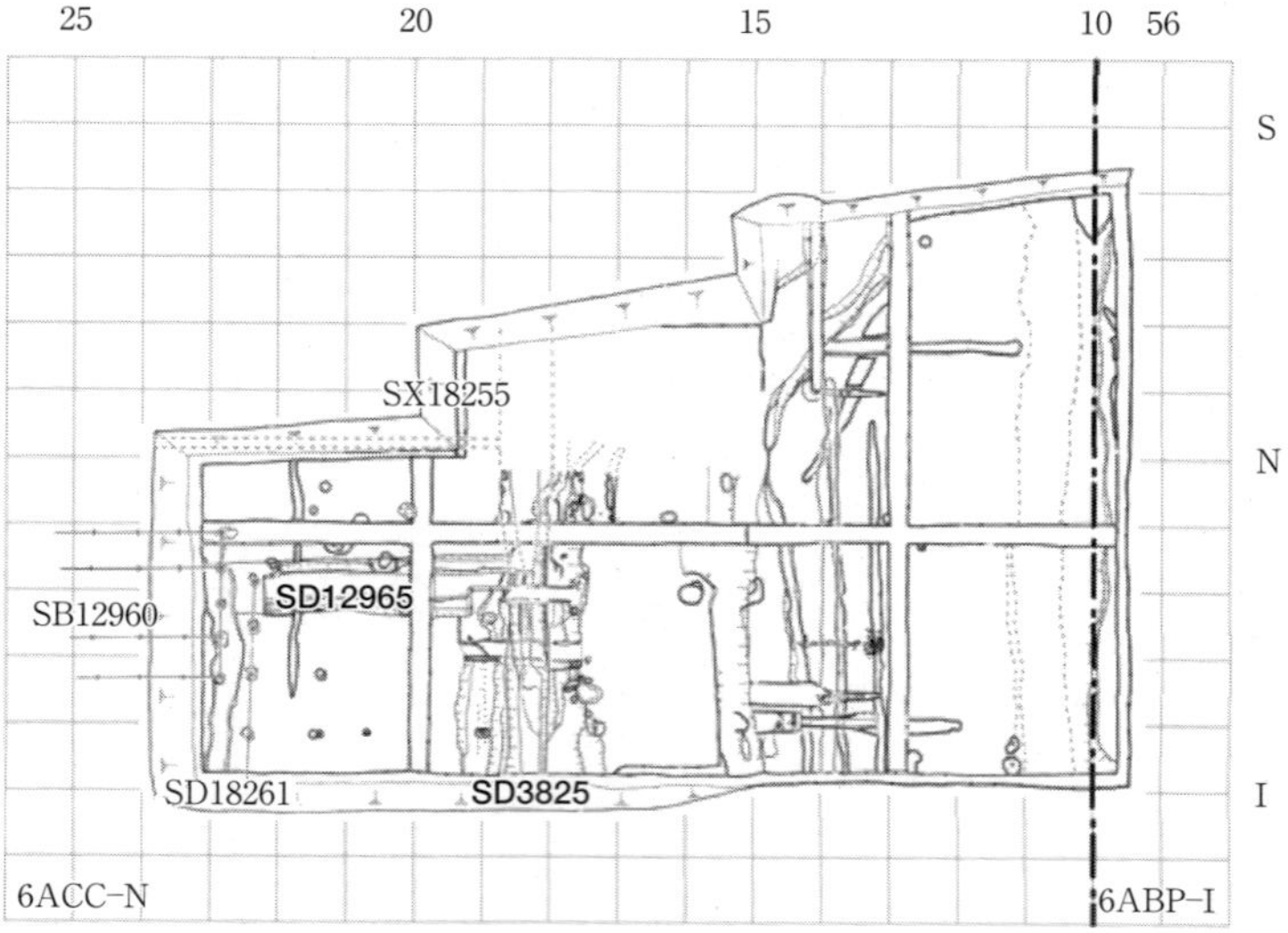

第21図　第316次調査遺構図・地区割図

広場ＳＨ六六一三Ｂがさらに敷き直されＳＨ六六一三Ｃとなる（上層礫敷）。Ⅰ期は、西楼と南面築地回廊との解体により終焉を迎えるが、これにともなう瓦廃棄土坑ＳＸ一八五八五が西楼周辺および南面築地回廊北側に広く分布する（本調査のほか平城第三六〇次・第四三一次調査など）。ＳＢ一八五〇〇の柱抜取穴から出土した木簡に天平勝宝五年（七五三）十一月の年紀のある木簡の削屑が含まれ、東楼ＳＢ七八〇二と解体の状況が酷似することから、東西楼は一連の工程で解体されたと考えられ、その時期の上限をおさえることができる。南面築地回廊および東西楼廃絶後のⅡ期以降には、もとの大極殿院内庭は礫敷広場ＳＸ一八五一一となる。木簡は、造営前の整地土およびＳＢ一八五〇〇の柱抜取穴から出土した。

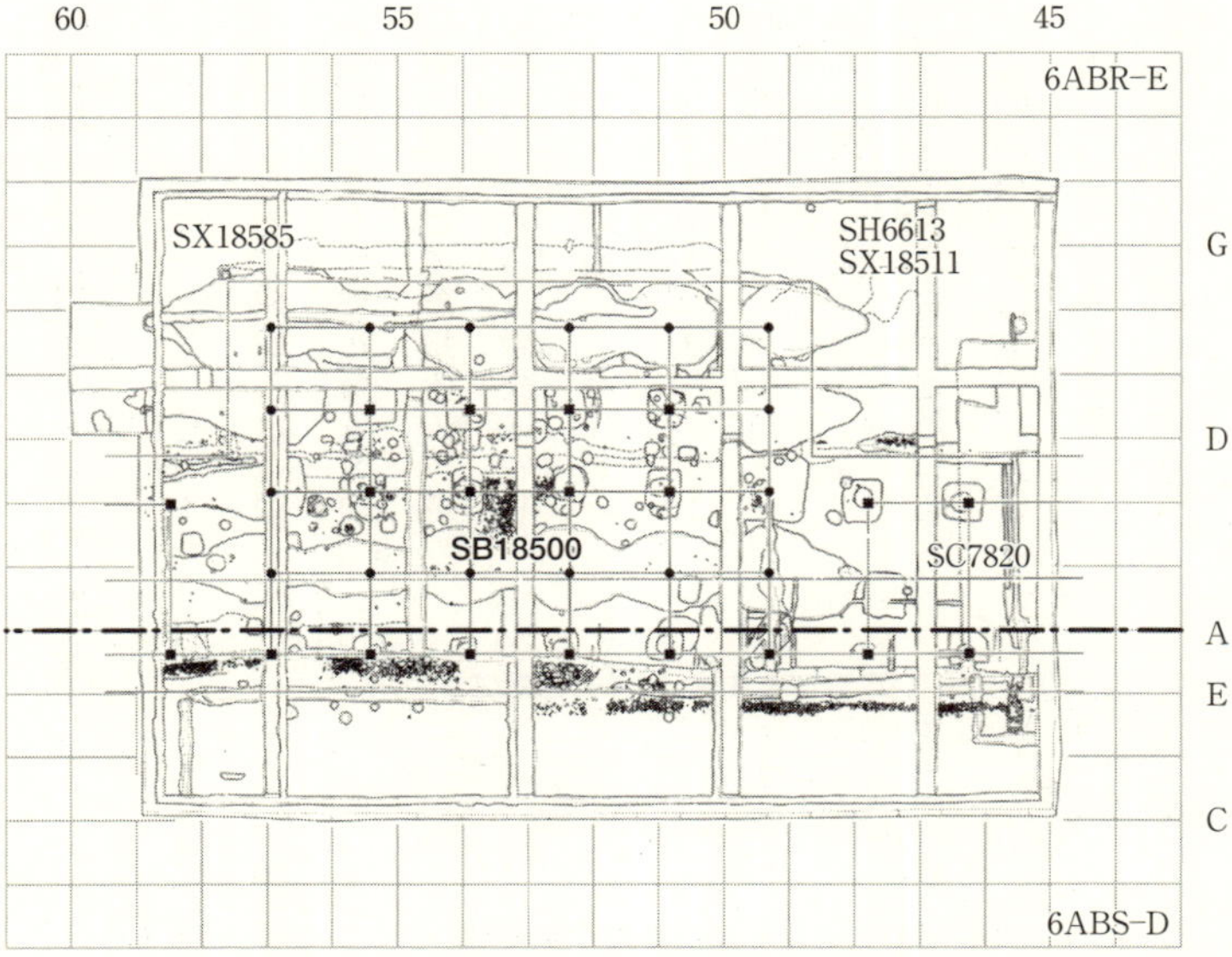

第22図　第337次調査遺構図・地区割図　1：600

二　第一次大極殿院とその周辺の整地土・検出遺構

（6ABE・6ABQ・6ABR区）

第一次大極殿院整地土（Ⅰ-1期）（第三三七次）　6ABR-E区で検出した、第一次大極殿院造営当初に施された整地土。整地土は、大極殿院のうち、塼積擁壁SX六六〇〇南側の内庭広場全域に広がる。木簡を含む黒色粘質土層はこの整地土の一部であり、木簡の出土した第三三七次調査区のほか、西隣の平城第三六〇次調査区の北東隅部にもおよぶ。整地土の南面築地回廊の直下にあたる部分から、和銅三年（七一〇）三月の年紀をもつ荷札木簡（一二八六）が出土しており、少なくとも南面築地回廊の造営が、これ以降であることが確認される。木簡は一四点出土した。

内裏西南隅外郭整地土下層黒色粘質土層（Ⅰ-1期）（第九一次）　調査地は、6ABE-G区の第一次大極殿院地区の東南隅と内裏西南隅外郭とに挟まれた谷地形にあたり、宮造営以前には低湿地で黒色粘土が堆積していた。この旧地表面の上に、造営工事にともなう建築用材の破片や削屑・檜皮、木簡を含む黒色粘質土が薄く堆積し、その上に約五〇cmの第一次整地が施されていた。この木簡群は、第一次整地直前の様相を示す一括資料として貴重であり、和銅二年（七〇九）から和銅三年（七一〇）ま

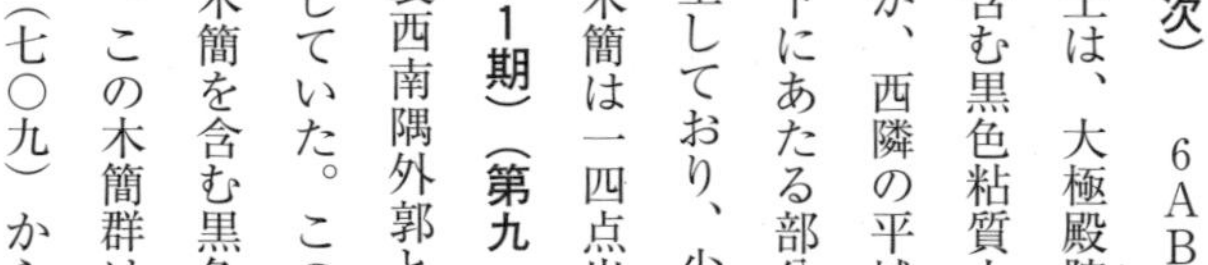

第23図　第一次大極殿院整地土断面図

での年紀をもつ木簡（二三〇六〜二三〇八・二三五〇）を含み、内裏外郭の造営がこの時期以降であることが判明する。木簡は二一二点（うち削屑一四二点）出土した。

SB八一八二建物・SB八一八四建物（第九一次）　6ABE-G区の内裏西南隅外郭に施された約五〇㎝の第一次整地に遺構が形成された段階で、内裏地区Ⅰ期（『平城報告XIII』）以前の時期にあたる。この時期の遺構として掘立柱柵二条、掘立柱建物五棟を確認したが、いずれも小規模である。SB八一八二は桁行五間梁行二間の掘立柱南北棟建物。桁行七尺等間梁行八尺等間である。木簡は、西南隅の柱掘方から一五点（うち削屑一四点）出土した。SB八一八四は、梁行二間桁行二間以上の掘立柱南北棟建物と推定され、調査区外南に延びる。桁行八尺梁行九尺である。木簡は、北妻柱掘方から三点（うち削屑二点）出土した。

第24図　SB8182建物・SB8184建物検出状況（南から）

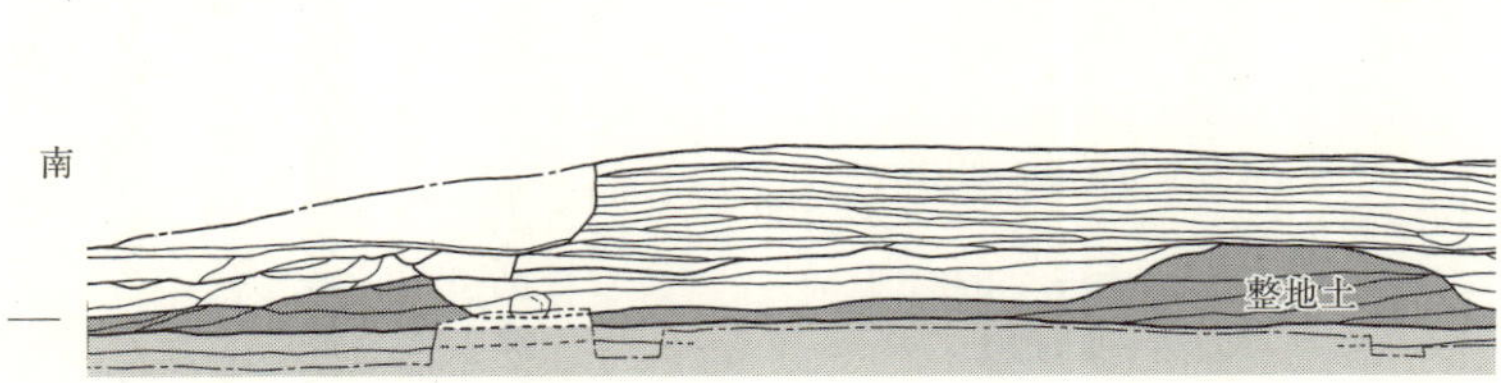

SB七八〇二建物（東楼）（第七七次）

6ABR-H区で検出した、第一次大極殿院南門SB七八〇一の東に立つ桁行五間梁行三間で総柱の東西棟建物。柱間寸法は桁行方向で四・五八m（一五・五尺）等間梁行方向で三・八四m（一三尺）等間である。側柱列は掘立柱であり、内部の柱を礎石建ちとする。掘方の平面形は三・五m×二・五mの長方形を呈し、深さは二・七五mを測る。SB七八〇二は、南面築地回廊の中層礫敷の改修段階（I-2期）に増築されたものであり、I-1期に造営された下層礫敷とそれにともなう雨落溝SD七八一三を埋めて、東西約二九m南北約八mの基壇を北側に延長し、東側西側では二・五m、北側では二mおいて拳大の礫を敷き詰める（中層礫敷。広場SH六六〇三B）。ハ一柱穴以外には抜取穴があり、柱を抜き取った方向は、イ・ニの柱

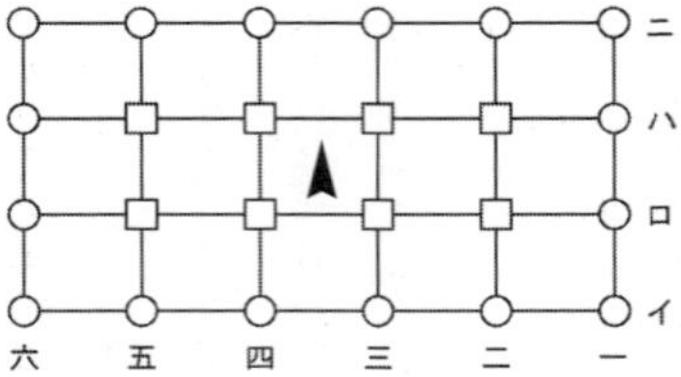

第25図　SB7802建物（東楼）番付

第26図　SB7802建物（東楼）柱穴
平面図・断面図

列では連続した抜取痕跡の形状から東側、六列の抜取痕跡は西側にはみだすことから西側であると推測できる。木簡は、十一基の掘立柱の抜取穴から出土しており、天平勝宝五年（七五三）正月の年紀をもつ木簡（二四〇）が出土していることから、その解体の時期の上限がおさえられる。墨書土器には、「□所」（須恵器杯B蓋頂外・『平城宮出土墨書土器集成』I-1035号。以下I1035の如く略記する）、「□〔道ヵ〕東□□〔万呂ヵ〕」（須恵器杯B底外・I1037）、などがある。木簡は二四〇点（うち削屑一五四点）出土した。

ＳＢ一八五〇〇建物（西楼）（第三三七次）　６ＡＢＲ-Ｅ区で検出した、東楼ＳＢ七八〇二と第一次大極殿院の南北の中軸線を挟んで左右対称の位置に建つ、同規模の総柱の東西棟建物。掘立柱の柱掘方は一辺約二・五〜三ｍの長方形を呈しているが、すべての柱穴に東西方向の抜取穴が認められ、その形状から、東半の柱は東側に、西半の柱穴は西側に倒して抜き取ったものと推測される。抜取穴の埋土は、下半の一・五ｍ程度は単位が厚く、上半は細かい層に分層され、上半部に、厚さ五〜一五㎝程度のレンズ状に堆積する木製品や木屑層を確認した。木簡は、イ六とニ五を除く十四基の掘立柱の抜取穴から出土しており、いずれの穴も同様の埋め戻し方であったと推測されるものの、穴ごとにその出土点数は大きく異なり、とくに東北隅のニ一から圧倒的に多数の削屑が出土した。天平勝宝五年（七五三）十一月の年紀をもつ木簡の削屑（二五九五）が出土していることから、解体の上限がおさえられるが、同年の木簡が東楼から出土していること、抜取穴の状況も酷似することから、東西楼は一連の工程のもと解体された

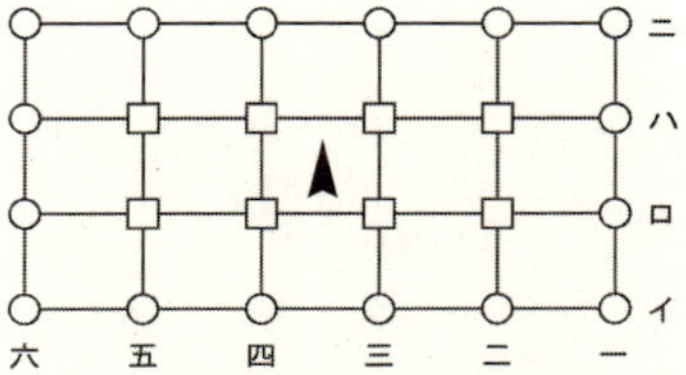

第27図　SB18500建物（西楼）番付

第28図　SB7802建物（東楼）全景（東から）

第29図　SB18500建物（西楼）全景（北から）

と考えられる。墨書土器には、「香（蓋外）印香鹹（蓋内）」（須恵器杯B蓋内外）、「□□〔地ヵ〕□」（須恵器杯B蓋）、「□〔長ヵ〕□／□」（須恵器甕内）、などがある。木簡は一四一五点（うち削屑一二四七点）出土した。

SA三七七七塀（第四一次）　SA三七七七は、6ABE‐M・K、6ABD‐A・D、6ABC‐U・V、6ABO‐Dの各区で検出した、東面築地回廊SC五五〇〇の東側柱筋に重なる南北塀で、恭仁宮に第一次大極殿および東西回廊が移築された時期（I‐3期）に、第一次大極殿院の東西を閉塞した掘立柱塀と推測される。柱間寸法は、四・五八m（約一五・五尺）を基本とし、南から第三十五・三十六柱穴間と第五十二・五十三柱穴との間隔は二間分（九・一六m）となり、この間が

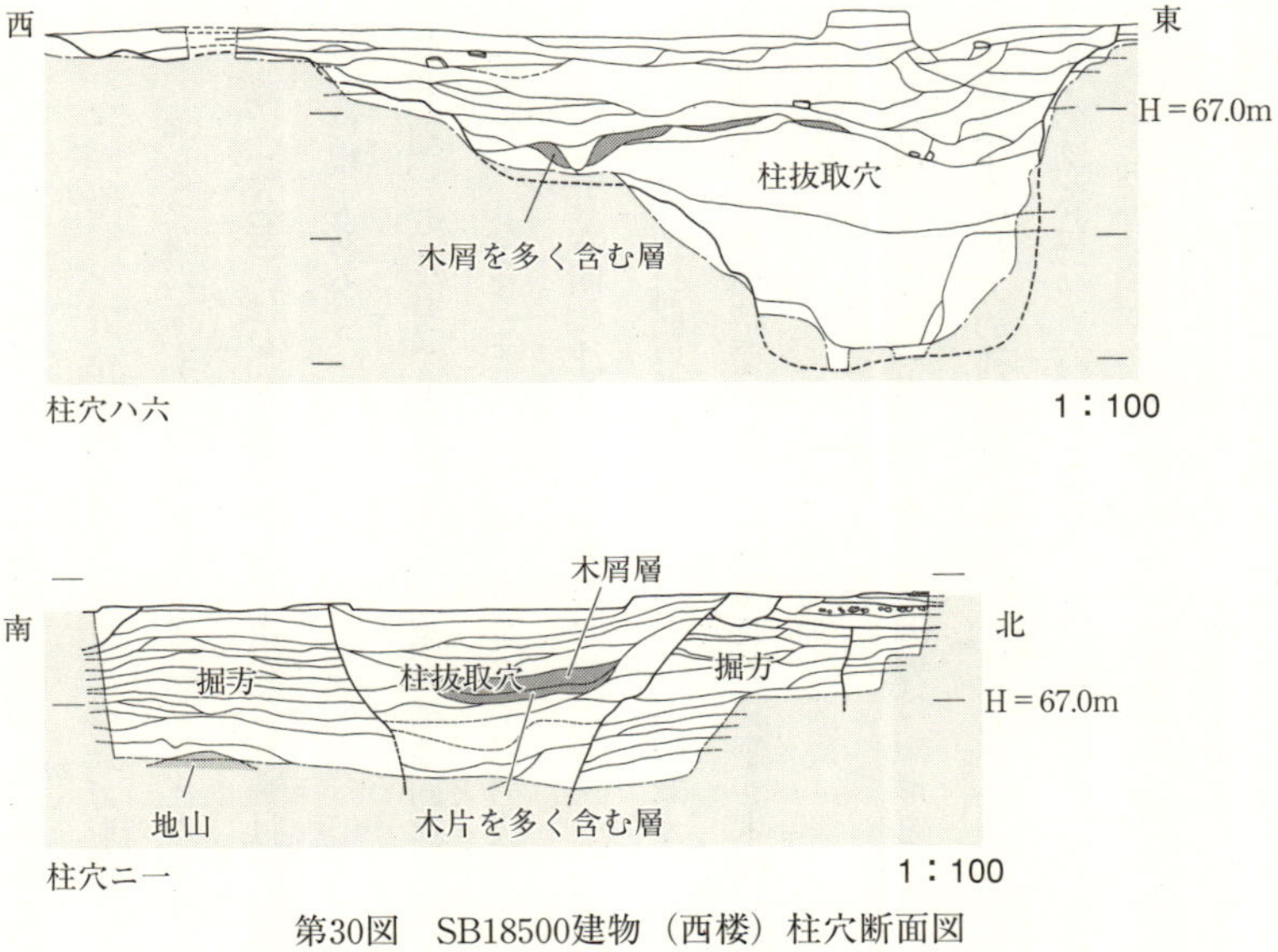

第30図　SB18500建物（西楼）柱穴断面図

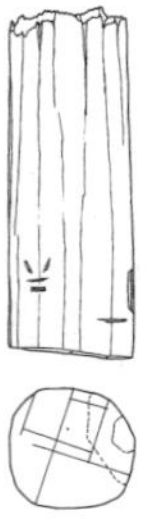

1：50
第31図　SA3777
掘立柱柱根実測図

門の役割を果たしていたと推測される。南北両端は、南面・北面築地回廊に取り付く。掘方は一・一～一・五ｍの隅丸の方形または長方形で、深さは一・二ｍ程度、四〇㎝から四六㎝までの径をもつ柱根をとどめる柱穴が認められる。木簡一点（一八〇三）は、ＳＡ三七七七南から八番目の柱穴から出土した刻書のある柱根である。

ＳＤ五五六三溝（第四一次）　ＳＤ五五六三は、６ＡＢＥ‐Ｍ、６ＡＢＲ‐Ｐ区にある、東面築地回廊ＳＣ五五六〇を横断する木樋暗渠。丸柱転用の木樋を２本つないだもので、全長一三・二五ｍ。西端で木口を板で塞いで上方からＳＤ五五八八・ＳＤ五五八九の水をうけ、東端でＳＤ五五六四に注ぎ、東基幹排水路ＳＤ三七一五へと排水する。ＳＡ三七七七の柱穴を掘り込んでいることから、Ⅰ‐３期に設置されたＳＡ三七七七の撤去以後のいずれかの時期に属する。木簡二点（一八〇四・一八〇五）は、刻書のある木樋暗渠であり、いずれの文字も木樋暗渠として転用される前の柱材に刻まれたもので、柱番付などであろう。

ＳＥ九二一〇井戸（第一一七次）　ＳＥ九二一〇は、６ＡＢＱ‐Ａ区で検出した井戸。掘方は矩形を呈し、上下二段に分かれる。上段は南北七・三ｍ、深さ一・七ｍ、下段は上段掘方の西北寄りを深くしたもので、東西四・九ｍ、南北四・五ｍ、深さ一・九ｍ、遺構検出面から底までの深さは三・六ｍとなる。下段掘方の底には四段分の井戸枠をとどめるが、その上部は抜き取られている。井戸枠抜取痕跡は、深さ約一ｍの厚さで埋め戻され、それ以上は埋め立てられることなく放置されたようである。井戸枠の内法は一辺約二・二五ｍで、西南隅と西北隅

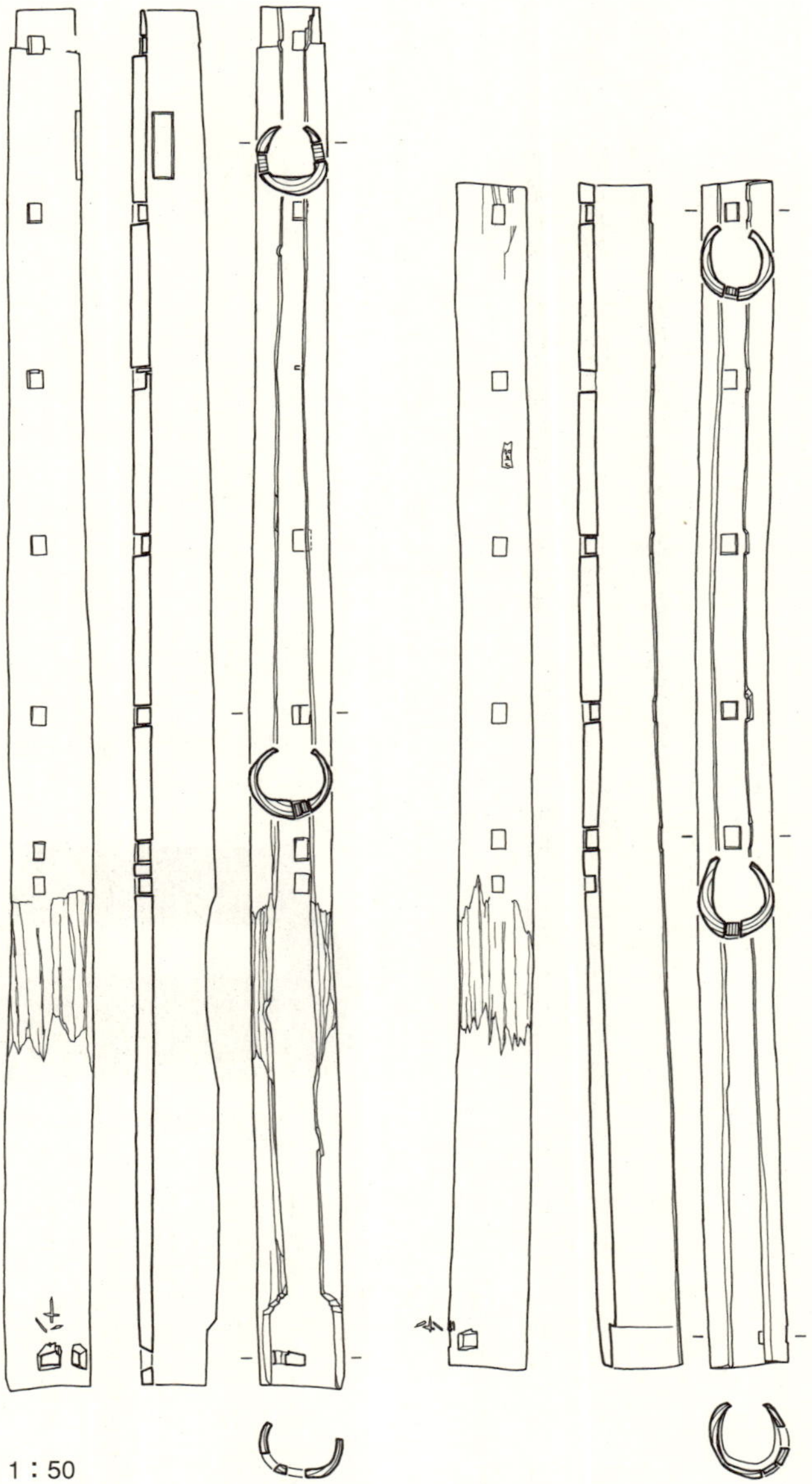

第32図　SD5563木樋実測図

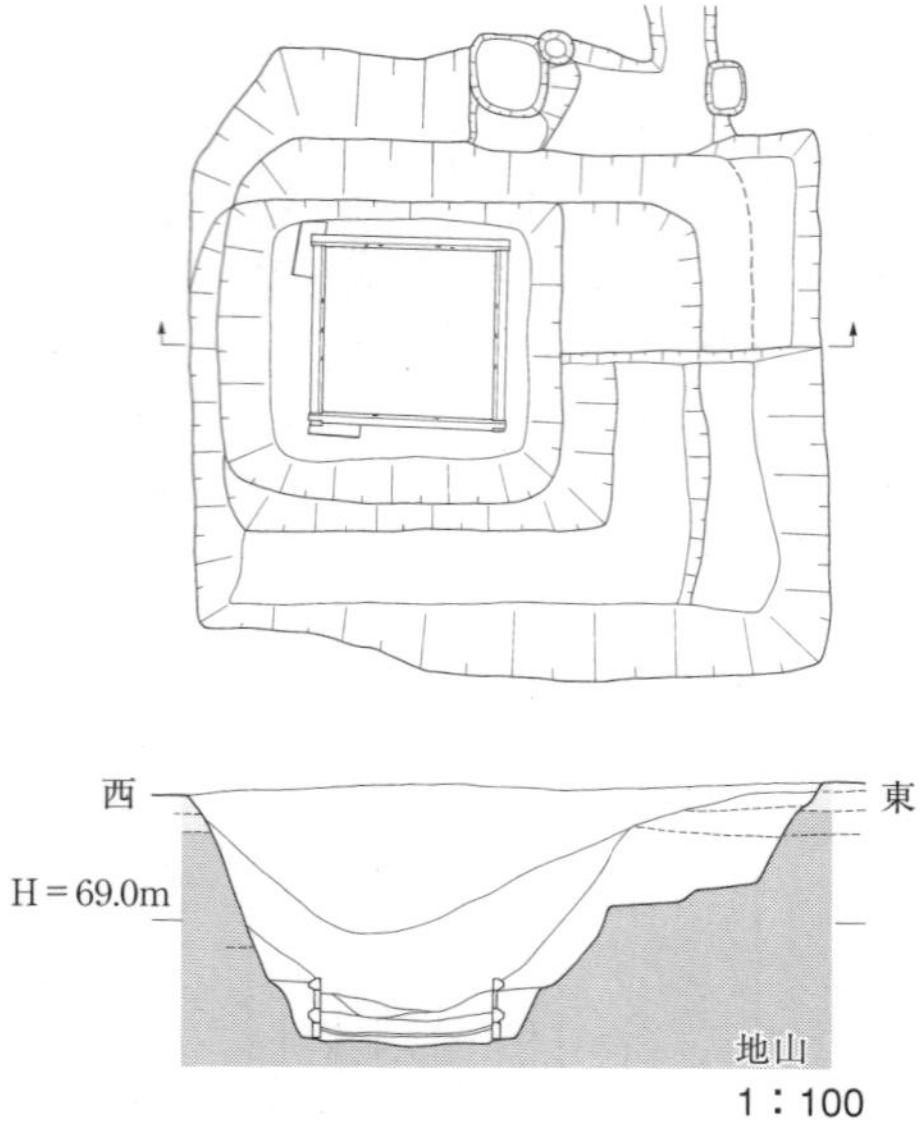

第33図　SE9210井戸平面図・断面図

第34図　SE9210井戸枠組あげ状況写真

には木材の礎盤をあてている。井戸枠の一段目と三段目には板を用い、二段目と四段目は校木を転用している。井戸枠と掘方との間は木屑混じりの灰褐色粘質土で裏込めし、井戸底には拳大の玉石を厚さ一〇cmで敷く。玉石敷きの上部の暗灰色土には十世紀の土師器があり、埋没は平安時代前期以降であり、周辺の遺構の状況から、Ⅲ期の井戸と解される。木簡は一七点出土した。うち一六点は墨書のある井戸枠（二八〇六～二八二一）であり、井戸枠の外面に「北一」など方角と段数を示す墨書が認められる。

三　第一次大極殿院・中央区朝堂院東辺の検出遺構

（6ABE・6ABF・6ABG・6ABH・6ABI・6ABJ・6ABL・6ABR・6ABS・6ABT・6ABU・6ABW・6ABX・6ABY区）

SD三七六五溝（第四一次・第一五〇次・第一七一次）　SD三七六五は、第一次大極殿院地区の東辺の南半を南流する、幅一・六〜二・六m、深さ約六〇㎝の素掘りの南北溝である。6ABD‐D区（第四一次調査区）から6ABY‐D区（第一五七次調査区）までの地区で断続的に検出した。溝は、中軸線の東一〇二・六m（三四二尺）、東面築地回廊SC五五〇〇の東一四・三m（四八尺）に位置している。南方で深く北方で浅くなり、6ABD‐D区（第四一次調査区）で消滅するためその北限は不明であるが、南は南面大垣に北接する調査区でも検出されており、宮内をほぼ南北に貫流し大垣外へ至るものと推測される。木簡は6ABE‐M・6ABX‐B・6ABW‐A区から出土した。出土した木簡の削屑（二八三〇）の年紀によって和銅年間（七〇八〜七一五）に存在したことがわかるが、溝の使用期間は短く、溝の堆積土が比較的厚い6ABE‐M区では、粘土質の土によって西側から短期間のうちに埋め立てている状況を顕著にとどめていた。平城宮造営以前の遺構とする見方もあるが、第一次大極殿院地域の排水路である暗渠SD五五五五およびSD五五八四がこの溝に注いでおり、築地回廊建設時に存在し利用したことは明らかである。木樋暗渠SD五五六〇、SD五五六二、SD三七七〇などがこの溝の上を横断している。木簡は四七点（うち削屑三九点）出土した。

SK五五三五土坑（第四一次）　SK五五三五は、6ABE－P区に多数認められる不整形の土坑の一つ。径一・五m程度残存、深さは約三〇㎝。南北溝SD三七一五が土坑の東辺を壊す。土坑の埋土は、上部は粘質土、下部には木片・檜皮が多く含まれており、その中から霊亀元年（七一五）の紀年木簡（二八三七）が出土した。土坑の埋没時期の上限と、SD三七一五の開削時期の上限を知る資料となる。木簡は一一点（うち削屑六点）出土した。

SD三七一五溝・SX八四一一堰状遺構（第四一次・第九七次・第一〇二次・第一一一次・第一三六次・第一四〇次・第一五七次・第一五七次補足・第一七一次）　SD三七一五は、第一次大極殿院の東辺を画して南流する、幅二～三m、深さ一mの素掘りの南北溝である。北は6ABC－U区から、南は6ABL－E区までの地区で約五三〇mにわたり検出した。溝底は、南に向かって傾斜しており、約三〇〇mで七・六m低くなっている。溝の堆積層は大きく二、三層に区分でき、二度の改修の痕跡が認められることから、三時期の溝SD三七一五A・B・Cが存在したらしい。最も残りのよい、南端の6ABL－D区では、溝の埋土は上層・中層・下層に大別される。下層はⅠ－2期、中層はⅠ－3期以降にあたり、上層は、出土土器に奈良時代末から平安時代初頭までのものが含まれることから、Ⅱ期の末頃からⅢ期までにあたると考えられる。しかし、いずれも各時代の遺物の混入が認められ、繰り返し浚渫されたようであり、SD三七一五Aは概ねより新しい溝に破壊され、SD三七一五Cはほとんど遺物を含まないため、溝の出土遺物全体を、三時期に区分することは困難である。『平城報告Ⅺ』によると、SD三七一五が土坑SK五五三五の東辺を破壊しているとし、その開削は霊亀年間（七一五～七一七）頃と理解するが、遷都当初の和銅年間に遡り得るとする異論も提示されている（小澤毅「平城宮中央区大極殿地域の建築平面について」『考古論集』一九九三年）。

調査区ごとに特徴も認められる。北側の6ABE-M区南部では、東方から二条、西方から三条の溝が合流しており、氾濫の跡を残すが、この付近から木簡を含む奈良時代全般にわたる多量の遺物が出土した。その南側、朝堂院東方にあたる6ABF-B、6ABG-A・B区からは、奈良時代前半に遡る木簡が出土しており、造営にかかわるものが多く含まれている。なお、6ABF-B区で検出したSX八四一一は、SD三七一五に付設する一辺約四mの不整形を呈する堰状遺構で、木簡一三八点（うち削屑三四点）が出土している。SX八四一一下層には、SD三七一五下層の暗灰色粘土が堆積しており、両者は、出土層位、内容的にも一連の木簡と判断できる。それに対して、6ABL-D区からは、奈良時代末頃の木簡が出土した。

墨書土器は多数出土しているが、上流にあたる場所で、「□〔曹ヵ〕」（須恵器杯B底外・Ⅰ461二七次）、「少将」（須恵器蓋頂内・Ⅰ906四一次）、「授刀」（須恵器杯B蓋頂外・Ⅱ50一〇二次）など衛府にかかわる墨書土器が出土していることが注目されるほか、全体として官司・官職を記したものが多い。すなわち、「女嬬」（須恵器杯B蓋頂外・Ⅱ1035一五七次）、「□／□〔儒ヵ〕／儒」（須恵器杯蓋頂外・Ⅰ914四一次）、「儒」（須恵器杯B底外・Ⅰ916四一次）など女官にかかわる一群、内廷的な官司にかかわる一群として、大炊・内大炊などと記したと考えられるもの（Ⅱ1036～1046一五七次）、「内大炊秘人」（須恵器皿B底外・Ⅱ1047一五七次）、「大炊『木工足木』」（須恵器杯

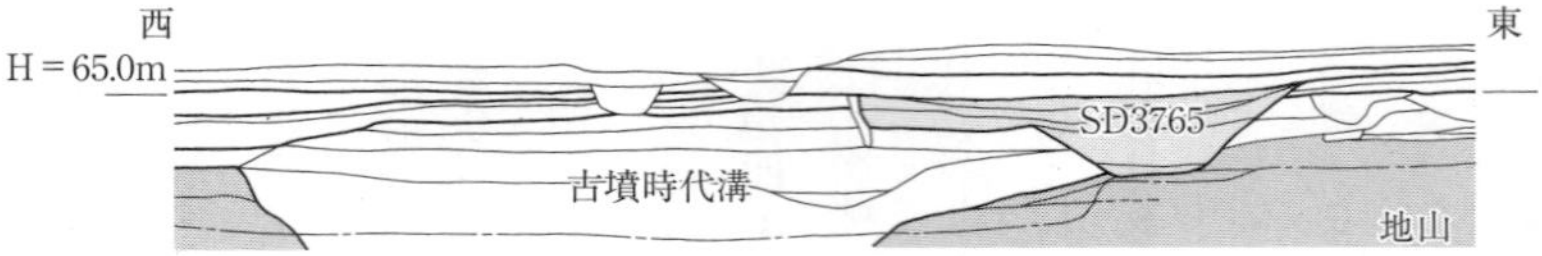

第35図　SD3765溝断面図

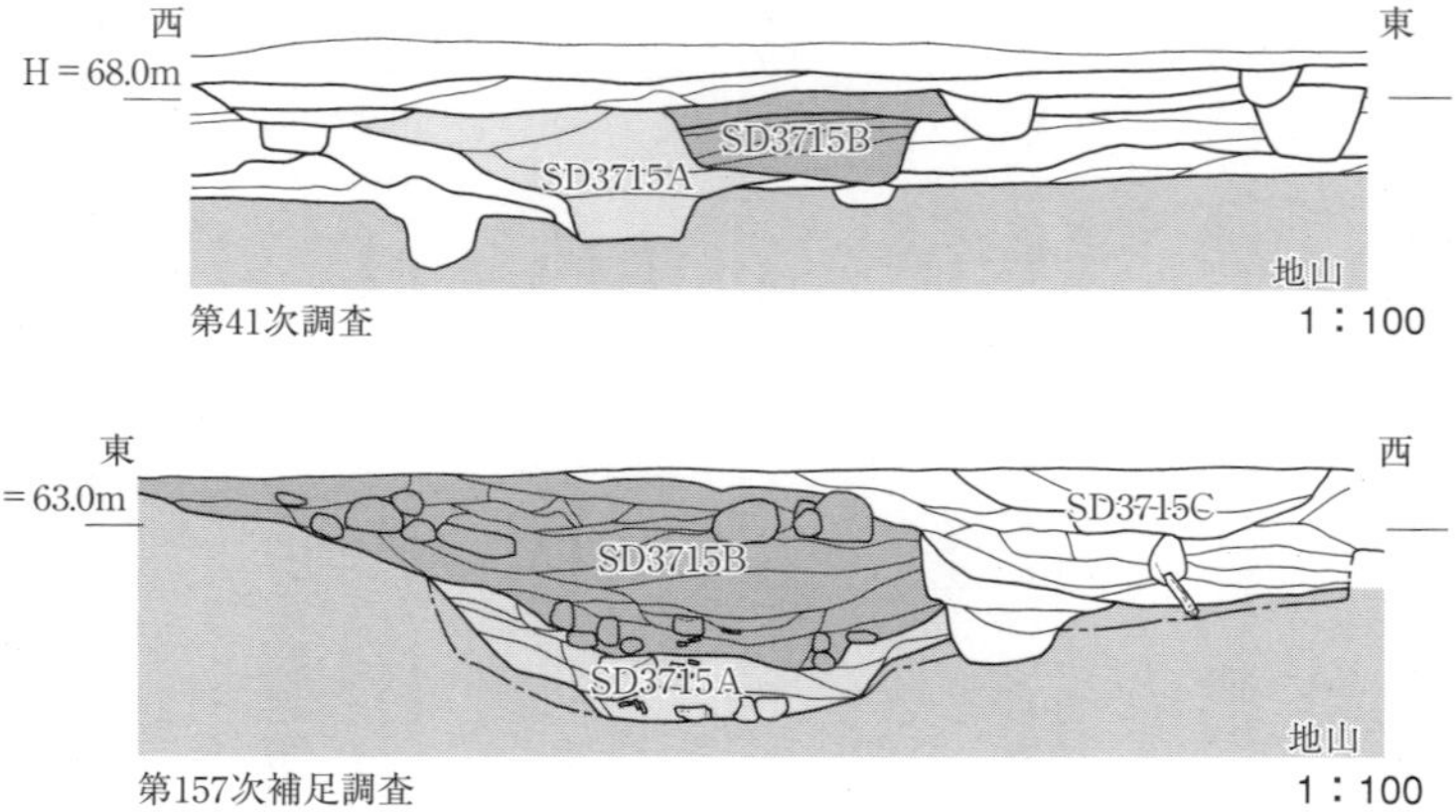

第36図　SD3715溝断面図

第37図　SD3715溝と SX8411堰状遺構（北西から）

B蓋頂外・Ⅲ1118一五七次補足）、「主水」（須恵器杯B蓋頂内・Ⅱ1115、Ⅱ1116一五七次補足）、「内木工所／充足桙」（須恵器杯B底外・Ⅱ1050一五七次、須恵器杯B蓋頂外・Ⅱ1051一五七次）のほか、式部省にかかわる「式曹」（須恵器杯B蓋頂外・Ⅱ1066、Ⅱ1067一五七次）、「諸司□」（須恵器杯A底外・Ⅱ1087一五七次）なども認められる。その他、「味物料理」（須恵器杯B蓋頂外・Ⅱ1084一五七次）、「供養」（須恵器杯A底外・Ⅲ8一七一次、須恵器杯B底外・Ⅲ10一七一次）などがある。木簡は一五五八点（うち削屑一〇一五点）出土した。

SD五五〇五溝（第四一次）　SD五五〇五は、6ABE-M区の南辺で東からSD三七一五に注ぐ、幅二m、深さ五〇cmの素掘りの東西溝。合流点が著しく氾濫している。木簡は四七点（うち削屑一〇点）出土した。

SD五五六四溝（第四一次）　SD五五六四は、6ABE-M区にある素掘りの東西溝で、東面築地回廊SC五五〇〇の下を通る木樋暗渠SD五五六三とつながり、広場地区の雨水を東

第38図　SD5505溝・SD5564溝・SD3715溝（東から）

の基幹排水路SD三七一五に排水している。木簡は溝の東半から出土しており、堆積土の状況からすると、SD三七一五が逆流して流れ込んだもののようである。なお、この溝から、（天平）勝宝九歳（七五七）の年紀をもつ木簡（三四七九）が出土しており、Ⅱ期以降にも使用された可能性が残る。木簡は八点（うち削屑六点）出土した。

SD五四九〇溝（第四一次）　SD五四九〇は、6ABE-P区の東南隅にある幅一m、深さ二〇㎝の素掘りの東西溝。東からSD三七一五に注ぐ。後に第九一次調査で、この溝がSD三七一五から東へ一八m延びていることを確認している。木簡は一四点（うち削屑一三点）出土した。

SD八四一九溝（第九七次）　SD八四一九は、6ABF-B区で検出した東西溝で、西流してSD三七一五に注ぐ。木簡は五点（うち削屑二点）出土した。

SK三七三〇土坑（第二七次）　SK三七三〇は、6ABE-K区で検出した、木樋暗渠SD三七七〇の南にある一辺二・二m、深さ約〇・六mの土坑である。埋土からは、平城宮土器Ⅴを中心とし、一部に平城宮土器Ⅳを含む土器片と大量の檜皮が出土した。墨書土器には、「□□〔部ヵ〕月」（土師器杯または皿底外・Ⅰ457）がある。木簡は四点出土した。

SD一〇三二五溝（第一四〇次）　SD一〇三二五は、6ABJ-A区、6ABI-A区で検出した南北溝。第一三六次調査で検出した南北溝SD一〇三二五Aをさらに北に延長したもので、東西溝SD一〇七〇五に接続する。上層溝SD一〇三二五Bからは、平城宮土器Ⅴを下限とする土器が出土した。幅約二・四～五m、深さ約〇・

七m。木簡は、二九一点（うち削屑二一五点）出土した。

ＳＤ一〇七〇五溝Ａ（第一四〇次）　ＳＤ一〇七〇五は、6ＡＢＩ-Ａ区で検出した、ＳＤ三七一五から西に枝分かれする東西溝で、幅約二～三m、深さ約〇・五m。上下二層に分かれ、下層溝ＳＤ一〇七〇五Ａは出土土器が平城宮土器Ⅲを下限とすることからＤ２期（Ⅰ-３・４期）にあたる。墨書土器に、「礒」（須恵器壺Ｅ底外・Ⅱ782）、「方」（須恵器杯Ａ底外・Ⅱ783）がある。木簡は一点出土した。

ＳＤ一〇七〇六溝（第一四〇次）　ＳＤ一〇七〇六は、6ＡＢＩ-Ａ区で検出したＳＤ一〇七〇五が南へ折れ曲がった南北溝で、北半の規模は幅約一・二m、深さ〇・五m、南半は幅約二・二m、深さ約〇・九mである。溝の堆積は三層に分かれ、平城宮第Ⅲ期を下限とする軒瓦（六二二五Ｃ・六六九一Ａ）が出土した。墨書土器に、「□」（須恵器杯Ｂ底外・Ⅱ784）がある。木簡は三六点（うち削屑二七点）出土した。

第39図　SD10325溝・SD10705溝Ａ・SD10706溝（北から）

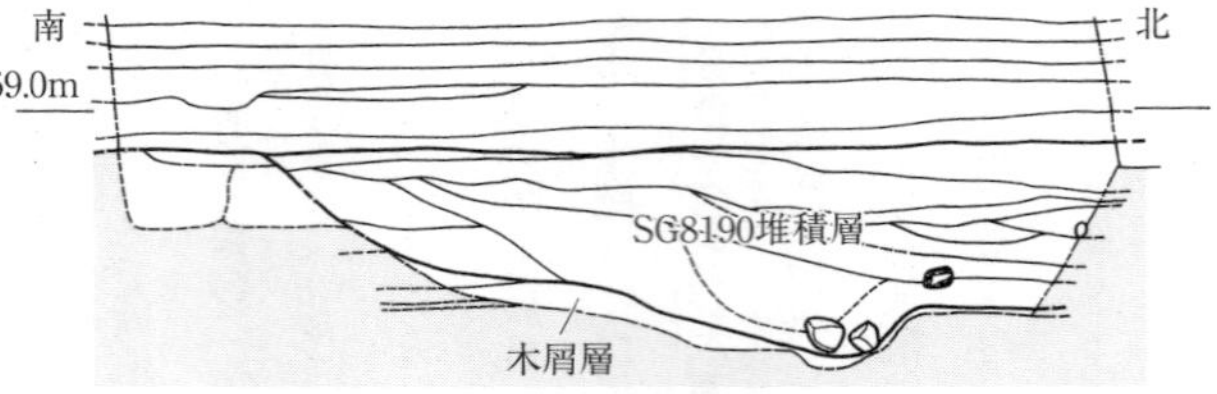

第40図　SG8190池南岸堆積土断面図　1：100

四　第一次大極殿院西辺の整地土・検出遺構

（６ＡＣＣ区）

ＳＧ八一九〇池南岸堆積土（第九二次）　ＳＧ八一九〇は、６ＡＣＣ－Ｄ区で検出した宮内の園池遺構。遷都当初は谷筋の自然流路であったものが、Ｉ－２期の大極殿院改作の過程で大規模な改変をうけ、池として造成されたと理解されている。木簡は、池の造成過程で南岸に投棄されたものと推測される。紀年木簡は出土していないものの、里制下の木簡である播磨国赤穂郡周勢里の荷札（三六〇一）や、藤原郡と記した木簡（三六〇二）など奈良時代初頭に遡る木簡が認められる。ＳＧ八一九〇の造成時期は、備前国藤原郡の存続時期である、養老五年（七二一）四月から神亀三年（七二六）十一月までを上限とし、概ね、養老末年から神亀初年までの時期をさほど降らないと推測される。木簡は、三七点（うち削屑六点）が出土した。

第一次大極殿院西辺整地土下層木屑層・炭層（Ｉ－２期）（第一七七次・第三一六次）
６ＡＣＣ－Ｄ区、第一次大極殿院西辺のＳＧ八一九〇の南方では、三時期の整地土を検出している。そのうち、二番目の整地土下層には厚い木屑層・炭層が堆積していた。出土遺物は、和銅四年（七一一）四月から養老六年（七二二）までの紀年木簡（一

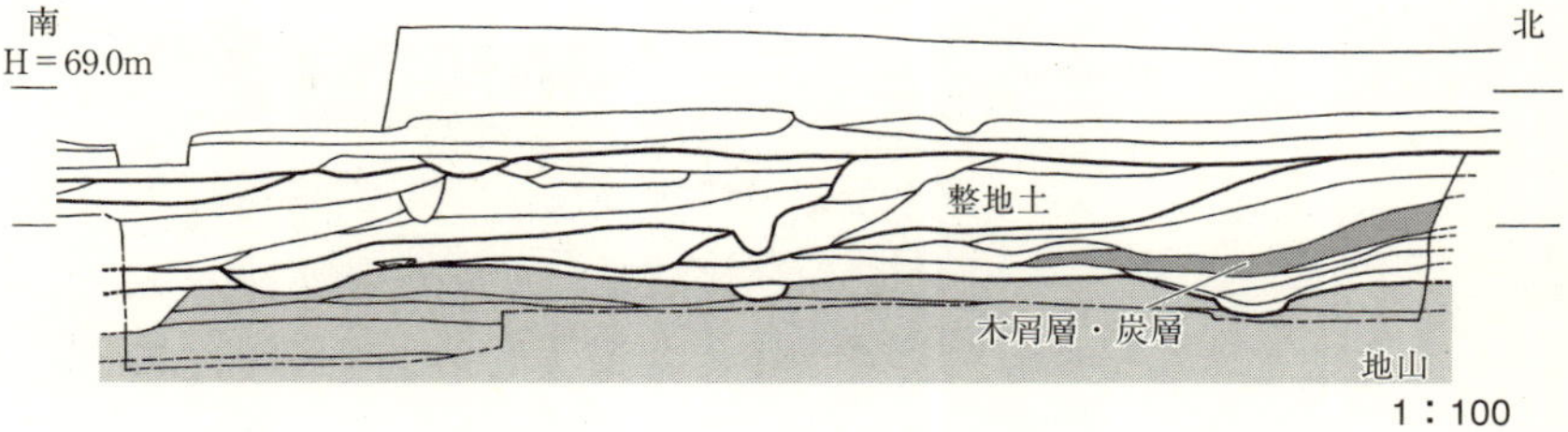

第41図　第一次大極殿院西辺整地土下層木屑層・炭層断面図

二六三九・三六四〇・三六四二）とともに、平城宮土器Ⅱ、平城宮第Ⅱ期の軒丸瓦（六三一三A）などであり、他に新しい遺物を含まないことから、この整地土が造成された時期は、養老六年をさほど降らないと推測される。墨書土器には、「酒坏」（土師器杯または皿底外・Ⅲ611）、「間」（須恵器甕体外・Ⅲ612）など四点（第一七七次）がある。木簡は、二七一点（うち削屑六三点）が出土した。

SD三八二五溝（第二八次・第九二次・第三一五次・第三一六次）　SD三八二五は、6ACC-D区・F区・L区・N区で検出した、第一次大極殿院の西辺を画して南流する素掘りの南北溝。Ⅰ-1期に属するSD三八二五Aは、幅最大一・八m、深さ約五〇cmで、西面築地回廊縁から約三六m西に位置する。未発掘部分を含め、南北一六〇m分を検出した。SG八一九〇の前身となる池かもしくは谷筋の自然流路を水源としており、南は宮南辺に至ると推測される。北部では、SG八一九〇の造成にともない、埋め立てられSD三八二五Bに造り替えられた。Ⅰ-2期に属するSD三八二五Bは、SG八一九〇造成後、取水口をSD三八二五Aから東に約七〇cmずらして新たに掘削された南北溝。溝底は、SD三八二五Aに比べて約六〇cm高いが、SG八一九〇南堤の改修にともない破壊されており、西肩は判然としない。Ⅰ-4期以後に属するSD三八二五Cは、SG八一九〇南堤の改修にともな

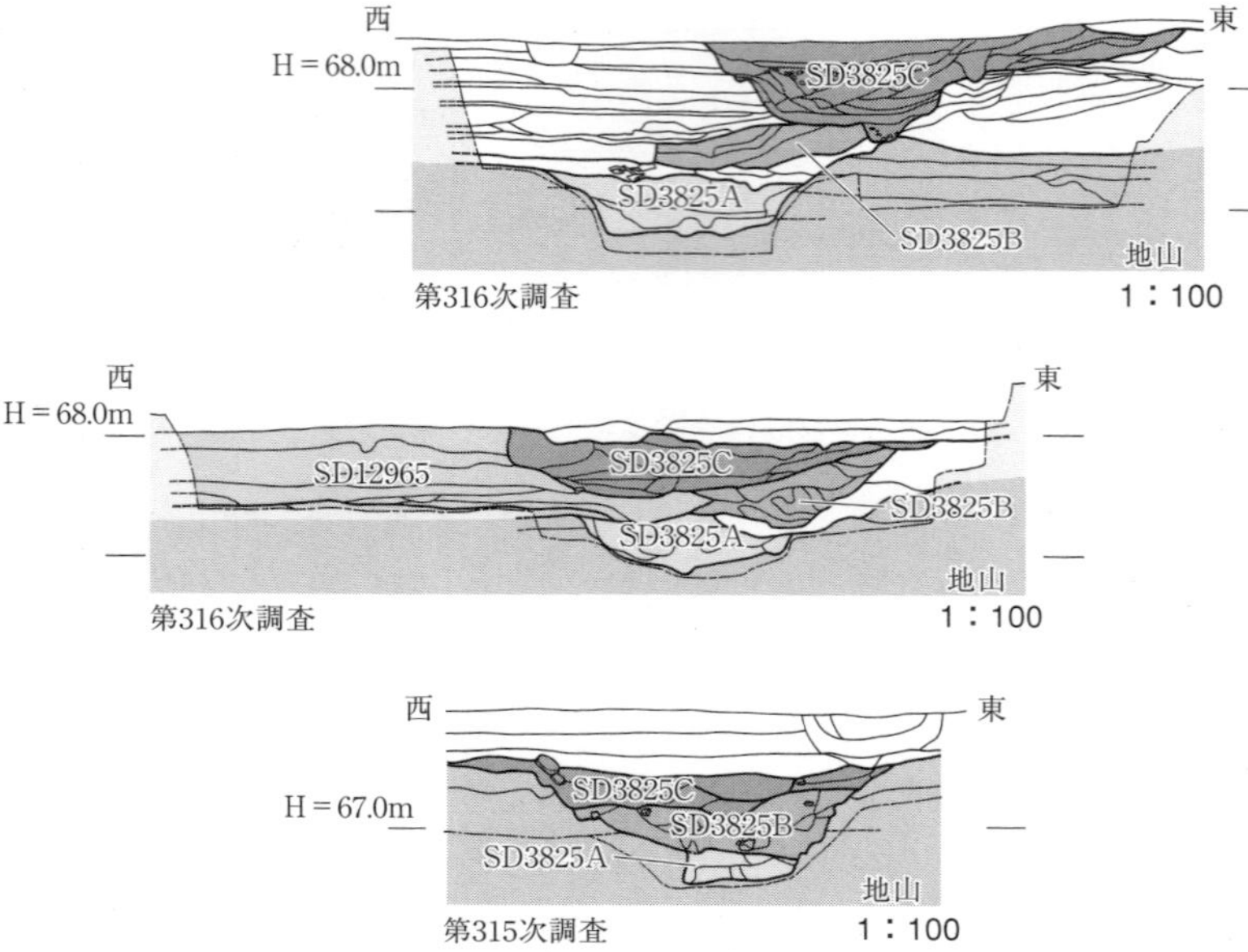

第42図　SD3825溝・SD12965溝断面図

第44図　SD18220溝（北西から）

第43図　SD3825溝（南から）

い、SD三八二五Bを掘り直した南北溝。取水口をさらに東へ付け替え、SD一二九六五との合流点までは南西方向へ流し、そこから南へと流下させる。改作は天平十七年（七四五）の還都以後と考えられ、この溝の埋土に平城宮土器Ⅳ・平城宮土器Ⅴの土器を大量に含み、平安時代の土器を含まないことから、奈良時代末まで存続し平安時代以前に廃絶したものとみられる。墨書土器には、「水」（土師器皿A底外・Ⅰ463）、「各／各」（須恵器杯B蓋頂内・Ⅱ11）（第二八次）、「□□〔万呂ヵ〕」（須恵器杯A底外・Ⅲ994）など四点（第三一五次）、「坏／□〔盛ヵ〕」（土師器杯C底内・Ⅲ1001）、「大」（土師器皿A底外・Ⅲ1002、須恵器杯B底外・Ⅲ1004、須恵器杯B蓋摘・Ⅲ1009）、「尉」（須恵器杯B底外・Ⅲ1003）、「僧」（須恵器杯A底外・Ⅲ1007）、「右兵／粥垸（底外）兵衛粥（底内）」（須恵器杯A底内外・Ⅲ1007）、など九点（第三一六次）がある。木簡は二六四点（うち削屑一二七点）出土した。なお、『平城木簡概報』三十五―一〇頁下で「□□〔英賀ヵ〕」と略報告した木簡は、再調査の結果英賀の可能性は小さいと判断し、本報告書には採録していない。

SD一二九六五溝（第一七七次・第三一六次）　SD一二九六五は、6ACC-D区で検出した東西溝で、SD三八二五Bに注ぐ。下層の埋土から、神亀三年（七二六）の紀年木簡（三八三八）が出土した。墨書土器には、「厨」（須恵器杯B底外・Ⅲ1010）など二点（第三一六次）がある。木簡は一一点出土した。

SD一八二二〇溝（第三一五次）　SD一八二二〇は、6ACC-L区で検出した、幅一・五～二m、深さ約〇・三mの南北溝で、溝の西端は調査区外に延びる。大きく二層に分層できる堆積層の下層に、木器・木簡などが含まれていた。奈良時代後半（Ⅱ期）に属する。木簡は五点（うち削屑四点）出土した。

SK三八三三土坑（第二八次）　SK三八三三は、6ACC-F区で検出した時期不詳の土坑。複数の土坑が重複して一つになったもので、平城宮第Ⅱ期の軒平瓦（六六六三A）を含む。木簡は二点出土した。

また、6ACC-N区の園池SX一八二二五Aの南堤（第三一六次調査）から木簡（削屑）一点が出土したが、釈読できないため本書には採録していない。

五　中央区朝堂院の検出遺構

（6ABF・6ABG・6ABJ・6ABY区）

SA八四一〇塀（第一〇二次）　SA八四一〇は、6ABF-B区、6ABG-A区で検出した、東基幹排水路SD三七一五の西約四・五mに設けられた掘立柱の南北塀。柱間は約三m、第九七次調査とあわせて約三〇間分を確認した。柱掘方は、一辺一・五～二m程度の方形で、深さ約四〇cm。中央区朝堂院東限の区画塀として計画されたのであろうが、いずれも柱痕跡・抜取穴をともなわず、掘方を掘るのみで実際には柱を立てなかった可能性がある。木簡は、第一〇二次調査区の南から十番目、十一番目の柱穴から出土し、前者の木簡（**三八四九**）は、里制下の荷札木簡で和銅六年（七一三）の嘉字使用以前に遡る可能性がある。木簡は二点出土した。

SK一二五三〇土坑（第一七一次）　SK一二五三〇は、6ABJ-A区で検出した土坑。南北約三・六m、東西約二・四mの不定形を呈し、深さ約〇・七mを測る。平城宮土器Iの土器を共伴し、朝堂院A期に属する。木簡は、底に堆積した多量の木片とともに出土した。木簡は二一二点（うち削屑二〇三点）出土した。

SE一一七二〇井戸（第一五七次）　SE一一七二〇は、6ABY-B区で検出した素掘りの井戸。埋土上層の遺物から、宮造営時（朝堂院A期）の井戸と考えられる。木簡（削屑）は一点出土した。

また、6ABG-B区で検出したSK八九四八（第一一一次調査）から木簡一点が、6ABJ-A区の整地土（第一七一次調査）から木簡（削屑）一点が出土したが、釈読できないため本書には採録していない。他に出土遺構不明の木簡が、第二八次、第四一次、第一四〇次、第三一五次の各調査から、それぞれ、九点、一点、二点（うち削屑一点）、三点ある。

第45図　SA8410塀と SD3715溝（北から）

第三章　第一次大極殿院地区の変遷と出土木簡

本報告書が対象とする第一次大極殿院・中央区朝堂院は、平城宮の中枢部に位置し、比較的文献史料に恵まれており、その時期変遷、各段階における宮殿・殿舎名の比定など、多くの検討が重ねられてきている。ただ、文献史料からみた第一次大極殿院の検討は、近刊の『平城報告XVII』で行なう予定であるため文献史料からの検討は行論上最小限にとどめ、ここでは、第一次大極殿院の時期変遷にかかわる木簡、あるいはこの地の機能や性格が窺われる木簡にしぼり検討を加えることとする。

一　奈良時代初頭（I－1期）の木簡

和銅遷都当初の整地土　和銅三年（七一〇）三月の年紀をもつ伊勢国の荷札（一三八六）は、第一次大極殿院の整地土（平城第三三七次調査）のうち、南面築地回廊の直下から出土した。この木簡の年紀から、第一次大極殿院の少なくとも南面築地回廊は、荷札が作成された三月以降、より厳密には、この荷札が廃棄された時期まで、建物の造営はおろか、建設に先立つ整地工事にも着手されていなかったことが明らかになったのである。大極殿院南面築地回廊の整地が行なわれていないことからすれば、南面築地回廊が取り付く大極殿院南門の工事も未着手

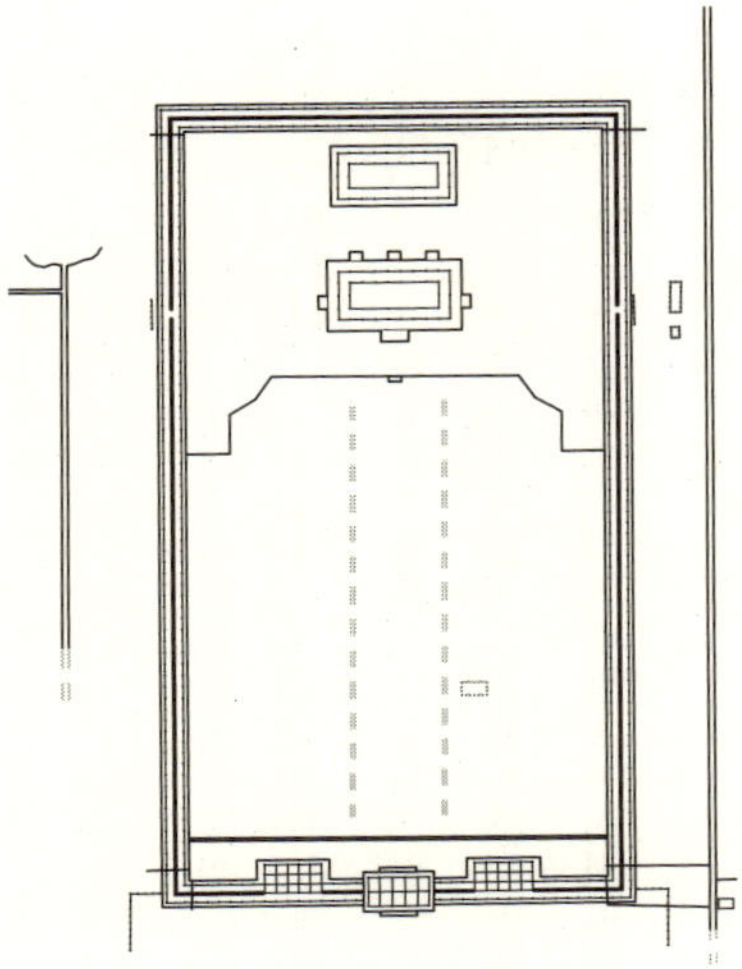

Ⅰ－２期

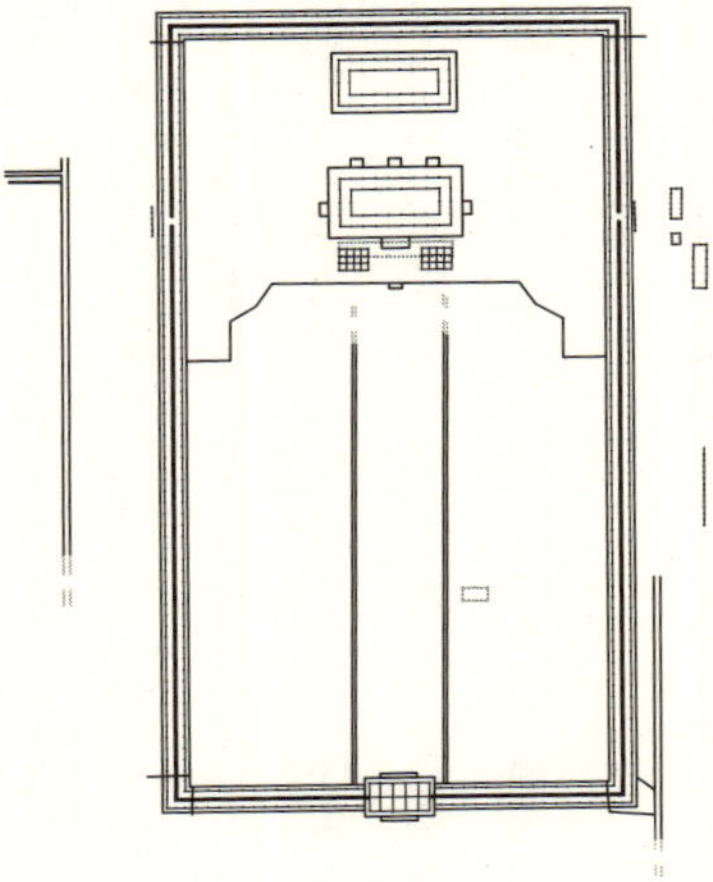

Ⅰ－１期

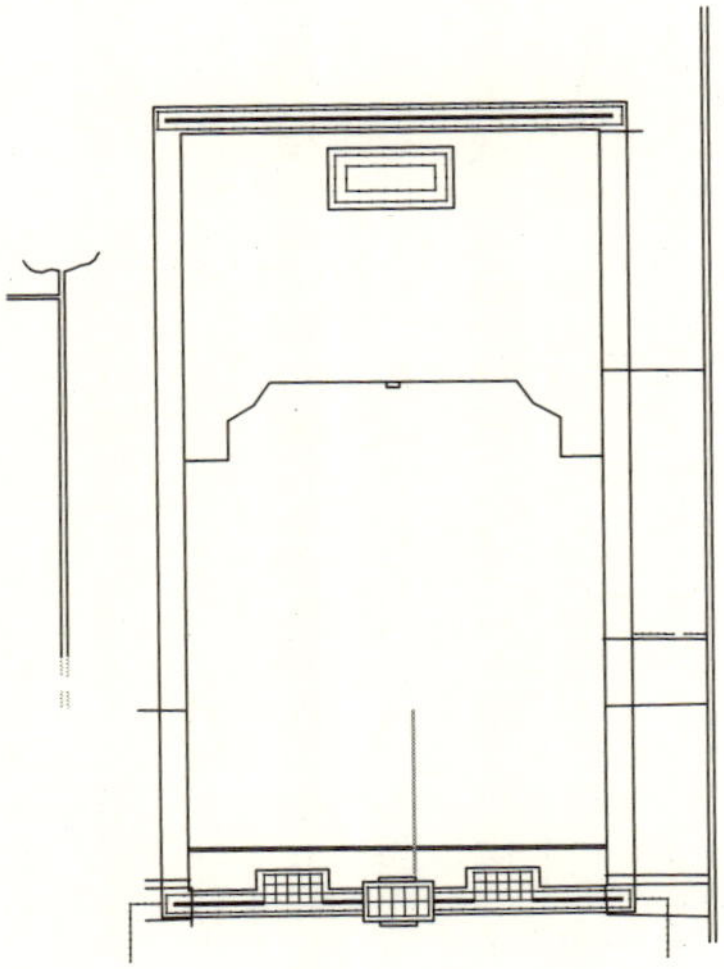

Ⅰ－４期

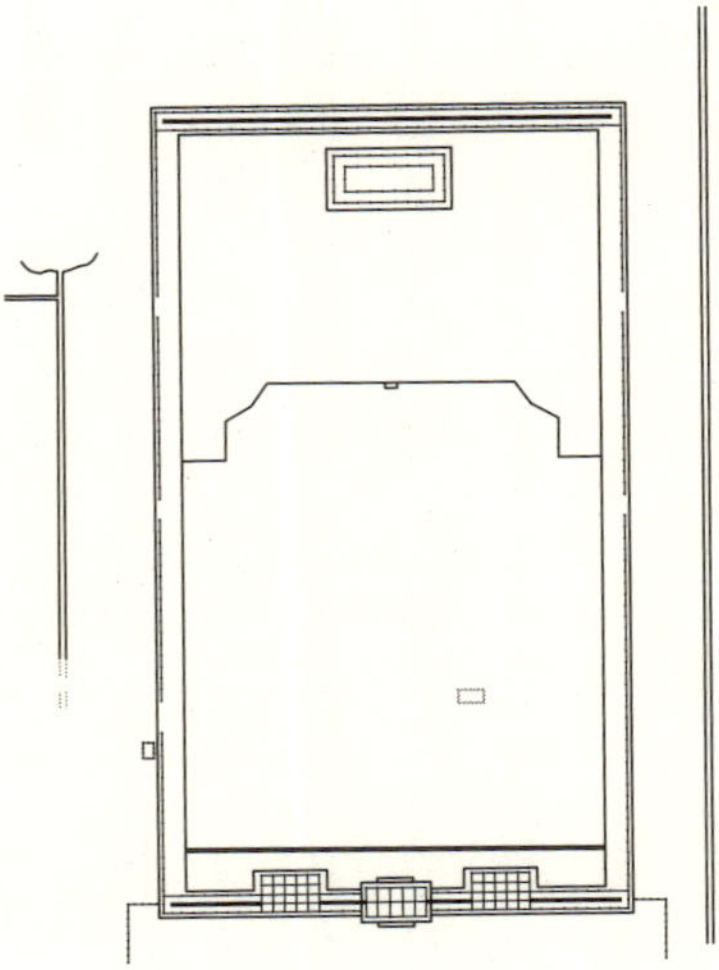

Ⅰ－３期

第46図　第一次大極殿院地区の変遷

と考えるのが穏当であろう。この一点の木簡が語る事実は重く、従前の平城宮成立史に再考を迫ることとなった（渡辺二〇〇三年）。この事実は、和銅三年三月段階に大極殿そのものが完成していなかった可能性を示唆する。しかし、遺構や、確認される整地土の範囲による限り、この木簡はそれを示す確定的な遺物とはならない。大極殿が、遷都段階に造営されていないとする理解は、『続日本紀』にみえる和銅三年正月朝賀の場をめぐる議論と、小澤毅が示した藤原宮大極殿の移築説（小澤一九九三年）とを踏まえ、検討を加えられるべき問題である。

一方、これまでの調査においても、和銅初年段階における平城宮の造営状況が窺われる史料が確認されていた。その一つが、内裏西南隅外郭整地土下層黒色粘質土層（平城第九一次調査）の出土木簡である。この木簡群は、和銅二年（七〇九）ないし和銅三年四月の年紀をもつ木簡（一一三〇六・一一三〇七）を含むほか、年紀の記されない荷札にも、「三嶋上郡」（摂津国嶋上郡。一一三〇〇）、「尾治国海郡嶋里」（尾張国海部郡志摩郷。一一三〇一）、「三川国飽海郡大鹿部里」（参河国渥美郡大壁郷。一一三〇二）など、その地名表記に和銅六年（七一三）の嘉字使用以前の古相が認められるものを顕著に含んでいる。これらの木簡群にみえる年紀、あるいは記載内容の意味するところは、出土当初から注目を集めてしかるべきものではあったが、大極殿院南面築地回廊の整地土から出土した木簡の年紀をうけて、その意味するところがあらためて整理された（市二〇〇三年）。整地土から出土したこれらの木簡群は、平城宮の中枢部ともいえる、第一次大極殿院や内裏における、和銅三年三月段階の整備状況が窺われる貴重な手がかりといえる。

第一次大極殿院や内裏西南隅外郭の整地土下層から出土した木簡は、もと整地土の木簡と推定されるものも含めても、その出土点数はさほど多くはない。そのなかで、同じ国ないし同じ郡の荷札が複数組まとまって出土することが、注目される。第一次大極殿院整地土からは、伊勢国安農郡の荷札が二点出土した（一二八六・一二八七）。加えて、ＳＢ一八五〇〇（西楼）の柱抜取穴から出土した木簡の中には、里表記を用いるなど古相を呈し、整地土に廃棄された木簡が柱を抜き取る際などに混入した可能性を否定できないものも認められる（一五二〇・一五二一・一五二四）。このうちの一点（一五二〇）は、伊勢国安農郡の阿止部里の荷札である可能性がある。以上伊勢国安農郡の三点の荷札は、阿刀里（阿止部里）、県里と里名は異なるものの同郡の荷札で、一括性の高い資料といえる。同様の事例は、内裏西南隅外郭整地土下層から出土した丹波国氷上郡の四点の荷札（一三〇六〜一三〇九）にも確認でき、うち三点（一三〇六〜一三〇八）は里名まで一致する。里名不詳の荷札（一三〇九）と、加佐郡の荷札一点（一三一〇）を加え、丹波国の米の荷札は五点となる。

上記の荷札群は、造営がはじまりつつある平城宮へ届けられた米が同地で消費され、その荷に付けられた荷札がおそらくはその消費地近辺で廃棄されたことを示すものであろう。荷札の品目は圧倒的に米が多いことも、この推測を裏付ける。さらに、某国三野里からもたらされた「(佐伯部) 祢万呂」の名がみえる荷札二点（一三三七・一三三八）の存在は、より明瞭にこのあたりの事情を物語っている。この二点の荷札は同筆と推定され、同じ荷物に付けられていた荷札である可能性が高い（馬場二〇〇八年）。両者が同一の場所で出土した事実は、平城宮へ送り届けられた米の収納と消費が、短期間にかつ同じ場所で行なわれたことを示すのであろう。これらの消費者は、平城宮造営にかかわる官人や、それに差発された仕丁などの労働者と推測される。想像を逞しくすれば、輸納国と労働者の徴発地は何らかの関係をもつかもしれない。

遷都当初の整地土から出土した木簡のもう一つの特徴は、文書木簡の比率が極めて低い点である。これは、木簡を用いた文書行政事務がまだ行なわれない段階、まさに造営段階の様相を反映するとも理解される。このことは、実際に整地土まで掘り下げて確認した面積は狭小で、なお未発掘に削屑が埋もれている可能性は否定できないものの、第一次大極殿院整地土からは削屑の出土は確認されていないこととも整合的である。ただし、内裏西南隅外郭整地土下層からは削屑の出土が認められることからすれば、諸国からの物資の供給、物資の帳簿による管理、物資の支給という一定程度の事務処理は推定すべきであり、荷物が消費された荷札や帳簿の削屑などが造営途上の地に廃棄されたのであろう。

このように、整地土出土の木簡は、平城宮中枢部の造営年代、造営過程を検討するのみならず、労働力編成や造営にかかる物資の調達と分配など、造営の実体にも迫りうる、極めて貴重な史料群であるといえる。

第一次大極殿院および中央区朝堂院の成立　上記の木簡の出土により、第一次大極殿院は、和銅三年の段階には成立していないことは確実となった。その成立時期の検討は、もっぱら文献史料の解釈に委ねざるを得ない。平城宮大極殿の初見は、和銅八年（七一五）正月朝賀の記事であり（『続日本紀』霊亀元年正月甲申朔条）、近年は、和銅末年頃までに平城宮の第一次大極殿院が出現したとする説が大方の理解を得つつある。和銅八年の朝賀は、皇太子がはじめて礼服を着して参加したこと、元会の日に鉦鼓を用いることがこの年より始まったと伝えるなど、例年の朝賀にも増して特別な儀式と認識されていた。その根本的な理由は、皇太子首皇子の参加によるのであろう。皇太子の朝儀への参加は、大極殿院の完成と密接にかかわるものであったと推測されるが、このことは、平城第二九五次調査（『年報一九九九－Ⅲ』一九九九年）の結果明らかになった大極殿南面階段の増設が、皇太子の朝賀への参加をみすえた措置であったとみる理解とも整合的である。

一方、中央区朝堂院の造営は、霊亀年間（七一五～七一七）以降に降るとみられている。大極殿（院）の完成を和銅三年にもとめる旧説では時期差と理解されていたが、大極殿（院）の造営が遅れることが明らかになった現在では、その造営が一段落した頃から着手したものと考えれば、むしろ整合的ともいえる。詳細な造営過程の検討は今後の課題となるが、文献史料によると、霊亀三年（七一七）頃までには少なくとも区画施設が、神亀元年（七二四）までには「重閣中門」（朝堂院南門か）が造営されていたとみられる。和銅八年の正月朝賀の際、ことさらに朱雀門に騎兵や儀仗を備えたことが特記されるが、それを盛儀と解する意見が強いものの、本来儀仗を備えるべき朝堂院ないし朝堂院南門が造営途上である事態をうけ、完成していた朱雀門外を用いたとみる余地も残されている。

朝堂院の成立時期にかかわり、出土木簡は、朝堂院東限の塀の立て替えと密接にかかわる、東辺の基幹排水路の掘削時期との関係において論及の可能性を残す。前身の溝であるＳＤ三七六五からは、「和銅」（一八三〇）の年紀が記された削屑のほか、和銅六年の嘉字使用以前の表記を残す「一之郡」（一八二七）と記された荷札が出土している。和銅年間（七〇八～七一五）に溝が存在したことは確定的である。また、ＳＫ五五三五の掘削年代は、「霊亀元年九月」（一八三七）の紀年木簡とともに、これと同筆と思われその年号の一部「霊」を記した断片（一八三八）

が出土していることから、霊亀元年（七一五）を上限とする。ＳＫ五五三五は、ＳＤ三七一五との重複関係が認められ、溝が土坑の東辺を破壊している。このことから、ＳＤ三七一五の開削は霊亀年間頃以降とする『平城報告XI』以来の理解が穏やかであろう。ただし、ＳＤ三七一五の開削は、遷都当初の和銅年間に遡り得るとする異論も提示されている（小澤一九九三年）。

二　奈良時代前半（Ⅰ－2期）の木簡

第一次大極殿院西辺の整備　養老年間（七一七～七二四）の後半には、再び第一次大極殿院の周辺において整備が行なわれはじめた可能性がある。この整備は、ＳＧ八一九〇の造営に端を発するものと思われ、第一次大極殿院南面築地回廊に東西の楼閣建物ＳＢ七八〇二・ＳＢ一八六〇〇が付設されて完了する。

まず、第一次大極殿院西辺にあらためて整地が施され、この整地土の上に堤を築き池が造成される。整地土の下層に堆積した木屑層・炭層から出土した木簡の年代は、和銅四年（七一一）四月の年紀をもつ若狭国の塩の荷札（一三六三九）が認められるほかは、概ね郷里制下の荷札が多く（一三六四〇～一三六四二）、紀年木簡の多くは、養老四年（七二〇）から六年（七二二）までに集中している（一三六四三・一三七〇三）。また、養老四年十月十六日の年紀をもつ木簡を二次的に加工した馬形木製品（一三七〇一）もみえる。一方、この整地土の上に堤を築き造成されたＳＧ八一九〇の南岸堆積土から出土した木簡は、紀年木簡は認められないものの、里制下の荷札（一三六〇一）をはじめ奈良時代初頭の木簡が多く認められるほか、備前国藤原郡（一二六〇三）の存続時期である、養老五年（七二一）四月から神亀三年（七二六）十一月までに記されたものが含まれる。整地は、下層の木屑層・炭層の堆積状況から比較的短期間に行なわれたと判断され、この整地土に含まれる木簡の年代は、池の堆積土の木簡の年代とも大きな隔たりは認められない。大極殿院西辺の二度目の整地と佐紀池の造成は、概ね、養老末年から神亀初年までの時期をさほど降らないと理解できる。

第一次大極殿院西辺出土木簡の特徴　ＳＧ八一九〇南岸の出土木簡には、興味深い記載が認められる。その一つが、「膳部所」が発信した文書木簡（一二五九三）である。『延喜式』によると、膳部所は斎宮寮被管であり、斎王の食膳を担う野宮別当の下に置かれた所である。「膳部所」の性格は次の史料が参考になる。養老五年九月十一日、斎王井上女王が北池辺新造宮に移り潔斎を始めている（『官曹事類』逸文、『政事要略』巻二十四、年中行事九月十一日奉幣伊勢太神宮事、所引）。この史料の引く「神祇記文」によると、「膳部四人」が認められ、木簡の「膳部所」はあるいはこれと関連する可能性がある。かかる観点から出土木簡をみてみると、関連する木簡がわずかながら存在する。第一は、近接する調査区のＳＤ三八二五Ａから出土した、「内舎人」とのみ記した用途不明で〇五一型式の比較的大型の木簡である（一二七五五）。内舎人は、中務省に属する定員九十名の舎人であるが、『延喜式』によると、ほかに、伊勢斎宮・賀茂斎院が卜定後過ごす宮内の潔斎所である初斎院の職員にも一名属していた。第二は、「御竈」（一二六〇六）など、神祇祭祀にかかわるかと推測される木簡が散見すること。第三は、近接する整地土下層から出土した「孫王□□分」（一二六八〇）の記載。木簡の用途はなお検討の余地が残るものの、斎王が北池辺新造宮へ移る儀式において孫王の供奉が確認できる。

従来、北池辺新造宮は水上池付近とする理解（金子一九九六年）が示されていたが、その詳細は明らかにされていない。詳論は後日を期したいが、出土木簡を手懸かりとして、北池辺新造宮、すなわち平城宮の初斎院相当施設は佐紀池周辺付近にあり、「北池」は佐紀池を指す可能性が新たに浮上してきたのである。これとともに、第一次大極殿院西辺の整地土下層木屑層・炭層の遺物には、何らかの儀式の舗設にかかわると思われる一群（一三六八一・一三六八二）、布や繊維製品にかかわる付札など（一三六七七〜一三六八〇、一三六八三）を含むこともあらためて注目されよう。

なお、第一次大極殿院西辺整地土下層木屑層・炭層から出土した荷札木簡についても、国名のまとまりが指摘できる。列記すれば、近江国甲可郡と某郡の庸米の荷札・白米の荷札（一三六三四・一三六三五）、丹波国五雀・竹野・速石郡の白米等の荷札（一三六四七〜一三六四九）、但馬国出石・二方郡の米等の荷札（一三六五〇〜一三六五三）、美作国英多・勝田・真嶋郡の米等の荷札（一三六五六〜一三六五八）、讃岐国山田・香川郡の白米の荷札（一三六六四〜一三六六六）、さらに、年紀や品目は異なるが若狭国遠敷郡の四点の荷札（一三六三九〜一三六四二）となる。これらもまた、佐紀池周辺の整備と密接に関わる木簡群と推測される。

東西楼の造営　Ⅰ-2期には、南面築地回廊に東西の楼閣建物ＳＢ七八〇二・ＳＢ一八五〇〇が付設された。その造営年代は、遺構からは不明であるが、国史に「南楼」（『続日本紀』（蓬左文庫本）天平八年正月丁酉条）または「南高殿」（同天平二十年正月戊寅条）とみえる建物と推定され、文献に初見する天平八年（七三六）以前となる。

ところで、ＳＤ三七一五から、「高殿」の造営にかかわる木簡群が出土している。「高殿料」（一一八九八）、「造東高殿」（一一八九九）、「西高殿」（一一九〇〇）の記載があり、東西に並び立つものであった。ＳＤ三七一五は、概して調査区ごとに木簡の内容や年代がまとまる傾向があり、平城第九七次・第一〇二次・第一一一次調査区からは、奈良時代前半頃の木簡がまとまって出土している。とりわけ、「高殿」と記した木簡を含む、ＳＤ三七一五に造られた堰状遺構ＳＸ八一八四の出土木簡は、神亀三年から天平三年（七三一）までの紀年木簡（一一八七三・一一九五九、一三三二七～一三三三〇）を含み、この一群の木簡の年代を示している。「枚桁」（一一八九八）が、「枚（平）桁（ヒラゲタ）」の意であるとすれば、高欄をもつ建物の造営を推測させる。共伴する建築部材の木簡や瓦の進上木簡など（一一八七三・一一八七五・一一八七六）、造営関係の木簡は、この時期に相当大規模な造営が行なわれたことを示す。

高殿は一般名詞であり、厳密にはその特定は困難といわざるを得ない。しかしながら、現在知られる限り、平城宮の楼閣建物は、第一次大極殿院南面築地回廊の東西楼、第二次大極殿院回廊東方の東楼、内裏南面回廊の東西楼、東院庭園の隅楼に限られている。文献史料や検出遺構として未発見の楼閣建物を想像して議論を進めるよりは、まずは現在知られる遺構から順次検討を進めてみたい。東院庭園の隅楼の造営年代は、東院庭園地区のⅢ－３期、すなわち宝亀年間（七七〇～七八〇）の後半に推定されており（『平城報告ⅩⅤ』二〇〇三年）、木簡の年代とあわない。のみならず、庭園の東南隅に一棟建つもので、東西の高殿の候補としてはふさわしくない。次に、第二次大極殿院回廊東方の東楼ＳＢ七七〇〇、内裏南面回廊に付設される内裏東楼閣ＳＢ七六〇〇は、ともに西半は未発掘ではあるものの、東西の楼閣が推定されることから、東西高殿の条件は満たしている。しかし、現行の遺構変遷において、前者は第二次大極殿Ⅱ期、後者は内裏Ⅲ期に属するとされ、その造営年代は平城還都の頃から天平宝字四年（七六〇）頃にはじまる大宮改修の時期までにあてられている（『平城報告XIII』一九九一年、『平城報告XIV』一九九三年）。したがって、第二次大極殿院回廊の東西楼、内裏の東西楼の造営年代は、奈良時代前半に遡るものとはいえず、上記の木簡の年代とあわない。

してみれば、現在知られるところ、木簡の年代と矛盾なく説明できる平城宮内の楼閣建物は、第一次大極殿院の東西楼に限られる。推定される造営年代は神亀末年から天平三年頃までであろう。瓦の年代観による造営年代とはなお検討の余地が残されているものの、ＳＤ三七一五（ＳＸ八四一一）出土木簡の内容と年代は、第一次大極殿院の東西楼の造営を考える上で、無視することができないと思われる。

なお、文献史料によると、大極殿は、天平二年（七三〇）正月儀式以降その利用に空白期間が認められ、およそ二年を経て、天平四年（七三二）の正月朝賀で確認される。この空白期間は造営期間として相応しいと思われる。加えて、二条大路北側溝ＳＤ一二五〇（平城第一二二次調査）から出土した木簡（『平城木簡概報』十四―九頁）に、

・造兵司移衛門府大楯幷桙事 以前等物修理已訖宜
・承状知以今日令運仍具状以移
　天平三年十二月廿日従七位上行大令史葛井連「□足」　283×39×2　6011

なる文書木簡がみえ、翌天平四年の正月朝賀の儀で用いるために、大楯と桙の修理を行ない搬入を終えたことが

知られる。天平四年の朝賀は、和銅八年の朝賀とともに、特別な儀式であったことを記録にとどめる数少ない事例であり、聖武天皇がはじめて冕服を着用したと伝える（『続日本紀』天平四年正月乙巳朔条）。天皇の正装着用、出土木簡から窺われる調度の修理は、東西楼の完成で壮麗さを加えた大極殿院において行なう朝賀のための舞台装置だったのであろう。

三　奈良時代半ば（Ⅰ－４期）の木簡

東西楼の解体　東楼ＳＢ七八〇二・西楼ＳＢ一八五〇〇の解体時期は、柱抜取穴から出土した紀年木簡により天平勝宝五年（七五三）を上限とすることが明らかにされている。該当する紀年木簡は、記載内容から天平勝宝五年六月以前に記された落書木簡（一三九三）、「勝寶五年正月」の年紀をもつ木簡（一四四〇）（以上二点東楼）、「天平十九年」の題籤軸（一五一九）、「天平勝寶四月廿七日」と記された衛門府から鴨の進上状（一五〇七）、「天平勝寶四（年）」の東市司の進上状（一五一〇）、同年の隠伎国・淡路国からの荷札木簡（一五二六・一五三二）、「天平勝寶五年十一月」「天平勝寶五年」の削屑（一五九五・一五九六）など（以上西楼）である。木簡の年紀は、天平末年以降で、天平勝宝四年（七五二）から五年までに顕著な集中を認めることができる。したがって、東西楼の解体時期は、東楼が天平勝宝五年正月以降、西楼が同年十一月以降であることは確実といえるが、検出した柱抜取穴の遺構の状況が酷似することなどをもって、東西楼は一連の工程で解体されたと理解されている。従来の時期変遷は、天平勝宝五年を

Ⅰ期の終末を示す確実な一点と理解してきた。

遺構の性格は、東西楼解体時に生じた抜取穴を廃棄土坑として用いたものであり、雑多な不用品とともに廃棄された木簡の内容は豊かである。解体工事を彷彿とさせる立て看板の木簡（一五一八）はその性格を明瞭に示している。その一方で、衛府にかかわる文書木簡の断片、警護にかかわる木簡がある程度のまとまりをもって出土していることも指摘できる。以下、関連する木簡を列挙してみる。「北門」（一五一三・一五一四）は、おそらくは第一次大極殿院ないし中央区Ⅱ期宮殿群の門を指すのであろう。また、「殿守」（一三九五）、「大殿守」（一三九六）は、正殿の可能性が高い「（大）殿」を警護する兵士の存在が窺われる木簡である。「御輿人」（一三九四）は、近衛府ないし兵衛府の職掌であろうが、この「（大）殿」に居住する人物の輿を担ぐのであろう。近い時期の史料ならば、聖武太上天皇没後に叙位に預かった「御輿丁」を想起する（『続日本紀』天平勝宝八歳十二月庚子条）。「衛門府」（一四一八・一四一九）、「授刀所」（一四一七）など、天皇などに供奉する官や宮の警護を担う役所の名が記された木簡、西宮兵衛木簡（『平城宮木簡一』九一〜一一八）に類似する常食の請求木簡（一四〇二）は、宮の警護の実際とかかわる可能性がある。「中衛」（一六二八）の記載は、「殿門」に相当する大極殿院南門、あるいは、閤門に相当するⅡ期宮殿群の警護分担を考える上でも重要であろう。兵衛府の職掌を侵しつつある中衛府を見て取ることができる。それだけではなく、より宮の中枢部を思わせる記載内容も含まれている。衛門府からの鴨の進上状（一五〇七）、片児の付札（一五三七）、東梨原からの梨の木簡（一五三四）は、贄ないし離宮など王家の家産機構から貢納された品と考えられる。

以上に記した木簡群は、区画そのものの解体に伴う廃棄土坑の出土遺物であるから、廃棄元の特定は困難であるが、内容的にはある程度のまとまりをもっており、解体の対象となった区画施設に設けられた門などの警護を担当する部署で使用した木簡が含まれている可能性がある。

Ⅰ－4期の再検討　以上に述べた木簡の解釈によると、Ⅰ－4期は、第一次大極殿院が終焉を迎え、Ⅱ期の宮殿群の造営段階の様相が強い。その詳細な検討は今後に俟たねばならないが、天平勝宝五年末頃以降の西楼の解体によりⅠ期が終焉を迎えるという理解は、再検討の余地が残されている。いわゆる恭仁宮・紫香楽宮の時代（Ⅰ－3期）、あるいはそれからやや降った平城還都の頃には、すでに第一次大極殿院の中心部分は解体されはじめており、新たな造成を経て中央区Ⅱ期と称している宮殿群の造営に着手されはじめていた可能性がある。天平勝宝五年末頃とみられる大極殿院南門、南面築地回廊、東西楼の解体は、併行して進められていたⅡ期の宮殿群の大方の造営完了を受け、その最終段階に行なわれたと理解するのが穏当ではなかろうか。「大殿」（一三九六）はⅡ期の中心建物、それを警備する中衛ないし兵衛が「(大)殿守」「御輿人」（一三九四～一三九六）と呼ばれたとする理解が説得力に富み、東西楼の木簡の廃棄主体には、中央区Ⅱ期の宮殿群を警護する衛府が含まれているとみるのである。

以上の理解においては、あらためて東西楼の出土木簡の断片的な記載にも注視する必要がある。「中宮」（一三六六・一三六七）の記載は、宮殿の名称を考える上で注目される。天平末年と天平宝字六年（七六二）から八年（七六四）までの史料にみえる中宮院の比定ともかかわるかと予想する。いずれにせよ、第一次大極殿院は、大極殿・

歩廊の恭仁宮への移築とともにすでにその役割を終え、大極殿の機能そのものもいわゆる第二次大極殿へと移っている点に注目すべきであろう。

四　奈良時代後半から末まで（Ⅱ期）の木簡

ＳＤ三七一五の特徴　前述の通り、ＳＤ三七一五の木簡は、出土地区により年代、内容にまとまりを有している傾向が強く、出土地区の情報は、木簡の性格を考える上で有効である。その内容は、北から順に、Ａ群・第四一次調査区の南半は衛府関係の一群、Ｂ群・第九七次調査区南半から第一〇二次・第一一一次調査区にかけての「高殿」の造営にかかわる一群、Ｃ群・第一四〇次調査区から第一三六次調査区にかけての弾正台にかかわる一群、Ｄ群・第一五七次調査区・第一五七次補足調査区の兵部省に由来する考選にかかわる一群に分類される（『平城報告XVI』）。そのうち、奈良時代後半に属する木簡は、Ａ群とＤ群であり、Ｃ群の木簡は紀年木簡などに乏しいもののその可能性を残す。

Ｄ群に属する主な木簡は、「寳亀九年三月十六日」の紀年木簡（一三三四）、宝亀初年頃の木簡と推測される「内舎人佐伯「老」」（一八六三）、神護景雲年間（七六七～七七〇）から宝亀元年（七七〇）までのものに多くの類例が認められる（『平城宮木簡五』、『平城宮木簡六』）「去」として昨年の勤務評定を冒頭に記すタイプの木簡（一九四一）などである。それに対し、Ａ群の木簡は、紀年木簡には、「神護景雲三年四月十七日」（一八六一）、「景雲三年八月三日」（二八四）が認められるほか、堆積土の状況からするとSD三七一五が逆流して流れ込んだと推測されるSD五五六四からは「（天平）勝寳九歳」の年紀をもつ題籤（三四七九）が出土しており、概ね天平勝宝末年以降の奈良時代後半に属する木簡である可能性が高い。

SD三七一五の付札　SD三七一五から出土した木簡のうち、とくに目を惹く一群が、比較的端正な筆跡で記された食品名を記した小型の付札である。いずれも第四一次調査区のMI〇九区から出土した。海産物加工品などの付札八点（二九七七～二九八〇、二九八二～二九八四、二九八六）と、「伊知比古（イチゴ）」の付札一点（二九八七）がある。また、遺構は異なるものの、SD五五六四から出土した「熬海鼠」（三四八〇）は、出土小地区も隣接しており、同じグループに属するものと考えられる。十点の付札の形状は、六点が〇五一型式で、切り込みをもつ〇三一型式と〇三二型式がそれぞれ二点ある。鮑など高級食材のほか、鹿宍・伊知比古など珍しい食材も認められ、天皇の食事に限りなく近い木簡と推測される。

かねて、志摩国の郷名と水産物等の物品名を記した、木簡としては小型の部類に属する〇五一型式の荷札は、志摩国の贄の荷札であると指摘されている。さらに、海産物などの品目名と数量のみを記す〇五一型式の付札は、郷名を記さない点を除き志摩国の贄の荷札と酷似することから、これらも志摩国の贄の荷札木簡そのものである可能性が高いという。二条大路木簡を中心とした議論で、他にまとまった出土をみたものとして、藤原宮東面外濠SD一七〇（『飛鳥藤原木簡概報』六―一七頁上・一八頁下）、平城京左京二条二坊一二坪南辺の二条大路北側溝（奈良市教育委員会『平城京左京二条二坊十二坪―奈良市水道局庁舎建設地発掘調査概要報告』一九八四年。

五〇号)、平城宮内裏北外郭の土坑SK八二〇(『平城宮木簡一』四六三・四六七)とともに、SD三七一五の事例が挙げられている(渡辺一九九六年)。その理解は概ね正鵠を射ていると思われるものの、品目名と数量のみを記す〇五一型式の付札については、志摩国の贄に限定されるかは個々に検討が必要となろう。SD三七一五出土の六点の〇五一型式付札の木取りは、板目が四点、柾目が二点である。また、〇三一型式の二点はともに板目材、〇三二型式の二点はともに柾目材が用いられる。このうち、四点の柾目材の木簡は、いずれも木目の極めて細かいヒノキ科の材を用いて作成されているようで、材そのものも極めて似ているかにみえる。これらの木簡が同一材か否かは後日を期したいと考えるが、あるいは宮内の食料保管官司で一括して作成された付札である可能性も捨てきれないように思われる。

ここでとりあげた付札は、溝の遺物とはいえ一括性が高く、廃棄の主体が同じと理解できるものである。これらの食品が贄か否かはさておくとして、この木簡の廃棄主体は東方の内裏もしくは、中央区のⅡ期の宮殿群に供奉する官司である可能性は濃厚である。さらに憶測を逞しくするならば、これらの木簡が、東流する東西溝SD五五六四とSD三七一五の合流点付近に集中して分布することからすれば、後者の宮殿群の可能性が高いと理解できるであろう。

以上、平城宮第一次大極殿院地区の出土木簡を、第一次大極殿院の変遷に論点をしぼり紹介した。むろん、奈良時代史料から窺われる諸問題とかかわらせ、さらに議論を深める必要性は承知しているが、第一次大極殿院西半の遺構にかかわる最新の成果を組み込んだ正報告書が未刊であることと、本報告書の性格に鑑み、敢えて論点を限定した次第である。このほか、「西大宮正月仏」にかかわる銭の付札（二四九五）や僧の歴名簡（二七八九）は、奈良時代の宮中仏事を考える上で貴重である。その詳論はいずれも後日を期したい。

主要参考文献

市　大樹「平城宮第九一次調査出土木簡の再調査」（『紀要二〇〇三』二〇〇三年）。
小澤　毅「平城宮中央区大極殿地域の建築平面について」（『考古論集』一九九三年。のち『日本古代宮都構造の研究』青木書店、二〇〇三年）。
金子裕之「平城宮の後苑と北池辺の新造宮」（『瑞垣』第一七五号、一九九六年）。
奈良文化財研究所『大極殿関係史料（稿）（二）編年史料』（二〇〇五年）。
馬場　基「宮城の警護」（平川南ほか編『文字と古代日本2　文字による交流』吉川弘文館、二〇〇五年）。
馬場　基「荷札と荷物のかたるもの」（『木簡研究』第三〇号、二〇〇八年）。
山本　崇「平城宮の宮殿」（『月刊文化財』第五五六号、二〇一〇年）。
渡辺晃宏「志摩国の贄と二条大路木簡」（『続日本紀研究』第三〇〇号、一九九六年。増補して、『研究論集Ⅻ長屋王家・二条大路木簡を読む』奈良国立文化財研究所学報第六一冊、二〇〇一年）。
渡辺晃宏「平城宮第一次大極殿の成立」（『紀要二〇〇三』二〇〇三年）。

付章　木簡の樹種同定

一　樹種同定の方針

『平城宮木簡』における木簡の樹種は、これまですべて実体顕微鏡もしくは肉眼による表面観察の成果に基づくものであった。しかし、表面観察で行なう樹種同定の問題点を指摘する研究成果が、仏像彫刻の分野で公表された。本報告書でも、木簡の樹種をより厳密に報告するために、一部の木簡は、解剖学的特徴を生物顕微鏡で観察して樹種同定を行なうこととした。以下にその経緯を記し、樹種同定の結果を報告する。

古代仏像彫刻の樹種にかかわる問題提起は、二〇〇六年秋に東京国立博物館で開催された特別展「仏像」においてその一端が示されている（東京国立博物館他編二〇〇六年）。この成果は、すでに一九九八年に学界に公表されていたものであり（金子他一九九八年）、八世紀から九世紀までの主要な一木造の仏像は、すべてヒノキではなくカヤであると指摘する。また、さらに進められた検討によると、乾漆像や塑像の心木では、カヤは一部の例外を除き使われていないという（金子他二〇〇三年）。これらの指摘は、日本彫刻史における用材観など、様々な問題に波及すると思われるが、こと樹種同定に限っても、かつてヒノキとされていたこの時期の一木造の仏像がすべてカヤであるという分析結果は、樹種同定の研究水準と仏像など文化財の科学的分析の現状を知る上で、大いに参照すべきと考える。表面観察による樹種の同定には限界がある。例えば、ヒノキ科のヒノキ・サワラ・アスナロは、実体顕微鏡による表面観察でも同定不能で、「ヒノキ科」以上の成果を示すことはできない。また、樹種同定に用いられた試料は、プレパラートで保存し後日の検証を可能とすることが標準的な方法となっている。

そこで、本報告書で示す木簡の樹種につき、おおむね以下のような方針をたてた。①収録する木簡（削屑を除く）全点について、本シリーズの慣例に従い実体顕微鏡による表面観察を行なう。②木簡の樹種をより科学的に示すため、プレパラート上の解剖学的特徴を生物顕微鏡で観察して樹種同定を行なう。墨の残りや加工の痕跡を損なわないことを原則とする。③実体顕微鏡による表面観察にとどまるものと、解剖学的特徴を生物顕微鏡で観察して樹種同定を行なったものは区別して示す。

以上の方針により、本報告書に収録した削屑を除く木簡七九八点のうち八六点を対象に、②で示した方法の樹種同定を行なうこととした。収録した木簡のおよそ五パーセント、削屑を除く木簡のおよそ一割に過ぎないが、平城宮跡出土木簡でははじめて、科学的な樹種同定の結果を示すことができた。平城宮木簡の樹種は、大勢としてヒノキ・スギが多いという従前の観察結果は動かないものの、極めて多様な樹種が用いられていることが判明した点は大きな成果である。

木簡の樹種同定は、非破壊を原則とした文化財の分析という立場を堅持しつつ行なうため、分析に耐える試料を得ることが最大の困難である。保存処理後は生物顕微鏡を用いた解剖学的特徴の観察は不可能となる場合もある。課題も多いが、今後もデータを蓄積していくべきであろう。

二　樹種同定の方法

生物顕微鏡による樹種同定　対象とした木簡は八六点である。同定は、各木簡から作成した木材組織プレパラート（透過断面標本）を生物顕微鏡で観察する方法で実施した。そのくわしい手順は次のとおりである。

まず、木簡から木材組織（おおむね一～二ミリメートル角、厚さ数十ミクロン程度）を直接採取し、スライドガラス上に並べた後、カバーガラスをかけてガムクロラール（アラビアゴム粉末四十グラム、抱水クロラール五十グラム、グリセリン二十ミリリットル、蒸留水五十ミリリットルの混合物）で封入し、観察用のプレパラートを作成した。次にこのプレパラート上の解剖学的特徴を生物顕微鏡（カール・ツァイス社、Axioplan2）で観察し、次項で述べる識別拠点にもとづいて樹種を同定した。また、必要に応じて顕微鏡用デジタル撮影装置（コントロン社、ProgRes3012）を使用し、写真画像を記録した。

試料の採取は、割れ等のために生じた破面を中心に行なうこととし、墨の残りや加工の痕跡を損なわないよう、作業には細心の注意を払った。その際、採取箇所を必ず写真台紙に記録し、後から参照できるようにした。また、通常であれば木口、柾目、板目の三断面から試料をもれなく採取するところであるが、木簡の大多数を占める針葉樹の場合、識別のポイントは柾目面にもっとも端的にあらわれる。このことを踏まえ、事前の表面観察によって針葉樹と判断したものについては、資料への影響を最小限に抑えるという観点から、木口面、および板目面における採取を割愛することにした。同様に、広葉樹の場合も、木口面の状況や表面の観察次第で他の断面の試料採取を控えることができるので、実際の作業でもそのように取り扱った。

樹種の識別に際しては、埋蔵文化財センター年代学研究室所蔵の現生木材組織プレパラートを比較に供したほか、適宜文献（島地・伊東一九八二年、伊東一九九五年、同一九九六年、同一九九七年、同一九九八年、同一九九九年、ＩＡＷＡ委員会編二〇〇六年）を参照した。学名および植物学的分類については、北村・村田（一九七一年・一九七九年）によった。

なお、サワラの同定に関して、東北大学植物園　大山幹成氏のご助言とご協力をえることができた。ここに感謝申し上げる次第である。

識別拠点の記載

・カヤ（*Torreya nucifera* Sieb. et Zucc.）
針葉樹。樹脂細胞および樹脂道、放射仮道管は見られない。早材から晩材への移行はゆるやか。分野壁孔はヒノキ型で、一分野あたり二〜四個存在する。仮道管の内部には、二本ずつ対になったらせん肥厚が見られる。また、早材部仮道管の有縁壁孔の形状が凸レンズ状を呈する。

・モミ属（*Abies* sp.）
針葉樹。樹脂細胞および樹脂道は見られない。分野壁孔は小型のスギ型で、一分野におおむね二〜四個存在する。放射柔細胞の末端壁はじゅず状を呈する。放射組織の上下縁辺に放射仮道管は存在しない。

日本産の樹種には、モミ、シラベ、アオモリトドマツなど数種あるが、種まで識別することは困難である。

・スギ（*Cryptmeria japonica* D.Don）

針葉樹。晩材部を中心に樹脂細胞が含まれる。早材から晩材への移行は比較的急。分野壁孔は大型のスギ型で、一分野におおむね二個、水平方向に整然と並んでいる。

・コウヤマキ（*Sciadopitys verticillata* Sieb. et Zucc.）

針葉樹。樹脂細胞や樹脂道、放射仮道管は見られない。分野壁孔は窓状。

・ヒノキ（*Chamaecyparis obtusa* Endl.）

針葉樹。晩材部を中心に樹脂細胞が含まれる。早材から晩材への移行はゆるやか。分野壁孔は孔口の形状がトウヒ型に近いヒノキ型で、一分野におおむね二個、水平方向に整然と並んでいる。

・サワラ（*Chamaecyparis pisifera* Endl.）

針葉樹。晩材部に樹脂細胞が含まれる。早材から晩材への移行はゆるやか。分野壁孔はスギ型に近いヒノキ型で、一分野におおむね二個存在しているが、大きさや孔口の開き方にばらつきがあり、並び方も一様ではない。

・ヒノキ属（*Chamaecyparis* sp.）

針葉樹。晩材部を中心に樹脂細胞が含まれる。早材から晩材への移行はゆるやか。分野壁孔は一分野あたり二個存在していることが観察できるが、壁孔の形状が明確でないものをすべてヒノキ属とした。ヒノキかサワラのいずれかと考えられる。

・ヒノキ科（Cupressaceae）

針葉樹。晩材部を中心に樹脂細胞が含まれる。早材から晩材への移行がゆるやかで晩材幅も狭いことが観察できるが、分野壁孔の数および形状が明確でないものをヒノキ科とした。

・針葉樹材A

針葉樹。晩材部を中心に樹脂細胞が含まれており、分野壁孔は一分野あたり二個程度並ぶ様子が観察できるが、分野壁孔の形状や早材から晩材への移行状況が明確ではないものをすべて針葉樹材Aとした。

・シイ属（*Castanopsis* sp.）

広葉樹放射孔材（環孔性）。孔圏部の道管は接線方向に連続せず、孔圏外の道管は火炎状に配列している。また、道管の直径は孔圏外に向かうにつれ小さくなる。広放射組織は存在しない。

日本産の樹種にはツブラジイ（コジイ）とスダジイの二種があり、両者は集合放射組織の有無で区別できるが、今回の試料（三七三）では木口面以外の試料採取を控えたため、いずれか判断できない。

・散孔材A

広葉樹散孔材。径の小さな道管が単独あるいは二～三個複合して均等に分布している。道管には階段せん孔のほか、らせん肥厚が見られる。放射組織は異性で、単列または二～三列。

今回の試料（三七〇）は三断面の観察を行なうことができ、すくなくとも以上の特徴を有していることが確認できるが、組織の劣化の進み方がひどく、これ以上の識別には判断材料が不足している。

三　結　果

同定の結果は、第二表に示すとおりである。

ヒノキ属、ヒノキ科、針葉樹材A、不明針葉樹の四グループは、識別のための重要な特徴が失われていることによる便宜的な区分である。また、いわゆるあて材に該当し樹種を同定できないものも不明針葉樹として一括した。同様に、広葉樹の散孔材Aについても最終的な同定には至らなかった。

参考文献

小原二郎「日本彫刻用材調査資料」(『美術研究』二二九、一九六三年)。

北村四郎・村田源『原色日本植物図鑑　木本編〔Ⅰ〕』(保育社、一九七一年)。

北村四郎・村田源『原色日本植物図鑑　木本編〔Ⅱ〕』(保育社、一九七九年)。

島地謙・伊東隆夫『図説　木材組織』(地球社、一九八二年)。

伊東隆夫「日本産広葉樹材の解剖学的記載Ⅰ」(『木材研究・資料』三一、一九九五年)。

伊東隆夫「日本産広葉樹材の解剖学的記載Ⅱ」(『木材研究・資料』三二、一九九六年)。

伊東隆夫「日本産広葉樹材の解剖学的記載Ⅲ」(『木材研究・資料』三三、一九九七年)。

伊東隆夫「日本産広葉樹材の解剖学的記載Ⅳ」（『木材研究・資料』三四、一九九八年）。

伊東隆夫「日本産広葉樹材の解剖学的記載Ｖ」（『木材研究・資料』三五、一九九九年）。

金子啓明・岩佐光晴・能城修一・藤井智之「日本古代における木彫像の樹種と用材観―七・八世紀を中心に」（『ＭＵＳＥＵＭ』No. 555、一九九八年）。

金子啓明・岩佐光晴・能城修一・藤井智之「日本古代における木彫像の樹種と用材観Ⅱ―八・九世紀を中心に」（『ＭＵＳＥＵＭ』No. 583、二〇〇三年）。

ＩＡＷＡ委員会編／伊東隆夫・藤井智之・佐野雄三・安部久・内海泰弘訳『針葉樹材の識別―ＩＡＷＡによる光学顕微鏡的特徴リスト―』（海青社、二〇〇六年）。

東京国立博物館・読売新聞東京本社文化事業部編『仏像―一木にこめられた祈り』（二〇〇六年）。

藤井智之「木彫像の樹種―木彫像用材の科学的分析」（『ウッディエンスメールマガジン』三、二〇〇七年）。

金子啓明「日本の木彫像の樹種と用材観」（伊東隆夫編『木の文化と科学』海青社、二〇〇八年）。

メヒティル・メルツ「中国由来の仏像彫刻の用材」（伊東隆夫編『木の文化と科学』海青社、二〇〇八年）。

第２表　樹種同定結果一覧（樹種／分類群別）

樹種(同定点数)	木簡番号
カヤ(１)	11949
モミ属(３)	11531、11537、11910
スギ(30)	11347、11431、11496、11527、11615、11856、11862、11863、11868、11876、11901、11908、11914、11918、11922、11947、11970、11991、12019、12072、12100、12121、12133、12154、12165、12176、12338、12382、12592、12651
コウヤマキ(２)	11388、12714
ヒノキ(28)	11285、11288、11295、11307、11322、11350、11357、11445、11449、11458、11517、11539、11601、11837、11864、11882、11928、11964、12010、12107、12118、12194、12248、12263、12441、12621、12826、12891
サワラ(３)	11524、12140、12768
ヒノキ属（４）	11332、11849、11870、12636
ヒノキ科（４）	11883、11985、12124、12629
針葉樹材Ａ（４）	11296、11420、12598、12652
不明針葉樹（５）	11314、11447、11534、12683、12766
シイ属(１)	12732
散孔材Ａ（１）	12770

結　果

第4表　本書所収木簡の樹種と木取り（実体顕微鏡観察分）

樹種・木取り		点数	
モミ属		2	
	板目		2
スギ		118	
	板目		91
	柾目		26
	追柾目		1
コウヤマキ		3	
	丸材		1
	丸柱		2
ヒノキ		17	
	板目		8
	柾目		1
	四つ割材		8
ヒノキ科		545	
	板目		313
	柾目		213
	追柾目		13
	丸材		3
	角材		3
針葉樹		24	
	板目		18
	柾目		5
	角材		1
シキミ		1	
	丸木		1
広葉樹		1	
	板目		1
樹種不明		1	
	板目		1
計		712	
	板目		434
	柾目		245
	その他		33

第3表　本書所収木簡の樹種と木取り（生物顕微鏡観察分）

樹種・木取り		点数	
カヤ＊		1	
	丸材		1
モミ属＊		3	
	板目		2
	柾目		1
スギ＊		30	
	板目		27
	柾目		2
	追柾目		1
コウヤマキ＊		2	
	板目		1
	柾目		1
ヒノキ＊		28	
	板目		17
	柾目		11
サワラ＊		3	
	板目		3
ヒノキ属＊		4	
	板目		4
ヒノキ科＊		4	
	板目		4
針葉樹＊		9	
	板目		4
	柾目		3
	追柾目		1
	角材		1
シイ属＊		1	
	角材		1
広葉樹＊		1	
	丸材		1
計		86	
	板目		62
	柾目		18
	その他		6

※表3・表4の木取りは、板材の木簡については、柾目、追柾目、板目のいずれにあたるかを示し、それ以外の墨書木製品・建築部材等については、丸材や角材などといった材の種類を記載したうえで、必要に応じて、本文中（ ）内に木取りを補足して示した。なお、丸材のうち、樹皮を剥いだだけの面を大きく残しているものは丸木とし、他の丸材とは区別する。

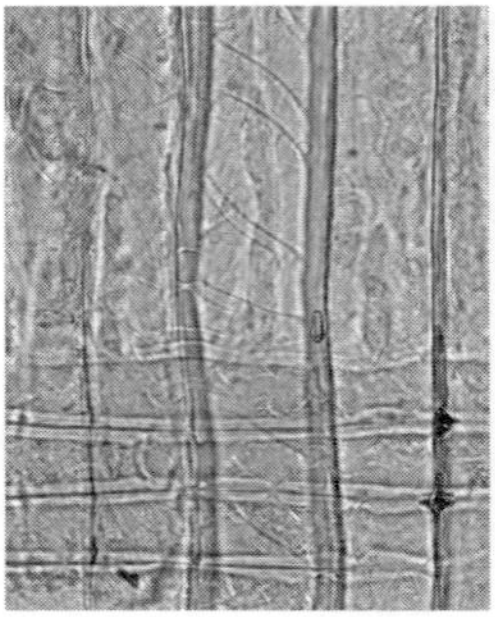

11949 柾目面（200x）
カヤ

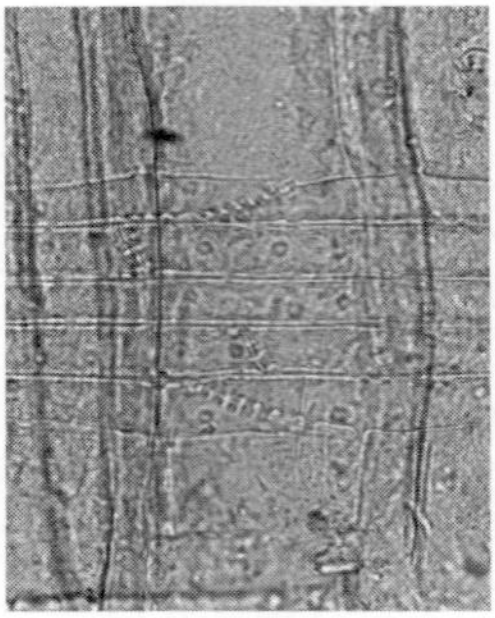

11531 柾目面（200x）
モミ属

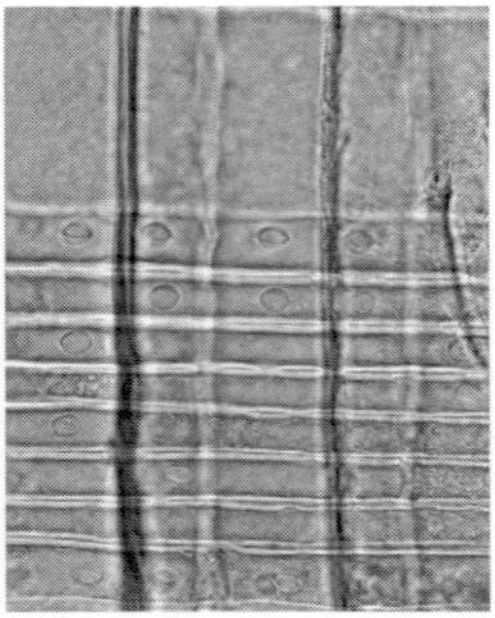

11863 柾目面（200x）
スギ

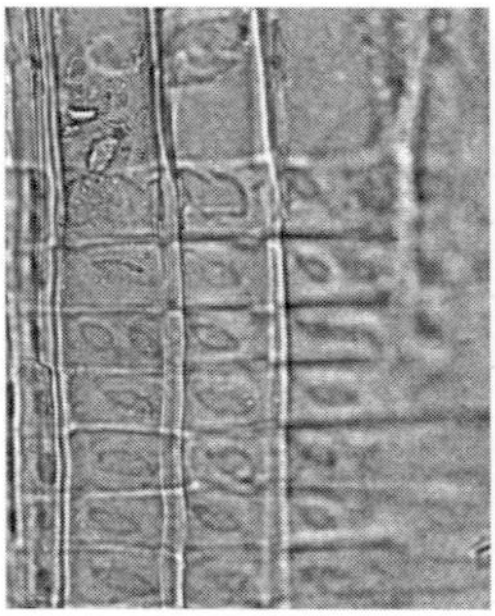

11388 柾目面（200x）
コウヤマキ

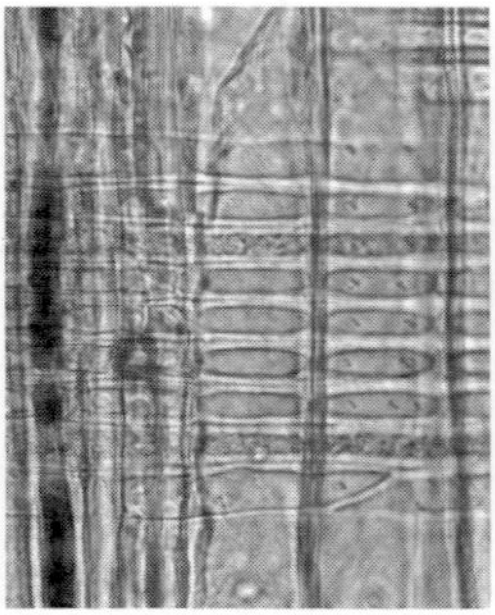

12194 柾目面（200x）
ヒノキ

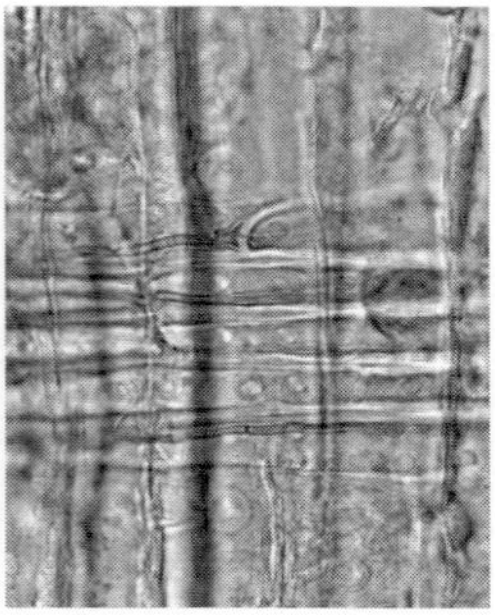

11524 柾目面（240x）
サワラ

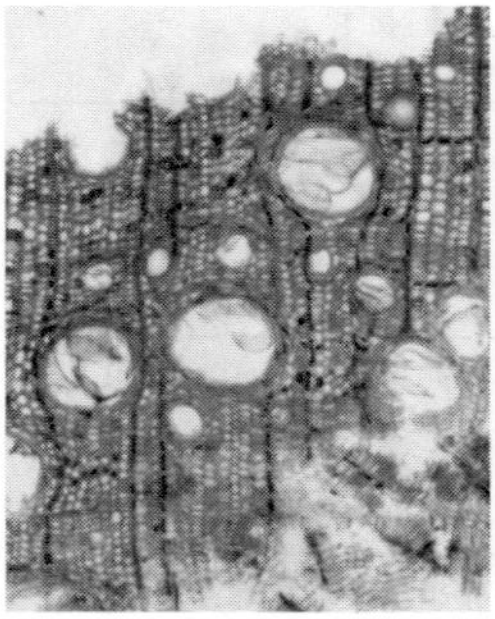

12732 木口面（65x）
シイ属

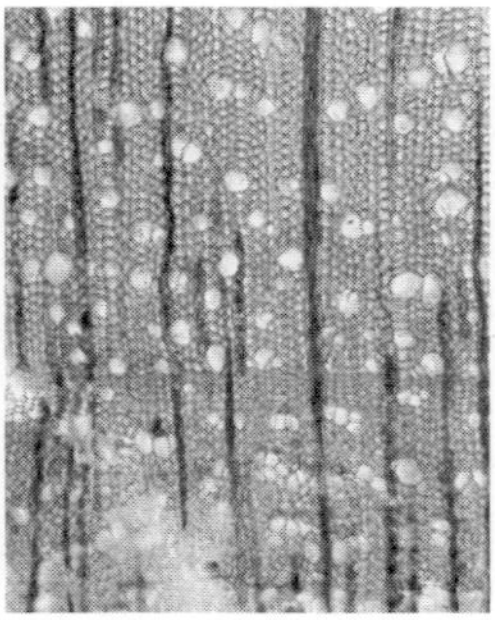

12770 木口面（50x）
散孔材A

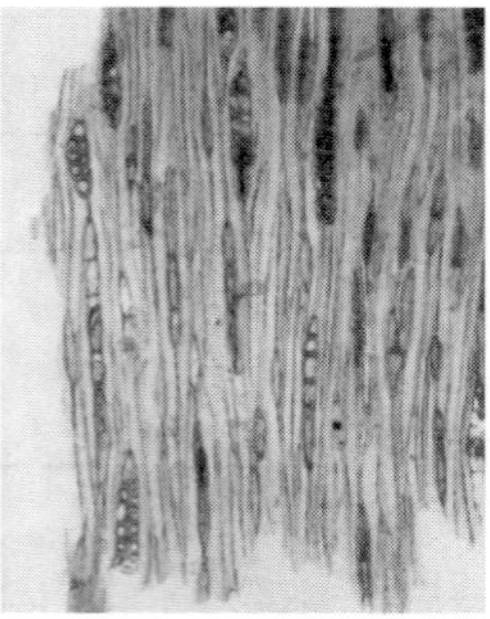

12770 板目面（65x）
散孔材A

第47図　顕微鏡写真

釈　文

第一次大極殿院整地土　6ABR

一一二八五　癸卯年太寳三年正月宮内省□〔入ヵ〕四年□□
年慶雲三年丁未年慶雲肆年孝服

(274)×30×4 *6019* *EE56* 三三七次 *1* ヒノキ＊・板目

上端・左右両辺削り、下端折れ。官人の履歴書風の木簡。干支と年号を併記する。癸卯年は大宝三年（七〇三）、丁未年は慶雲四年（七〇七）にあたる。「孝服」は父母の喪に服すること。『仮寧令』によると、職事官が父母の喪に遭った場合解官し、夫・祖父母・養父母・外祖父母の喪には休暇を給わる規定がある（職事官条）。なお、**一一八五九**にも、「服」に関わる記載がみえる。

一一二八六・伊勢国安農郡阿□〔刀ヵ〕里阿斗部身
・和銅三年□〔三ヵ〕月

200×24×4 *6051* *EC55* 三三七次 *1* ヒノキ科・柾目

四周削り。「伊勢国安農郡阿刀里」は、『和名抄』の伊勢国安濃郡跡部郷にあたる。白米の荷札か。月は残画から「三」と判断したが、五の可能性も残る。和銅三年（七一〇）三月は平城遷都が行われた月であり（『続日本紀』同月辛酉条）、この月の年紀をもつ荷札木簡が南面築地回廊の整地土から出土したことは、遷都当初の段階で、少なくとも第一次大極殿院南面築地回廊が未完成であったことを示す。平城第三三七次調査区の東方、内裏西南隅外郭で行われた平城第九一次調査において、平城宮造営当初の整地土から和銅二年（七〇九）・同三年を中心とする一括資料が出土したこととともに、宮の中枢部分における造営状況が窺われる資料といえる（一三〇六〜一三〇八）。なお、SB一八五〇〇建物（西楼）の柱抜取穴から出土した一一五〇・一一五一・一一五四は、里表記を用いるなど古相を呈し、整地土に廃棄された木簡が柱を抜き取る際などに混入した可能性を否定できない。整地土および柱抜取穴に混入した可能性のある伊勢国安農郡の荷札は、このほかに二点認められる（一一八七・一一五〇）。

一一八七・伊勢国安農郡県
・里人飛鳥戸椅万呂五斗

132×18×4 6032 EB55 三三七次 2
ヒノキ科・板目

四周削り。「伊勢国安農郡県里」は、『和名抄』の伊勢国安濃郡英太郷にあたる。白米の荷札か。

一一八八　参河国

(90)×(23)×7 6039 EB55 三三七次 2
ヒノキ＊・板目

上端・右辺削り、下端折れ、左辺二次的削りか。

一一二八九　長田上郡大□里□〔物カ〕□

(115)×21×2 *6039* *EB55* 三三七次 *2*
ヒノキ科・板目

上端・左右両辺削り、下端折れ。「長田上郡」は、『和名抄』の遠江国長上郡にあたる。長上郡は、和銅二年（七〇九）二月に長田郡を二郡に分割して成立した（『続日本紀』同月丁未条）。なお、『和名抄』によると、遠江国長下郡に、大（太）田郷、大楊郷がみえる。

一一二九〇・五百原□
・　五斗

(56)×15×4 *6019* *EB55* 三三七次 *2*
ヒノキ科・板目

上端・左右両辺削り、下端折れ。「五百原」は、『和名抄』の駿河国廬原郡、ないし同国同郡廬原郷にあたるか。量目からみて米の荷札であろう。

一一二九一・大井里委文部鳥□□
・米五斗

153×17×4 *6032* *EB55* 三三七次 *2*
ヒノキ科・板目

四周削り。右辺切り込みより上部割れ。「大井里」は、共伴する木簡の年代から、里制下の里と考えられる。大井郷は、『和名抄』によると十五箇国十九郡にみえ、同書に掲載される郡のほかに隠伎国智夫郡大井郷の荷札（『平城木簡概報』十六―七頁）が出土していることから、都合十六箇国二十郡に確認でき、国郡名の比定は困難である。ただし、米の荷札であることから、近江国・美濃国・備前（美作）国・備中国のいずれかとなる可能性が高い。なお、上記の二十郡のうち、現存する古代史料から復原される委（倭）文部の分布と重なる郡は、常陸国那賀郡（『万葉集』巻廿―四三七二番歌）のみであるが、常陸国の米の貢進は確認できない。

一二三九二　・□里□□田戸
・□
(112)×18×2 *6059* *EB57* 三三七次 *2* スギ・柾目

上端折れ、下端は左右から削りとがらせる、左右両辺削り。

一二三九三　安万呂上□〔俵カ〕□
117×17×2 *6011* *EC55* 三三七次 *1* 針葉樹・板目

上端・左右両辺削り、下端切断。

一二三九四　□〔白カ〕酒四斗
(109)×22×3 *6019* *EB46* 三三七次 *2* ヒノキ科・柾目

上端折れ、下端・左右両辺削り。『延喜造酒司式』によると、「白酒」は、久佐木灰を入れた黒酒に対する称（新嘗会白黒二酒料条）。白酒は、『平城宮木簡二』**三一六**にもみえる。

内裏西南隅外郭整地土下層黒色粘質土層　6ABE

一一二九五・五十上御本一秇□□原列一□…秇□□列一秇　□□列
・　右秇数六秇　…
(230＋175)×18×3 6019 GP41 九一次 3 ヒノキ＊・板目

上端・左右両辺削り、下端切断か。同一簡の断片であるが、直接接続しない。「五十上」は、五十人単位の集団の統率者の意で、「列」は集団の単位。人名＋列でその人物が統率する集団を示す。「秇」は藝の古字であるが文意が通じない。平城宮跡東南隅のＳＤ四一〇〇溝（平城第三二次補足調査）から出土した木簡に「秇（蓺）原（東人）」がみえるが（『平城宮木簡六』九〇五八・九〇五九・九〇六八・一一一九）、藝原姓はその事例がないことから「瓶」と判断している。「瓶」とするならば、五十人を統率する某へ（「御本」は尊敬語のおんもとか）瓶一つ、□□原の統率する集団へ瓶一つ…となり、合計六つの瓶を割り当てた時の文書木簡の断片であろうか。

一一二九六　坐甘□□□□〔仕ヵ〕奉［
(195)×(14)×5 6081 GP41 九一次 3 針葉樹＊・板目

上端削り、下端二次的切断、左右両辺割れ。

一一二九七　鳥取部□　弐人火
鳥取部大山
6091 GP41 九一次 4

右行四文字目は石偏の文字。

二二九八・額田部御□　額田部□
・　車□　□□〔麻呂カ〕　164×(30)×2 6081 GP42 九一次 4 ヒノキ科・板目

上端削り、下端折れか、左辺二次的削り、右辺割りか。

二二九九・石原里□□〔五斗カ〕
・堅井里五斗　(119)×27×3 6039 GP42 九一次 4 ヒノキ科・板目

上端・左右両辺削り、下端折れか。「石原里」は、『和名抄』の山城国紀伊郡石原郷にあたる。「堅井里」は、『和名抄』山城国紀伊郡にはみえないが、天平二十年（七四八）四月二十五日写経所解案（正倉院文書続修二十八表〈『大日本古文書』編年三―七九頁。以下『大日古』三―七九と略記す〉）によると、「山背国紀伊郡堅井郷」とみえ、山背国紀伊郡内の別の里からそれぞれ五斗の米を納めたときに付けられた荷札の可能性がある。

二三〇〇　三嶋上郡白髪部里　159×30×4 6032 GQ42 九一次 4 ヒノキ科・板目

四周削り。「三嶋上郡白髪部里」は、『和名抄』の摂津国嶋上郡真上郷にあたる。この木簡を含め、６ＡＢＥ

区内裏西南隅外郭整地土下層黒色粘質土層出土の荷札木簡の地名表記は古相を示す。

一三〇一・尾治国海郡嶋里人
・海連赤麻呂米六斗
184×22×3 *6051* *GP42* 九一次 *4* スギ・柾目
四周削り。「尾治国海郡嶋里」は、『和名抄』の尾張国海部郡志摩郷にあたる。

一三〇二・三川国飽海郡大鹿部里人
・大鹿部塩御調塩三斗
175×30×3 *6011* *GP42* 九一次 *5* ヒノキ科・板目
四周削り。左辺の一部欠損。「三川国飽海郡大鹿部里」は、『和名抄』の参河国渥美郡大壁郷にあたる。

一三〇三・近江国□
・□□□
(71)×20×2 *6039* *GP40* 九一次 *5* ヒノキ科・板目
上端・左右両辺削り、下端折れ。

一三〇四　大前里六
(74)×22×4 *6039* *GP41* 九一次 *5* ヒノキ科・柾目

上端・左右両辺削り、下端二次的切断か。「大前里」は、『和名抄』の上野国緑野郡大前郷にあたるか。

一二三〇五・越前国香ミ郡綾部里綾部里〔マ、〕
・□□伊支見白米五斗
167×21×6 *6051* *GP42* 九一次 *5* スギ・柾目

四周削り。「越前国香ミ郡」は、『和名抄』の加賀国加賀郡にあたる。「綾部里」は『和名抄』にみえない。表面五文字目の踊り字の字形は「ㄴ」で、その最も古い例となる（小林芳規「平城宮木簡の漢字用法と古事記の用字法」『石井庄司博士喜寿記念論集　上代文学考究』塙書房、一九七八年）。裏面一文字目は「血」に近く同様の字形は『平城宮木簡六』八五三にみえ、二文字目の字形は「日」に近い。ウヂ名であるが判然としない。

一二三〇六・丹波国氷上郡石□〔負カ〕里笠取直子万呂一俵納
・白米五斗　和銅□年四月廿三日
199×21×6 *6032* *GP42* 九一次 *6* ヒノキ科・板目

四周削り。「丹波国氷上郡石負里」は、『和名抄』の丹波国氷上郡原負郷（高山寺本）・石生郷（大東急記念文庫蔵本）にあたる。年紀は残画から「和銅二年」または「和銅三年」であろう。一二三〇六～一二三〇九の四点は、同筆とみられ、もと一連の資料の可能性がある。

一一三〇七・丹波□〔国カ〕□〔負カ〕里□〔千カ〕□□〔部カ〕□牟一俵

・納白米五斗　　和銅三年四月廿三日

214×19×4　6033　GP42　九一次　6　ヒノキ＊・板目

四周削り。表面「国」と「負」との間は剥離して墨痕が認められない。「丹波国氷上郡石負里」であろう。

一一三〇八・丹波国氷上□石負里□□〔氷部カ〕

・俵納白米五斗　和銅三年

(132)×19×5　6039　GP42　九一次　6　ヒノキ科・板目

上端・左右両辺削り、下端二次的切断。

一一三〇九・□□□〔丹波国カ〕氷上□

・□〔納カ〕白米五斗

(80)×21×3　6039　GP40　九一次　6　ヒノキ科・板目

上端切断、左右両辺削り、下端折れ。

一三〇　丹波国□□〔加佐カ〕郡川□里

171×23×5 *6032* *GP42* 九一次 *6*
ヒノキ科・柾目

四周削り。「丹波国加佐郡川□里」は、『和名抄』の丹後国加佐郡川守郷にあたるか。丹後国は、和銅六年（七一三）四月、丹波国五郡（加佐・与佐・丹波・竹野・熊野の各郡）を割いて設置された（『続日本紀』同月乙未条）。丹後国設置年代から、この木簡の年代は和銅六年以前のものである。

一三一　海部郡前里 阿曇部都祢軍布廿斤

191×34×7 *6031* *GP41* 九一次 *5*
スギ・柾目

四周削り。「海部郡前里」は、『和名抄』の隠岐国海部郡佐作郷にあたるか。

一三二　・明郡葛江里
・丹人部由毛万呂俵

139×19×3 *6011* *GP41* 九一次 *7*
ヒノキ科・柾目

四周削り。表面下端が炭化している。「明郡葛江里」は、『和名抄』の播磨国明石郡葛江郷にあたる。「明」の字体は「朋」。

一三三・播磨国宍禾郡山守里

・山部加之川支

151×18×6 6051 GQ42 九一次 7
ヒノキ科・板目

四周削り。「播磨国宍禾郡山守里」は、『和名抄』の播磨国宍粟郡安師郷にあたる。「山守里」は『和名抄』にみえないが、『播磨国風土記』によると、安師里の里名は、もと須加と称したが、後に山部三馬が里長に任じたため山守里と号し、さらに安師川に因って名を改めたと伝える（宍禾郡条）。「川」の字形は「ツ」。

一三四・播磨□

・五戸□部乎万呂俵□□

(141)×21×5 6039 GP41 九一次 7
針葉樹＊・追柾目

上端切断、下端折れ、左右両辺削り。裏面九文字目の残画は「五」または「三」の可能性がある。裏面三文字目は、兵庫県小犬丸遺跡出土木簡「布勢駅戸主□部乙公」（兵庫県教育委員会『小犬丸遺跡Ⅱ—県道竜野相生線道路改良工事に伴う埋蔵文化財発掘調査報告書』〈兵庫県文化財調査報告六六〉一九八九年）の六文字目の字形と似るが、釈読できない。

一二三五・播□〔磨カ〕
・五戸□

(33)×15×3 *6039* *GP42* 九一次 *7*
ヒノキ科・板目

上端・左右両辺削りで切り込みより下は割れ、下端二次的切断。

一二三六・備前国勝間田郡□□□部□〔里カ〕
・白米五斗

184×27×3 *6011* *GP42* 九一次 *8*
ヒノキ科?・柾目

上端切断、下端・左右両辺削り。「備前国勝間田郡」は、『和名抄』の美作国勝田郡にあたる。美作国は、和銅六年（七一三）四月、備前国六郡（英多・勝田・苫田・久米・大庭・真嶋の各郡）を割いて設置された（『続日本紀』同月乙未条）。美作国の設置年代から、この木簡の年代は和銅六年以前のものである。

一二三七　備前国□□郡□□

(169)×(11)×4 *6039* *GP40* 九一次 *8*
ヒノキ科・板目

上端・左辺削り、下端折れ、右辺割れ。

一三八・備前国間□
・葛木□□□□
〔部公万呂ヵ〕
(83)×25×3 6039 GP41 九一次 8
スギ・柾目

上端・左右両辺削り、下端折れ。「備前国間」は、『和名抄』の美作国真嶋郡にあたるか。あるいは、勝(間)田郡の「勝」を書き落とした可能性もある。

一三九・備中国賀陽□
・漆部色人庸米
(98)×22×3 6039 GP42 九一次 8
ヒノキ科・板目

上端・左右両辺削り、下端折れ。

一三〇・賀陽郡葦
・首麻呂俵
(83)×31×2 6059 GP42 九一次 5
ヒノキ科・柾目

上端折れ、下端・左右両辺削り。「賀陽郡葦」は、『和名抄』の備中国賀陽(夜)郡足守郷にあたる。

一三一　不知山里俵五斗八升
171×24×3 6051 GP42 九一次 8
ヒノキ科・柾目

四周削り。「不知山里」は、『和名抄』の備後国沼隈郡諫山郷にあたるか。「いさ」を「不知」とする用字は、

『万葉集』巻四-四八七番歌、『同』巻七-一〇八四番歌にみえる（東野治之「『万葉集』と木簡」『万葉』一五八、一九九六年）。

一二三二　讃岐国香川郡原里秦公□身
182×19×3 *6051* *GP42* 九一次 *7* ヒノキ＊・板目

四周削り。「原里」は『和名抄』讃岐国香河（川）郡にみえない。十一文字目は「族」の可能性があるが、秦公族は類例がない。

一二三三　綾郡宇治部里宇治部阿弥俵
153×21×4 *6011* *GP41* 九一次 *7* ヒノキ科・板目

上下両端切断、左右両辺削り。「綾郡宇治部里」は、『和名抄』の讃岐国阿野郡氏部郷にあたる。

一二三四・讃岐□
・讃□〔岐カ〕
(40)×(18)×5 *6081* *GP42* 九一次 *7* ヒノキ科?・板目

上端・左辺削り、下端二次的切断か、右辺二次的割り。

一一三二五　・伊豫国桑村郡林里鴨部首加都士／鴨部首君中俵
　　　　　　・「物部物部」

202×25×3 *6031* *GP42* 九一次 *7*
ヒノキ科・板目

四周削り。「林里」は『和名抄』伊豫国桑村郡にみえない。

一一三二六　私里丹生波田六斗持□

(153)×23×2 *6039* *GP41* 九一次 *9*
ヒノキ科・板目

上端折れ、下端切断、左右両辺削り。上端左右に切り込みの痕跡が残る。「私里」は後の私部郷で、『和名抄』によると、丹後国熊野郡私部郷・同何鹿郡私部郷・因幡国八上郡私部郷・肥後国飽田郡私部郷がみえる。米の荷札とみられるので、丹後国の荷札である可能性が高いと思われる。同国私部郷（私里）の出土例として、平城宮跡東院地区南方の二条条間大路南側溝（平城第四四次調査）から出土した「丹後国熊野郡私部郷高屋□□大贄□□納一斗五升」（『平城木簡概報』六-八頁）、藤原宮跡北辺地区（奈良県調査）から出土した「熊野評私里」（奈良県教育委員会『藤原宮』一〇号）の二点が知られる。なお、天平勝宝元年（七四九）十二月十九日丹後国司解案には、丹後国熊野郡に大私部広国がみえる（東南院文書五-四〈『大日本古文書』東南院文書之三-六二五号。以下『大日古』東南院三-六二五〉と略記す）。

一二三七・三野里人佐伯部
・祢万呂俵
131×19×4 *6033* *GQ42* 九一次 *9*
ヒノキ科・板目

四周削り。「三野里」は『和名抄』によると五箇国五郡にみえるが、米の荷札と推定されることからすれば、播磨国飾磨郡もしくは讃岐国三野郡、阿波国三好郡の可能性がある。一二三八と同筆。

一二三八・三野里人
・祢万呂俵
(110)×20×4 *6019* *GQ41* 九一次 *9*
ヒノキ科・板目

上端・左右両辺削り、下端折れ。一二三七と同筆。

一二三九・三野里人古万呂□
・□
148×18×4 *6032* *GQ42* 九一次 *9*
ヒノキ科・柾目

四周削り。表面八文字目は「俵」などの可能性がある。

一二四〇　新矢里
138×18×4 *6051* *GP42* 九一次 *10*
スギ・板目

四周削り。「新矢里」は不詳。

一一三三一　・□〔郡ヵ〕海村□
　　　　　　・□□〔見ヵ〕部知万
(52)×22×2 *6081* *GP42* 九一次 *10* ヒノキ科・柾目
上下両端二次的切断、左右両辺削り。

一一三三二　・□□〔郡ヵ〕禾里馬甘
　　　　　　・□
(115)×21×4 *6059* *GP42* 九一次 *10* ヒノキ属＊・板目
上端二次的切断、下端・左右両辺削り。「禾里」は不詳。

一一三三三　□□塩三斗
(131)×23×4 *6059* *GP42* 九一次 *10* ヒノキ科・柾目
上端二次的切断、下端は左右から削って尖らせる、左右両辺削り。

一一三三四　□髪部一升—□
　　　　　　□一升　(墨線)
(45)×(22)×1 *6081* *GP42* 九一次 *10* ヒノキ科・板目
上下両端折れ、左辺割れ、右辺削り。

一二三五　・鵜甘部郡穂郡越中国讃岐国
・津伎国針間国近江国

(271)×27×4 *6051* *GP41* 九一次*11* ヒノキ科・板目

上下両端二次的削り、左右両辺削り。「鵜甘部郡」は、『和名抄』の美濃国方県郡鵜養郷に、「穂郡」は、『和名抄』の参河国宝飯郡にあたるか。

一二三六　⊔□〔八カ〕名郡□□〔杉カ〕□
□

(95)×(35)×9 *6061* *GP42* 九一次*10* ヒノキ（保存処理済）・柾目

木簡を転用した組合せ箱の側板の一枚に墨書がある。短冊形の板の両端にL字形の切欠きをいれ、枘をつくりだす。同形の板四枚を組合せて箱をつくるが、うち一枚を欠く。底板を固定する木釘が残る。奈文研『木器集成図録　近畿古代篇』六六二六号。「八名郡」は、『和名抄』の参河国八名郡にあたるか。

一二三七　頭

114×24×5 *6065* *GP41* 九一次*10* ヒノキ科・柾目

四周削り。上端は丸く削り整形する。左辺の一部が長さ一七㎜深さ一二㎜の方形で裏面に向かって斜めに切り欠かれている。

一一三三八・車持若麻呂　（右側面）
・車持若麻呂
119×25×20 6065 GP41 九一次10
針葉樹・角材
上下両端粗い削り、左右両辺削り。

一一三三九 □部〔春ヵ〕
□□
6091 GP41 九一次12

一一三四〇 椋原
□□□
6091 GP42 九一次12

一一三四一 □□□□□□□椋人部
□□
(303)×(24)×2 6081 GP41 九一次11
針葉樹・板目
上端二次的切断か、下端削り、左辺割れか、右辺二次的削り。二行目三・五・六・七文字目は同じ文字で、「奇」を旁にもつ文字。

一二三四二　□□〔日奉ヵ〕部□　6091 *GP41* 九一次 *12*

右辺は木簡の原形をとどめるか。

一二三四三　朋部　6091 *GP41* 九一次 *12*

「朋」はあるいは「明」の異体字か。

一二三四四　□□　□　□□□□〔部物部ヵ〕　6091 *GP42* 九一次 *12*

一二三四五　□部□□□□□　6091 *GQ41* 九一次 *12*

左辺は木簡の原形をとどめる。

一二三四六　足庭□　(150)×31×5 6019 *GS41* 九一次 *12*
ヒノキ科・板目

上端・左辺削り、下端折れ、右辺割り。表面の下半が剥離する。三文字目はあるいは合点の類か。ほかに同一木簡の断片と思われる材があるが、釈読できず、また直接接続しない。

一一三四七　□麻呂

上端切断、下端折れ、左右両辺割れ。

(134)×14×5 *6081* *GP41* 九一次 *12* スギ＊・板目

一一三四八　下加都良

上下両端折れ、左右両辺削り。

(60)×10×3 *6081* *GP42* 九一次 *12* ヒノキ科・板目

一一三四九　大嶋　信

上端二次的切断、下端・左右両辺削り。

(194)×27×11 *6011* *GP42* 九一次 *12* スギ・板目

一一三五〇　□　□□　□□□　□□□□升□六□三和銅二年

上端・左右両辺削り、下端折れ。

(447)×29×4 *6031* *GP42* 九一次 *11* ヒノキ＊・板目

一一三五一　□□〔山カ〕右六人

6091 *GP42* 九一次 *12*

一一三五二　斛

(80)×19×3 *6059* *GQ41* 九一次 *12* ヒノキ科・板目

上端二次的切断、下端は左右から削って山形に尖らせる、左右両辺削り。

二三五三　□三白四□　　6091 GP41 九一次 12

左辺は木簡の原形をとどめるか。

二三五四　六戊五巳(己)九庚八辛七壬六□ □　　6091 GQ41 九一次 13

二三五五　十八十　　6091 GP42 九一次 13

上端は木簡の原形をとどめる。

二三五六　・廿三廿四廿五廿六廿七廿八　　(103)×27×2 6081 GP42 九一次 13

・「□〔朔ヵ〕 □ □」　　ヒノキ科・板目

上端折れ、下端二次的切断、左右両辺削り。

一一三五七・□□□〔四カ〕□
□〔二カ〕卌三□四□五□
・［　　　　］

(80)×(23)×5 *6081* *GP41* 九一次*13*
ヒノキ＊・柾目

上下両端折れ、左辺の一部削り、右辺割れ。表面二行目四・六文字目は卌の可能性がある。表面一行目二文字目は卅の可能性があるが、いずれも縦画の残りがよくない。一一三五六とは材が異なり、別木簡である。

一一三五八　塩塩□□〔塩　塩カ〕□〔塩カ〕塩塩□塩大□

6091 *GQ41* 九一次*13*

一一三五九・韉故「故」（重書）（他ニ削リ残リアリ）
・「林林故」（重書）
□〔韉カ〕故

(54)×(29)×2 *6081* *GP42* 九一次*12*
ヒノキ科・板目

上端二次的切断、下端・左辺削り、右辺割れ。「韉（したぐら）」は、鞍の下に敷く布の意。一文字の可能性もあるが、天平勝宝四年（七五二）六月二十四日香薬等雑物買物注文断簡（正倉院文書続修後集四十三表〈『大日古』三―五八〇〉）に、偏を革、旁を鷹とする字形がみえ、この異体字であろう。

一三六〇　遠江国…遠□□　　6091 GP42 九一次 13

一三六一　□国□〔江カ〕　　6091 GP42 九一次 13

一三六二と筆が似るが、別木簡の削屑であろう。

一三六二　□国　　6091 GP42 九一次 13

一三六一と筆が似るが、別木簡の削屑であろう。

一三六三　難□〔難カ〕　　6091 GP42 九一次 14

一三六四と同一木簡の削屑の可能性があるが、直接接続しない。

一三六四　□〔難カ〕　□□〔難カ〕　　6091 GP42 九一次 14

一三六三と同一木簡の削屑の可能性があるが、直接接続しない。

一一三六五　□□〔処処カ〕□□
波□
左辺は木簡の原形をとどめるか。
6091 GP42 九一次 14

一一三六六　□里□人
下端と右辺の一部は木簡の原形をとどめる。長さ二一〇㎜の削屑。
6091 GP41 九一次 12

一一三六七　寵大命□□
6091 GP42 九一次 14

一一三六八　□余呂岐
右辺は木簡の原形をとどめるか。
6091 GP42 九一次 14

一一三六九　□部□
一文字目は「使」または「伎」であろう。
6091 GP42 九一次 14

一一三七〇　八米　*6091 GP41* 九一次 *13*

一一三七一　□山□　*6091 GP42* 九一次 *13*

一一三七二　□記　*6091 GP41* 九一次 *14*

一一三七三　□□〔朝カ〕　*6091 GP42* 九一次 *14*

一一三七四　矢□　□　*6091 GP42* 九一次 *14*

二文字目は人偏の文字。

一一三七五　□□〔矢カ〕　*6091 GP41* 九一次 *14*

一一三七六　□□□〔位カ〕　*6091 GQ41* 九一次 *14*

一一三七七　□〔附ヵ〕　6091 GQ41 九一次 14

一一三七八　孝□　6091 GP41 九一次 14

一一三七九　神　6091 GP41 九一次 14

一一三八〇　□〔成ヵ〕　6091 GP41 九一次 14

一一三八一　□石　6091 GP41 九一次 14

一文字目は言偏の文字。

一一三八二　大□　6091 GP42 九一次 14

一一三八三　□大□　6091 GP41 九一次 14

一二三八四　徳□□□□　*6091 GP41* 九一次 *14*

一二三八五　月　*6091 GP41* 九一次 *14*

一二三八六　□日□　*6091 GP42* 九一次 *14*

SB八一八二建物　6ABE

一二三八七　古末呂
□　□　*6091 GQ42* 九一次 *14*

一二三八八　淡淡河推推糧霜□
推海梅推海物物物物譲譲　(141)×52×3 *6019 GQ42* 九一次 *14*
コウヤマキ＊・板目

上端・左右両辺削り、下端折れ。語順が乱れ、記される文字も完全とはいえないが、『千字文』の一節「海鹹河淡　鱗潜羽翔　竜師火帝　鳥官人皇　始制文字　乃服衣裳　推位譲国」に基づく習書木簡の断片の可能性がある。但し、「霜」はこれよりも前の部分、「糧」「物」はこれよりも後の部分であり、また「梅」はみえない。「海」の偏を変えたものか。

一一三八九　生□　6091 GQ42 九一次 14

一一三九〇　□〔役ヵ〕□　6091 GQ42 九一次 14

SB八一八四建物　6ABE

一一三九一　□常　6091 GP42 九一次 14

一一三九二と同一木簡の削屑であるが、直接接続せず、上下の関係も不詳。

一一三九二　□国　6091 GP42 九一次 14

一一三九一と同一木簡の削屑であるが、直接接続せず、上下の関係も不詳。

SB七八〇二建物（東楼）

一三九三・天平勝寶□年□□月二日合　丸子
丸子豊宅丸子豊額丸子友注丸子友依
丸子□□［　　］
・丸□夫天文　丸子豊　丸子刀千
丸子廣宅丸子大黒　丸子豊宅　宅
宅宅　宅宅宅宅□〔宅カ〕

192×31×5　*6011*　*HE31*　七七次二四　*15*
ヒノキ科・板目

上下両端切断、左右両辺削り。丸子一族の姓名を記した落書。天平勝宝五年（七五三）六月八日に牡鹿連姓を賜った丸子牛麻呂、丸子豊嶋ら二十四人（『続日本紀』同月丁丑条）、あるいは同年八月二十五日に同姓を賜った丸子嶋足（『続日本紀』同月癸巳条）の一族かもしれない。そうであるならば、この木簡は天平勝宝五年の改賜姓前に記録されたことになる。

一一三九四・□御輿人□御輿□　　□部□　□
　　右四人十月□□日申時　　□□部　□君万呂
　　　　　　　　　　　　　　□□

・「　　十八
　□　□□　□　□」

222×81×4 6061 *HE27* 七七次二一 ヒノキ科・柾目 *16*

曲物の側板を転用したもの。上辺の三個の円孔は曲物綴穴か。表面は「御輿人」に関する文書、裏面は落書である。「御輿人」は行幸などに際して天皇の御輿に近侍するもので、同様の言葉として『続日本紀』によると「輿丁」（養老二年〈七一八〉二月甲申条）、「御輿丁」（天平勝宝八歳〈七五六〉十二月庚子条）、「駕輿丁」（宝亀十一年〈七八〇〉三月辛巳条）などが知られる。『延喜式』によると、行幸に際して、近衛と兵衛から「御輿長」が任命される（左近衛府式輿長条・左兵衛府式行幸分配条）。木簡に時刻を記す意味は詳らかにし難い。

一一三九五・殿守二升
　　□　　「□国庭　英田郡国□肥後国合志郡□□〔鳥嶋カ〕郷余□〔戸カ〕□□」

・「□□□□□□　□□」「英田郷□　太□□□留□」

(647)×(14)×4 6019 *HB31* 七七次イ四 ヒノキ科・柾目 *17*

上端折れ、下端・左右両辺削り、左辺の上部割れ。「殿守二升」が一次文書に記された語句で、この木簡の内容は、「殿守」に某物品「二升」を支給した際の文書木簡。それ以外は、削りとった後の落書。「殿守」は、「大殿守」（一二三九六）と同義であろう。「殿（大殿）」は、第一次大極殿院地区（中央区）の中心建物とみるべきで、東楼の解体時期からすれば、殿舎地区第Ⅰ期の後殿SB八一二〇建物とも考えられてきたが（『平城報告』Ⅺ）、後殿を大殿と称するのはやや不審である。そこで、天平勝宝五年（七五三）頃には、すでにⅡ期の宮殿施設の建設がすすんでおり、第一次大極殿院南面築地回廊および東西楼の解体はその最終段階に行われたと理解するならば、木簡にみえる「殿（大殿）」は、第Ⅱ期宮殿施設のSB六六一〇建物・SB六六一一建物・SB七一五〇建物を指すとも考えられよう。落書の部分は、表裏同筆。『和名抄』に肥後国合志郡鳥嶋郷がみえる。「英田郷」は、『和名抄』の美作国英多郡英田郷にあたる。

一二三九六・大殿守四人　□

・大殿四人　右五人

(234)×(21)×9 6081 *HE31* 七七次二四 *17*
ヒノキ科・柾目

上端切断、下端削りか、左辺削り、右辺二次的割り。「大殿守」は、一二三九五の「殿守」と同義であろう。裏面の「大殿四人」は墨で抹消と判断するが、あるいは合点かもしれない。

一一三九七　・應修理正倉□
・右「肥後国　山鹿郡
妙ミ法ミ蓮ミ華ミ」
(88)×(25)×3　*6081*　*HB27*　七七次イ一　*15*
スギ・板目

上端切断、下端二次的削り、左右両辺割れ。文書木簡の断片。正倉の修理を命じた文言。裏面の「肥後」以下は別筆。「妙法蓮華」は墨で抹消している。

一一三九八　・□廣人解□□〔申事ヵ〕□□□礒礒
□　□□□　□「□□□□□」
・「矢祢万呂所　□〔欲ヵ〕処　珠女」
□　□　□□□□〔奉行ヵ〕「□□□」
(263)×(14)×2　*6081*　*HE33*　七七次二五　*17*
ヒノキ科・板目

上端折れ、下端削り、左辺二次的削り、右辺割れ。解を記した後に「矢祢万呂」以下の落書を記す。

一一三九九　□□後所牒図書寮　*6091*　*HC35*　七七次ロ六　*15*

一一四〇〇　□〔発ヵ〕遣如件今以状□　*6091*　*HC35*　七七次ロ六　*15*

二四〇一・自督曹司□〔所カ〕□□□
　・□〔大カ〕□　□

(190)×35×4 6081 *HA31* 七七次イ四 *15* ヒノキ科・板目

上下両端折れ、左右両辺削り。腐蝕著しい。「督」は、衛門府・左右兵衛府・左右衛士府・授刀衛（天平宝字三年〈七五九〉十二月から天平宝字八年〈七六四〉九月頃まで）の長官。

二四〇二・□〔神カ〕□　廣道　人成　大名
　・五人　常食□〔急カ〕□〔出カ〕　廿五日

(187)×13×4 6019 *HE33* 七七次二五 *18* ヒノキ科・板目

上端二次的切断か、下端・左右両辺削り。常食の請求木簡。「廿五日」とみえ月を欠くことから、毎日の請求木簡と理解される。同類の平城宮木簡として西宮に上番した兵衛の請求伝票がある（『平城宮木簡一』九一〜一一八）。この木簡は姓を欠く。

二四〇三・牛甘　真足　廣道　大倉
　・合四人

(180)×32×2 6019 *HE33* 七七次二五 *18* ヒノキ科・柾目

上端切断、下端二次的切断、左右両辺削り。一一四〇三からみて、食料請求木簡であろう。「牛甘」は一一四〇九にもみえ、一一四〇四の「牛養」とも同一人物か。

一一四〇四　牛養　金麻呂　東

(109)×17×3 *6019* ***HE31*** 七七次二四 *18* ヒノキ科・板目

上端・左右両辺削り、下端折れ。「金麻呂」は、一一〇五八の「民金麻呂」と同一人物か。

一一四〇五　益□　□〔益カ〕足

(118)×(10)×5 *6051* ***HE35*** 七七次二六 *18* ヒノキ科・板目

上端・右辺削り、下端二次的削り、左辺二次的割り。

一一四〇六　荒嶋　合二人

(183)×16×9 *6081* ***HE33*** 七七次二五 *18* ヒノキ科・板目

上端折れ、下端切断、左右両辺は割った後、上方のみ刃物を入れて削る。一一四二二と同一材である可能性がある。

一一四〇七　・□〔玉カ〕□鳥嶋　□

・　右三人

(68)×(8)×2 *6081* ***HE31*** 七七次二四 *18* ヒノキ科？・板目

上端切断、下端折れ、左右両辺割れ。

二四〇八・□□□□□〔正月麻呂カ〕
・□〔合カ〕□□〔飯カ〕八升

上下両端切断、左右両辺削り。

205×18×4 *6011* *HE27* 七七次二一 ヒノキ科・板目 *20*

二四〇九　月廿七日付牛甘

上端折れ、下端・左右両辺削り。

(51)×20×3 *6019* *HE31* 七七次二四 ヒノキ科・板目 *18*

二四一〇・□斗□〔付カ〕□□
・月廿四□〔日カ〕□□

上端折れ、下端裏面から二次的切断、左辺削り、右辺割れ。

(85)×(17)×2 *6081* *HE33* 七七次二五 スギ?・板目 *18*

二四一一　答志郷奈弖米三□〔斤カ〕

(105)×20×3 *6019* *HB27* 七七次イ一 ヒノキ科・板目 *18*

上端切断、下端折れ、左右両辺削り。「答志郷」は、『和名抄』の志摩国答志郡答志郷にあたる。「奈弓米」はナデメで、アラメを食用し易いように適当にたたきほぐしたものといい、撫滑海藻、撫米ともみえる。

一二四二　伊豆国田方郡棄妾郷戸主春□

(176)×34×5 *6039 HC27* 七七次ロ一 *19*
ヒノキ科・板目

上端・左右両辺削り、下端は焼損。切り込みより上は左右とも折損する。「伊豆国田方郡棄妾郷」は、『和名抄』の伊豆国田方郡吉妾郷にあたる。

一二四三　丹後国竹野郡木津郷紫守部与曽布五斗

250×30×8 *6031 HE31* 七七次二四 *19*
スギ・板目

四周削り。白米の荷札であろう。

一二四四　・□□〔国カ〕久米郡衛士養□□〔物銭カ〕六百文
・□

(153)×19×4 *6059 HE31* 七七次二四 *19*
ヒノキ科・板目

上端二次的切断、下端・左右両辺削り。「久米郡」は、『和名抄』では伊予国、美作国、伯耆国にみえる。差発された衛士の養物銭六百文の貢進荷札。衛士・仕丁の養物制は、その資養のため出身地から物資を送る制度で、『令集解』によると養老二年（七一八）にはじまる（賦役令仕丁条所引養老二年四月二十八日格）。『延喜民部式』上によれば、正丁七人半の徭分稲を交易した軽貨もしくは舂米で送るとされた（養物条）。正倉院文書、木簡に散見する養物銭（養銭）は六百文である（正倉院文書続々修三―四〈『大日古』十五―二七〉、同十八―三〈『同』十五―一七〇〉、『平城宮木簡三』三〇七六、『平城宮木簡四』四六六二、『平城木簡概報』十五―二八頁上、『同』十九―二二頁下など）。

二四一五　□□□黒□□〔廣ヵ〕

(106)×(16)×1　*6081*　*HC27*　七七次ロ一　*18*　ヒノキ科・柾目

上端折れ、下端・右辺削り、左辺二次的割りか。縦に四分割された木簡の右から第一・第二断片が接続する。第三断片を欠くが、第四断片（左端）にあたる二四一六と同一木簡の断片であろう。

二四一六　□□□〔黄ヵ〕

(87)×(11)×1　*6081*　*HC27*　七七次ロ一　*18*　ヒノキ科・柾目

上端折れ、下端・左辺削り、右辺二次的割りか。二四一五と同一木簡の断片であろう。

二四一七　授刀所　小竹七十

127×18×4　*6032*　*HE35*　七七次二六　*19*　スギ?・板目

四周削り。切り込み部分に紐の痕跡が白く残る。「小竹」は、『延喜式』によれば祭祀具または竹製品の素材としてみえ（四時祭式上御贖条・中宮御贖条、隼人司式大嘗会竹器条・年料竹器条、主膳式年料条）、同書にはほかに「篦竹」もみえる（斎宮式造備雑物条）。六月・十二月晦日の御贖の小竹は、月の二十五日以前に弁官に申し、山城国をして採り進められ、織部司雑機用度料の篦竹は、毎年山城国から進められた（臨時祭式御贖小竹条、織部司式雑機用度料条）。「授刀所」は、ＳＢ七八〇二建物（東楼）出土の木簡が衛府と密接に関連していることからすれば、衛門府の下部組織、中衛府の前身官司である授刀舎人寮、天平宝字三年（七五九）十二月に設置された授刀衛（『続日本紀』同月甲午条）などとの関連が推測される。

一二四一八　衛門府

128×16×3 *6032* *HE33* 七七次二五 *19*
ヒノキ科・柾目

四周削り。一二四一九と同形・同筆で材も類似する。

一二四一九　衛門府

119×15×3 *6032* *HE35* 七七次二六 *19*
ヒノキ科・柾目

四周削り。一二四一八と同形・同筆で材も類似する。

一二四二〇　留散位石村角

217×13×8 *6011* *HC35* 七七次ロ六 *20*
針葉樹＊・柾目

四周削り。「留散位」とは留省の散位を指し、式部省に所属して個別の官司にまだ配属されていない官人をいう。

二四二一　県馬養

上端・左右両辺削り、下端折れ。切り込み部分の表面には圧痕が残る。二四〇六と同一材である可能性がある。

(161)×17×7 *6039* *HE33* 七七次二五 ヒノキ科・板目 *20*

二四二二　粟田禾□〔万カ〕

6091 *HE35* 七七次二六 *20*

二四二三　春日部国勝

上端・左右両辺削り、下端折れ。

(121)×14×4 *6039* *HE35* 七七次二六 ヒノキ科・柾目 *20*

二四二四・　春部気万呂

・「□□□
□□」

上端・右辺削り、下端切断、左辺削りか。裏面は天地逆で別筆。あるいは削り残りの可能性もある。

(230)×22×5 *6019* *HE33* 七七次二五 ヒノキ科・板目 *20*

二四二五　□□〔黄文カ〕
□合□〔依カ〕

6091 *HE35* 七七次二六 *21*

一一四二六・□　日下部久治良□　(150)×24×2　*6081*　*HE33*　七七次二五　*21*　ヒノキ科・柾目

・□計　礒部　□

上下両端二次的切断、左右両辺削り。裏面は別筆だが、削られて墨痕を失う。

一一四二七　日下部土麻呂　(188)×23×3　*6039*　*HE31*　七七次二四　*21*　ヒノキ科・板目

上端山形に整形、下端折れ、左右両辺削り。上端から五〇～五五㎜の左右に切り込みがある。

一一四二八　□□　日久米□□〔黒虫カ〕　*6091*　*HE33*　七七次二五　*21*

一一四二九　□丈部　*6091*　*HE35*　七七次二六　*21*

一一四三〇　矢田部　*6091*　*HE35*　七七次二六　*21*

一一四三一　山□〔代カ〕東人　206×21×3　*6031*　*HE27*　七七次二一　*20*　スギ＊・板目

四周削り。氏名だけを記した付札状木簡。正倉院丹裏文書第一号（『大日古』二十五―六五）に同姓同名の人物がみえる。

二四三二　湯坐連野守　277×37×4 *6031* *HE33* 七七次二五 *22*
ヒノキ科・板目

四周削り。左辺の中・下、右辺の上・中・下、都合五カ所に切り込みがある。左上は欠損により未詳。

二四三三　倉□〔橋カ〕　*6091* *HE35* 七七次二六 *21*

二四三四・□道小
・□真□〔成カ〕　(96)×20×4 *6019* *HE31* 七七次二四 *21*
ヒノキ科・板目

上端・左右両辺削り、下端二次的切断。

二四三五　馬甘赤　(56)×15×4 *6019* *HB35* 七七次イ六 *20*
ヒノキ科・柾目

上端切断、下端二次的切断、左右両辺削り。

二四三六　□〔足カ〕万呂
〃〃〃　*6091* *HE31* 七七次二四 *21*

一一四三七　万呂□

6091　HE35　七七次二六　21

一一四三八　□万呂

6091　HE35　七七次二六　21

一一四三九　□□〔大カ〕宮

(48)×(24)×3　6081　HE31　七七次二四　ヒノキ科・板目　20

上端折れ、下端切断、左辺削り、右辺割れ。「大宮」は、内裏もしくは第一次大極殿院地区のⅡ期宮殿施設を指すのであろう。

一一四四〇　勝寳五年正月

(87)×(7)×3　6081　HE33　七七次二五　ヒノキ科・板目　23

上下両端折れ、左辺二次的割り、右辺削り。ただし、右辺が原形を保つとみると、推定される元来の木簡の幅が一五㎜程度と狭くなるため、右辺は二次的整形の可能性も残る。

一一四四一　・□
・□□〔年カ〕正月廿八日

(126)×13×3　6081　HE33　七七次二五　ヒノキ科・柾目　21

上端二次的切断、下端・左辺二次的削り、右辺削り。

二四二　□〔進カ〕上□米六斗□

(111)×14×6 *6019* *HE31* 七七次二四 *19* ヒノキ科・板目

上端・右辺削り、下端折れ、左辺割り。

二四三　都〻美

(83)×(12)×2 *6019* *HE31* 七七次二四 *19* ヒノキ科・板目

上端折れ、下端切断、左辺割り、右辺削り。「都〻美」は不詳であるが、『箋注倭名類聚抄』によると「陂堤」の和名にみえる。あるいは、打楽器の総称として用いられた鼓、包みなどの意か。

二四四　黒葛十斤

(63)×25×3 *6019* *HC35* 七七次ロ六 *20* ヒノキ科・柾目

上端二次的切断か、下端・左右両辺削り。「黒葛（ツヅラ）」は、調副物にも規定のあるツヅラフジなどつる性の植物。

二四五　□〔物カ〕物部虫万呂　物部人万呂物物部部虫虫虫□□〔人カ〕□

(495)×(22)×4 *6081* *HE31* 七七次二四 *22* ヒノキ＊・柾目

上端・左辺削り、下端折れ、右辺二次的割り。人名の習書。「物部虫万呂」は、天平宝字七年（七六三）正月十四日造物所解に舎人としてみえる人物と同一人物の可能性があり（正倉院文書続々修二十四–七〈『大日古』

十六―三一八〉)、「物部人万呂」は、天平十九年（七四七）から天平勝宝二年（七五〇）までの正倉院文書に散見する人物と同一人物であろうか。

一一四四六　□〔喩ヵ〕喩　咋万呂　□〔廣ヵ〕　(141)×22×2　*6081*　***HE33***　七七次二五　*21*　ヒノキ科・板目

上下両端折れ、左辺割りで上方は割れ、右辺削りで下方は割れ。左右両辺とも原形を保つ部分はほとんどない。

一一四四七　大麻□〔績ヵ〕大□〔麻ヵ〕　(102)×16×5　*6039*　***HE33***　七七次二五　*23*　針葉樹＊・柾目

上端切断、下端二次的切断、左右両辺削り。

一一四四八　・□□□〔𨈖𨈖ヵ〕𨈖𨈖𨈖𨈖𨈖

・□□　(253)×19×1　*6019*　***HE33***　七七次二五　*23*　ヒノキ科・板目

上端折れ、下端・左右両辺削り。

二四四九・□其其其其其其其
・□家　□
上端二次的切断、下端削り、左右両辺割れ。
(203)×(38)×5 *6081 HD35* 七七次ハ六 ヒノキ＊・板目 *23*

二四五〇・部部道
・□□□□□□
上端切断、下端二次的切断、左辺削り、右辺割り。
(148)×(18)×4 *6081 HB31* 七七次イ四 ヒノキ科・柾目 *23*

二四五一　気気□
上端切断、下端切断か、左右両辺削り。少なくとも二片に切断して廃棄している。
(318)×36×6 *6019 HE35* 七七次二六 スギ・柾目 *22*

二四五二　之之
6091 HB27 七七次イ一 *23*

二四五三　□者者者
6091 HZ 七七次不明 *23*

一二四五四　等等等等□〔等カ〕

6091 HE35　七七次二六　23

一二四五五　□成□〔成カ〕

6091 HZ　七七次不明　23

一二四五六　□進上

6091 HE35　七七次二六　25

一二四五七　進□

(105)×24×4 6019 HE33　七七次二五　ヒノキ科・柾目　20

上端折れで左右から斜め方向の削り、下端・左右両辺削り。上端は、あるいは切り込みの部分で折れている可能性もある。

一二四五八　□□□□□〔如何カ〕

(151)×(11)×5 6081 HE27　七七次二一　ヒノキ＊・柾目　24

上端二次的切断、下端折れ、左右両辺二次的削り。裏面は割りのまま、もしくは剥離。

一二四五九　古家五

(64)×17×3 6039 HB33　七七次イ五　ヒノキ科・板目　24

上端切断、下端二次的切断、左右両辺は腐蝕が著しい。上端左右に切り込み痕跡が残る。

二四六〇・○□〔初ヵ〕夜
・○義□〔衆ヵ〕

93×32×11 *6011 HE27* 七七次二一 *24* スギ・板目

上下両端切断、左右両辺削り。「初夜」は夜の仏事法会に関わるか。

二四六一・□□□□　（右側面）
・目□　（表面）
・□□　（裏面）
・□　（左側面）

92×(6)×(6) *6011 HE33* 七七次二五 *24* ヒノキ科・角材（四方柾）

四周削り。四面に墨書がある。形状は、いわゆる二条大路濠状遺構の算木状木製品（『平城京木簡三』**五〇〇七**～**五〇二四**）に近い。

一一四六二　・世界　三世□
・□　（左側面）
上端削り、下端二次的切断、左辺割り、右辺割れか。
（85）×（6）×9　*6081*　*HA31*　七七次イ四　*24*　ヒノキ科・角材

一一四六三　□□〔申カ〕
二文字目は偏がつく可能性もある。
6091　*HE35*　七七次二六　*25*

一一四六四　□事
上端二次的切断、下端切断、左右両辺削り。文書木簡の断片の一部であろう。
（39）×28×5　*6019*　*HE33*　七七次二五　*24*　ヒノキ科・板目

一一四六五　□□〔郷上カ〕
上端二次的切断、下端切断、左右両辺割れ。
（32）×（8）×2　*6081*　*HE33*　七七次二五　*24*　樹種不明・板目

一一四六六　一□
（56）×（12）×2　*6081*　*HB27*　七七次イ一　*24*　ヒノキ科・柾目

上下両端折れ、左辺割れ、右辺削り。

二四六七　五口　6091　*HE35*　七七次二六　*24*

二四六八　千□　6091　*HE33*　七七次二五　*25*

二四六九　大足□　6091　*HE33*　七七次二五　*25*

二四七〇　大　6091　*HE33*　七七次二五　*25*

二四七一　大□□□　□　6091　*HE33*　七七次二五　*24*

二四七二　高□　6091　*HB31*　七七次イ四　*24*

二文字目は「良」または「浪」であろう。

一一四七三　壁□　6091 HB27　七七次イ一　24

一一四七四　呂　(108)×17×5　6039 HA31　七七次イ四　24　ヒノキ科・板目

上端折れ、下端・左辺割りか、右辺削り。下端左右に切り込みがある。人名のみを記す付札状木簡の可能性がある。

一一四七五・□□〔廣カ〕

・□　(37)×(16)×2　6081 HE33　七七次二五　24　ヒノキ科・板目

上下両端折れ、左辺削り、右辺割れ。

一一四七六　□□□〔佰カ〕□　6091 HE35　七七次二六　25

一一四七七　□□〔宿侍カ〕□　6091 HE35　七七次二六　25

二四七八　付色夫　*6091 HE33* 七七次二五 *25*

二四七九　連通　□　*6091 HE33* 七七次二五 *25*

二四八〇　中□□〔野カ〕　*6091 HE35* 七七次二六 *25*

二文字目は「等」「衛」などの可能性がある。

二四八一　□知□〔田カ〕　*6091 HE35* 七七次二六 *25*

二四八二　麻□　*6091 HE35* 七七次二六 *25*

二文字目は「継」または「綱」であろう。

二四八三　□〔屋カ〕
□　□　*6091 HE35* 七七次二六 *25*

一一四八四　□都□　6091 HE35 七七次二六 25

一一四八五　□信□　6091 HB31 七七次イ四 25

左辺は木簡の原形をとどめるか。一文字目は「石」「右」「君」などの可能性がある。

一一四八六　留□　6091 HE33 七七次二五 25

一一四八七　□□〔本カ〕　6091 HE35 七七次二六 25

一一四八八　□□〔常カ〕　6091 HE35 七七次二六 25

一一四八九　□□〔金麻カ〕□二□　(113)×23×3 6019 HE27 七七次二一 24 ヒノキ科・柾目

上端・左右両辺削り、下端折れか。

一一四九〇　□人□□三□　ミミミミミミ　6091 HE35 七七次二六 25

左辺は木簡の原形をとどめるか。

二四九一 □〔家ヵ〕□□　6091 HE35 七七次二六 25

二四九二 人□　6091 HE35 七七次二六 25

二四九三 〔嶋ヵ〕□□　6091 HE35 七七次二六 25

二四九四 □東　6091 HE35 七七次二六 25

二四九五 □□
□枛布　6091 HE33 七七次二五 25

横材の削屑。左行一文字目は「美」などの可能性がある。右行二文字目は「枛」となる可能性もあり、その場合は楓の異体字となる。

SB一八五〇〇建物（西楼）　6ABR

二四九六　□□〔公ヵ〕令史大夫宣者　126×30×2 *6011* *EE49* 三三七次二一 *26*
スギ＊・板目

上端切断、下端・左右両辺削り。左辺の上部は欠損。「令史」は、司・監・署の第四等官で、「大夫」は敬称であろう。その宣を伝える文書木簡の断片。

二四九七　□□□〔務省移ヵ〕□　*6091* *EE49* 三三七次二一 *26*

中務省が某官司へ宛てた移の木簡の削屑。

二四九八　□〔移ヵ〕中　*6091* *EE49* 三三七次二一 *26*

左辺は木簡の原形をとどめる可能性がある。某官司が中務省・中宮職・中衛府などへ宛てた移の木簡の削屑か。

二四九九　□〔移ヵ〕大蔵　*6091* *EE49* 三三七次二一 *26*

大蔵省宛ての移の木簡の削屑であろう。

一二五〇〇　□□□〔監物解カ〕　□〔申カ〕□□□　(138)×(5)×4　*6081　EEZ*　三三七次二一　*26*　スギ・板目

上下両端折れ、左右両辺割れ。「監物」は、中務省に属する品官。監物は、一二五四一～一二五四四にもみえ、いずれも文書木簡の削屑である可能性がある。

一二五〇一　□□〔馬カ〕司解　□〔申カ〕　(76)×(19)×4　*6081　ED49*　三三七次八一　*27*　ヒノキ科・柾目

上下両端折れ、左右両辺は上端に向かって二次的に細く削り出す。「馬司」は、兵部省所管の兵馬司で、兵馬司が発した解の文書木簡の断片であろう。

一二五〇二　□　□〔解カ〕申請□　*6091　EE49*　三三七次二一　*26*

解の文書木簡の削屑であろう。

一二五〇三　□□解　*6091　EE48,EE49*　三三七次二一　*27*

二文字目は、「謹」または「請」であろう。

一一五〇四　中□〔請カ〕　6091 EE49 三三七次二一 26

一一五〇五　□□〔申請カ〕　6091 EB54 三三七次二四 26

一一五〇六　□所請　6091 EE49 三三七次二一 26

一一五〇七　・衛門府　進鴨九翼　風速小月　大石小山　大豆人成
辟田麻呂　大市乎麻呂
・天平勝寶〔マヽ〕四月廿七日
202×22×3 6032 EA55 三三七次イ五 26
スギ・板目

四周削り。右辺の切り込みより上は欠損。材はごく薄い。衛門府からの鴨の進上状。「鴨」の字体は「鳴」である。「天平勝宝四月」は天平勝宝四年（七五二）四月を書き誤ったものと考えられる。誤記のため廃棄されたのであろうか。

一一五〇八　左衛士府□□□□事□□□　6091 ED49 三三七次八一 26

上端は木簡の原形をとどめる。左衛士府の発した文書木簡の削屑か。

二五〇九　□□〔守カ〕人成　合五人□□請

(192)×22×3 6019 ED49 三三七次ハ一 26 ヒノキ科・板目

上端二次的切断、下端は一部削りを残す、左右両辺削り。

二五一〇・東市司進上

□

・天平勝寶四

(98)×24×2 6039 EB55 三三七次イ五 28 ヒノキ科・柾目

切り込みより上の上部と右辺削り、下端二次的切断、左辺割れ。

二五一一・

従　□□〔乞カ〕

飯二升許乞　右　先日乞□□□□

□更下□〔訖カ〕「白」□〔外カ〕常食菜甚悪

・□□〔食薬カ〕末□〔醤カ〕

(224)×24×1 6019 EE49 三三七次二一 28 ヒノキ科・柾目

上端折れ、下端・左右両辺削り。「常食」は、日々朝夕に諸司に班給される食料。正倉院文書によると、米以外に塩・茄子・油・醤・小豆などが常食料と注記される。『平城宮木簡一』三ほか参照。

一一五一二　□升三合□□□〔嶋カ〕

上端折れ、下端・右辺削り、左辺割れ。

(109)×(14)×1　*6081*　*EEZ*　三三七次不明　ヒノキ科・板目　*29*

一一五一三　・北□〔門カ〕□〔津カ〕　秦　大□□〔伴部カ〕□□□□□
□□〔丈部カ〕□

・下謹申入給不者有

(196)×26×5　*6019*　*EE50,EE51*　三三七次二一　スギ・板目　*27*

上端・左右両辺削り、下端折れ。左右両辺の一部欠損。西宮兵衛木簡（『平城宮木簡一』九一〜一三四）と類似した記載内容をもつ。北門の警備に関わるものであろう。裏面は大振りの文字で記されている。

一一五一四　・北門己知　川原　高市　阿刀
日下　□野　川口　合七人

・数沓付此使　中嶋所

(318)×28×3　*6011*　*EE48*　三三七次二一　スギ・板目　*27*

上端切断、下端二次的切断、左右両辺削り。西宮兵衛木簡（『平城宮木簡一』九一〜一三四）と類似した記載内容をもつ。門の警備ないし「沓」の輸送に関わるものと推測され、食料支給に関わるものではない。天平勝宝年間に措定されることから、「中嶋所」の記載は注目される。「中嶋所」は、正倉院文書などにみえる中嶋院との関連が推測される。正倉院文書によると、同院は、天平九年（七三七）写経用紙注文（続々修四十三ノ一〈『大日古』七ノ九一〉）に初見し、天平宝字二年（七五八）までの史料に散見する。『扶桑略記』には「平城中嶋宮」なる記載もみえる（天平二十一年〈七四九〉正月十四日条）。法華寺の中に設けられた院とする理解が有力であるが、なお平城宮に関わる施設である可能性も否定できない。

一二五一五・□□□　丈部古□〔烈カ〕丈部真□　(199)×(9)×2　*6081*　*EE49*　三三七次二一　*28*　ヒノキ科・柾目

・□□〔烈カ〕丈部□□　□　麻呂　□

上下両端折れ、左右両辺割れ。「丈部真」は、「丈真麻呂」（一二五六七）と同一人物であろう。「烈」は列と同義で、一二三九五参照。

一二五一六・□□　□□〔多カ〕　□□□□　(116)×19×2　*6081*　*EB50*　三三七次イ二　*28*　スギ?・板目

・諸公　□□　右六人

上下両端折れ、左右両辺削り。

一一五一七・六□□〔月料カ〕
・　□

(170)×(9)×4 *6081* *EE49* 三三七次二一 ヒノキ＊・板目 *29*

上下両端折れ、左辺削り、右辺割れ。

一一五一八　此所不得小便

203×55×6 *6011* *EE50* 三三七次二二 ヒノキ科・板目 *29*

上下両端切断、左右両辺削り。表面の調整は粗い削りで、裏面も大型の工具で割ったままである。

一一五一九　天平十九年　(題籤軸)

(98)×19×5 *6061* *EE48* 三三七次二一 ヒノキ科・柾目 *29*

四周削り。軸部下端折れ。題籤部の長さは、五一㎜。

一一五二〇・安□〔農カ〕□□部里
・人阿斗部□五斗

(121)×16×4 *6011* *EE54* 三三七次二四 針葉樹・板目 *29*

上端は二次的切断か、下端・左右両辺削り。右辺の一部は破損。表面は、「安農郡阿止部里」となる可能性があり、その場合『和名抄』の伊勢国安濃郡跡部郷にあたる。この木簡のほか、一一五二一・一一五二四・一一五二三などは、もと整地土に廃棄された木簡が混入したものであろう。

二五二・□栗郡漆部里羽栗臣
・□俵　□
(115)×20×2　*6019*　*EC58*　三三七次ロ六　ヒノキ科・板目　*29*

上端折れか、下端・左右両辺削り。「栗郡」は、『和名抄』の尾張国葉栗郡にあたるか。但し、『和名抄』の尾張国葉栗郡に漆部郷はみえず不詳。

二五三・□〔参カ〕…国寶飯郡度□〔津カ〕郷豊川郷
・□…道守□〔私カ〕日置□□日置占部麻
(24＋99＋84)×(20)×1　*6081*　*EE49,EEZ*　三三七次二一＋不明　ヒノキ科・柾目　*30*

上下両端折れ、左辺割れ、右辺削り。『和名抄』によると、参河国宝飯郡に度津郷・豊川郷がみえる。

二五四・播□〔羅カ〕郡仕□〔丁カ〕
・養銭□〔六カ〕□
(69)×(19)×2　*6039*　*ED49*　三三七次八一　針葉樹・板目　*30*

上端・左辺削り、下端二次的切断、右辺二次的割り。「播羅郡」は、『和名抄』の武蔵国幡羅郡にあたる。仕丁の養銭の荷札の断片で、六百文と続くのであろう。

一一五二四・□□〔埼ヵ〕郡三江里守部
・□白米五斗

(126)×24×5 6039 ED57 三三七次八六 30 サワラ＊・板目

上端折れ、下端は削りで切り込みの先端を欠く、左右両辺丸く面取り状に削り。「三江里」は、『和名抄』の但馬国城埼（﨑）郡三江郷にあたるか。

一一五二五　隠伎国役道郡河内郷磯部黒□〔嶋ヵ〕

(84)×22×4 6039 EE49 三三七次二一 30 スギ・柾目

上端・左辺削り、下端二次的切断、右辺は切り込みの上と下端の一部のみ削り、切り込みより下の大部分割れ。切り込み部分に白く紐の痕跡が残る。「隠伎国役道郡河内郷」は、『和名抄』の隠岐国隠地郡河内郷にあたる。

一一五二六　隠伎国役道郡余戸郷大私部目代調短鰒六斤　天□〔平ヵ〕勝寶四年

209×23×6 6031 EE51 三三七次二二 30 ヒノキ科・柾目

四周削り。表面は、切り込み部分に白く紐の痕跡が残る。「隠伎国役道郡」は、『和名抄』の隠岐国隠地郡にあたる。

二五二七・□〔備ヵ〕前□〔国ヵ〕
・□〔五ヵ〕斗

(56)×31×4 *6081* *EA56* 三三七次イ五 *31* スギ＊・柾目

上下両端折れ、左右両辺削り。舂米の荷札の断片であろう。

二五二八・備中国哲多郡□〔乃ヵ〕□郷白米五斗
・□人白猪部身万呂

(225)×20×4 *6033* *EA55* 三三七次イ五 *32* ヒノキ科?・板目

四周削り。四周とも原形をとどめる部分が残るものの欠損部分が多い。「哲多郡乃□郷」は、『和名抄』によると、該当する可能性のある郷として、「額部〈乃倍〉」（高山寺本）と「野馳〈乃知〉」（大東急記念文庫蔵本）との両郷がみえるが、特定できない。

二五二九　安芸国賀茂郡白米五斗
「□」

170×29×7 *6031* *EA55* 三三七次イ五 *31* スギ・板目

四周削り。左辺の切り込みより上側のみ欠損。

二五三〇　大嶋村調果塩

138×19×3 *6031* *EE49* 三三七次二一 ヒノキ科・板目 *30*

四周削り。左辺の上部、右辺の上半、左右両辺の下端は欠損。「大嶋村」は周防国大島郡か。果は顆の省画。顆（果）塩は、袋入りもしくは布・紙・植物性編物などで包まれた堅塩を指すのであろう。正倉院文書によると、塩の助数詞「顆・果・尻」は、袋入りの堅塩を対象とするようであり、一顆＝三升、二升三合、一升五合など不定量とも解される。

二五三一・淡路国□□〔津名カ〕郡□馬郷　□□〔貢カ〕

・戸口同姓男調三斗勝賓四

(196)×38×7 *6039* *EE49* 三三七次二一 モミ属＊・板目 *31*

上端削り、下端折れ、左右両辺削りで切り込みの上を欠く。「淡路国津名郡□馬郷」は、『和名抄』の淡路国津名郡来馬郷にあたるか。

二五三二　阿波国那賀□〔郡カ〕□

150×14×6 *6033* *ED49* 三三七次八一 ヒノキ科・柾目 *30*

四周削り。「賀」より下部は表面が削り取られている。

二五三　□〔夜ヵ〕部上里□　(55)×21×6 *6081* *ED48* 三三七次八一 スギ・柾目 *30*

上下両端折れ、左右両辺削り。「夜部上里」は不詳。あるいは、『日本三代実録』にみえる「大和国高市郡夜部村」と関連するか（元慶四年〈八八〇〉十月廿日庚子条）。里名とすると嘉字二文字ではなく三文字で記す点で古相を示しており、あるいは整地土に含まれていた木簡の断片が、柱を抜き取る際などに混入したとも考えられる。

二五四　東梨原　梨百九十五果□　(334)×21×4 *6019* *EB56* 三三七次イ五 針葉樹＊・柾目 *32*

上端・左右両辺削り、下端折れ。「梨原」は、天平勝宝元年（七四九）十二月にみえる「宮南梨原宮」との関連が推測され（『続日本紀』同月戊寅是日条）、王家の離宮に付属する施設か。その所在地は平城京左京二条二坊とする説が有力であるが、梨原宮の後身の可能性が高い平安時代の内蔵寮領梨原荘、近衛府使宿所の梨原は、現在の奈良市内侍原町付近にあてる理解もある。

二五五　荷薪廿前寺　127×36×3 *6051* *EE49* 三三七次二一 スギ・板目 *33*

上端切断、下端・左右両辺削り。

一一五三六　□大戸多須麻呂　二荷

(156)×(37)×(4) *6081* *ED49* 三三七次ハ一 ヒノキ科・板目 *33*

上下両端折れ、左辺削り、右辺割れ。裏面は割ったまま。

一一五三七　納片児

96×20×4 *6033* *EB55* 三三七次イ五 モミ属＊・柾目 *33*

四周削り。「片児」は「諸児」（『平城木簡概報』三十一―三四頁上）に対するものか。

一一五三八　額田□

(83)×20×2 *6039* *EB50* 三三七次イ二 スギ・板目 *33*

上端・左右両辺削り、下端折れ。氏名だけを記した付札状木簡。SB七八〇二建物（東楼）からは、同様の木簡が複数出土しているが（一一四二一・一一四二三・一一四二七・一一四三一）、西楼からはこの一点のみである。

一一五三九　□□　□□〔宮カ〕　中務栗宮

(180)×(14)×2 *6081* *ED49* 三三七次ハ一 ヒノキ＊・板目 *32*

上端削り、下端二次的切断か、左辺二次的削りか、右辺割れ。「中務栗宮」は、中務卿栗栖王か。栗栖王は、中務卿の任官時期は不詳であるが、天平勝宝五年（七五三）十月七日薨。この時、従三位中務卿とみえる（『続日本紀』同月甲戌条）。

二五四〇　兵□〔部カ〕省　(154)×(19)×2　*6081*　*ED49*　三三七次八一　*33*　ヒノキ科・柾目

上端・左辺削り、下端折れ、右辺割れ。

二五四一　月監□〔物カ〕　*6091*　*EE49*　三三七次二一　*33*

二五四二　□〔監カ〕物　*6091*　*EE49*　三三七次二一　*33*

二五四三　□□〔監物カ〕　*6091*　*EE49*　三三七次二一　*33*

二五四四　□□〔監物カ〕□　*6091*　*EE49*　三三七次二一　*33*

二五四五　□式部位子少初位下糸君□〔益カ〕人　(160)×20×4　*6059*　*ED49*　三三七次八一　*33*　ヒノキ科・板目

上端は二次的切断か、下端・左右両辺削り。「糸君益人」は、天平宝字二年（七五八）十月二十五日仁部史生糸益人啓（正倉院文書続修四十九表〈『大日古』十四―二〇九〉）などの史料に散見し、この時、従八位上仁部省史生で写経生として写経所に出仕している。この木簡の人物と正倉院文書の人物が同一人物であるとすれば、五階級昇進していることとなる。

一一五四六　□□〔宮内ヵ〕　6091 EE49 三三七次二一 33

一一五四七　令史□　6091 EE49 三三七次二一 33

一一五五七と同一木簡の削屑か。

一一五四八　□衛〔兵ヵ〕　6091 EE49 三三七次二一 33

一一五四九と同一木簡の削屑か。

一一五四九　□□衛□　6091 EE49 三三七次二一 33

一一五四八と同一木簡の削屑か。二文字目は、「中」の可能性がある。

一一五五〇　□右兵庫　50×43×6 6011 EE49 三三七次二一 33 ヒノキ科・板目

上端・左右両辺削り、下端切断。役所名を記した木簡。孔が穿たれていることから、紐を通したか。

一二五一・□〔舎カ〕人□
・□□
(30)×(8)×2 6081 *EE49* 三二七次二一 *33*
ヒノキ科・板目

上下両端折れ、左右両辺割れ。

一二五二 □□□〔枚カ〕　受生史〔マヽ〕□
6091 EE49 三二七次二一 *33*

一二五三 廿一□日宿□〔衛カ〕
6091 EE49 三二七次二一 *33*

宿衛にあたった者を列挙した木簡の削屑であろう。

一二五四 □〔従カ〕五位下□□□
6091 EE49 三二七次二一 *34*

右辺は木簡の原形をとどめるか。

一一五五五　□従六位下□　*6091*　*EE49*　三三七次二一　*34*

一一五五六　□□正七位□〔下カ〕　*6091*　*EE49*　三三七次二一　*34*

一一五五七　□〔正カ〕八位下　*6091*　*EE49*　三三七次二一　*34*

一一五四七と同一木簡の削屑か。

一一五五八　□□〔従カ〕位下《ミ》都《ミ》□　*6091*　*EE49*　三三七次二一　*34*

直接つながらない二断片からなる。

一一五五九　・大初位下酒
少初位上□〔酒カ〕
・「□□」　(73)×34×4　*6019*　*EE49*　三三七次二一　*34*
ヒノキ科・板目

上端切断、下端折れ、左右両辺削り。

一二五六〇　□〔位カ〕上小治□〔田カ〕□□　6091 *EE49* 三三七次二一 *34*

一二五六一　□〔上カ〕紀□〔朝カ〕　6091 *EE49* 三三七次二一 *34*

一二五六二　□□□〔朝臣カ〕　6091 *EE49* 三三七次二一 *34*

一二五六三　・□□〔石部カ〕
・□□□〔部カ〕　(44)×(15)×2 6081 *EEZ* 三三七次不明 *34* ヒノキ科・柾目

上下両端折れ、左辺削り、右辺割れ。ほかに同一木簡の断片が六点あるが、いずれも釈読できず、直接接続しない。

一二五六四　□〔凡カ〕真公　6091 *EE48* 三三七次二一 *34*

一一五六五・□　□□万呂
□刑部□〔鯛カ〕麻呂
・　□□□

148×36×3　6011　EE51　三三七次二一　34
ヒノキ科・板目

上端切断、下端切断の後粗い削り、左右両辺削り。右辺上部・下部はそれぞれ欠損。

一一五六六　日□〔下カ〕

6091　EE49　三三七次二一　34

一一五六七　丈真麻呂
□　□□

6091　EE49　三三七次二一　34

上端および左辺は木簡の原形をとどめる。「丈真麻呂」は、「丈部真」（一一五一五）と同一人物であろう。

一一五六八　丈部

6091　EE49　三三七次二一　34

右辺は木簡の原形をとどめるか。

一一五六九　□□〔丈部カ〕□

6091　EE49　三三七次二一　34

二五七〇　□□〔丈部カ〕　6091 EE49 三三七次二一 34

右辺は木簡の原形をとどめる。

二五七一　□□　□□□〔丈部カ〕　6091 EE49 三三七次二一 34

右辺の大部分は木簡の原形をとどめる。

二五七二　□物部人□　6091 EE49 三三七次二一 34

二五七三　□〔宿カ〕祢牛□〔足カ〕　6091 EE49 三三七次二一 35

二五七四　直□

□□□〔嶋カ〕　6091 EE49 三三七次二一 35

二五七五　□直□□〔嶋カ〕　6091 EE49 三三七次二一 35

一一五七六　部塩麻「□」（重書）　6091 EE49 三三七次二一 35

左辺は木簡の原形をとどめるか。

一一五七七　□田連道□　6091 EE48 三三七次二一 35

右辺は木簡の原形をとどめるか。

一一五七八　国勝　6091 EE49 三三七次二一 35

一一五七九　□男　6091 EE48 三三七次二一 35

一一五八〇　・［　　　　］□〔所カ〕□

・□□直「麻呂」□　□□□　(275)×(17)×2 6081 EE49 三三七次二一 36 ヒノキ科・柾目

上端・右辺削り、下端折れ、左辺割れ。

二五八一　□〔奈カ〕癸古□〔万カ〕　6091 EE49 三三七次二一 35

右辺は木簡の原形をとどめるか。

二五八二　□廣□〔足カ〕　6091 ED48 三三七次八一 35

右辺は木簡の原形をとどめるか。

二五八三　廣道　6091 EE49 三三七次二一 35

二五八四　□廣　6091 EE49 三三七次二一 35

二五八五　麻呂　6091 EE49 三三七次二一 35

二五八六　・□□〔麻呂カ〕

・［　　　　］　(62)×(8)×2 6081 EE49 三三七次二一 35

ヒノキ科・柾目

上下両端二次的切断、左右両辺割れ。

一一五八七　麻□〔呂カ〕　6091　EE49　三三七次二一　35

一一五八八　□□□〔麻呂カ〕　(38＋25)×(18)×2　6081　EEZ　三三七次不明　35　ヒノキ科・柾目

上端折れ、下端折れか、左辺割れ、右辺削り。同一木簡の二片の断片からなり、麻と呂との間は中間欠で直接接続しない。

一一五八九　□吉男　6091　EE49　三三七次二一　35

一一五九〇　□〔河カ〕内□□　6091　EE48　三三七次二一　35

一一五九一　尾張　6091　EE49　三三七次二一　35

一一五九二　尾□〔張カ〕　6091　EE49　三三七次二一　35

二五九三　丹後国□

6091 EE48 三三七次二一 35

二五九四　□□〔郡大カ〕

6091 EE49 三三七次二一 35

二五九五　□　天平勝寳五年十一月

右辺は木簡の原形をとどめるか。

6091 EE49 三三七次二一 35

二五九六　天平勝寳五年

6091 ED49 三三七次八一 35

二五九七　□□□□〔年五月五カ〕

6091 EE49 三三七次二一 35

二五九八　□日□

6091 EE49 三三七次二一 35

二五九九　・米七升二合　左右

・一石八斗三升□

(96)×(24)×2 6081 EB55 三三七次イ五 37

ヒノキ科?・柾目

上端・左辺削り、下端二次的削り、右辺割れ。

一一六〇〇　□□米二　　6091　EE49　三三七次二一　37

一一六〇一　□三石□　　(51)×(26)×2　6081　EB55　三三七次イ五　37　ヒノキ＊・柾目

上端折れ、下端切断、左辺割れ、右辺削り。

一一六〇二　升四合　　6091　EE49　三三七次二一　37

右辺は木簡の原形をとどめるか。

一一六〇三　□塩　　6091　EE49　三三七次二一　37

一一六〇四　□□〔塩カ〕　　6091　EE49　三三七次二一　37

一一六〇五　□□玖人　　6091　EE49　三三七次二一　37

二六〇六　□丈　6091 EE49 三三七次二一 37

二六〇七　□五□　6091 ED49 三三七次八一 37

二六〇八　□□〔五カ〕□　6091 EE49 三三七次二一 37

二六〇九　□〔六カ〕　6091 EE49 三三七次二一 37

二六一〇　十六　6091 EE49 三三七次二一 37

二六一一　□〔佰カ〕　6091 EE49 三三七次二一 37

二六一二　行少　6091 EE49 三三七次二一 37

官人の歴名簡の削屑で、「少」ではじまる官職の上に、官位不相当を示す「行」を記したものか。

一一六一三
日父母□□
「□□□」
一一六一四と同一木簡の削屑であるが、直接接続しない。
6091 EE48 三三七次二一 35

一一六一四
〔母ヵ〕
□身
「□□」

一一六一三と同一木簡の削屑であるが、直接接続しない。

6091 EE48 三三七次二一 35

一一六一五・道道道道道蒙蒙
道道
・木木□木八□
調蒙　蒙□　（表裏トモ重書）
上端・左右両辺削り、下端折れ。左辺の大部分は欠損。
(170)×31×3 6019 EE51 三三七次二一 37
スギ＊・板目

二六一六・

天天天
天天天
天天天□

・天天

上端切断、下端折れ、左右両辺削り。左下部は欠損。

(69)×40×6 *6019* *EE49* 三三七次二一 ヒノキ科・板目 *37*

二六一七・部部部

・□□於於

上端二次的切断、下端切断、左右両辺削り。裏面はすべて「於」の習書か。

(69)×23×2 *6081* *EE49* 三三七次二一 針葉樹・板目 *37*

二六一八・丈部□□□〔部ヵ〕□　丈部□

・　□

上端切断、下端削りか、左辺二次的削り、右辺削り。

(224)×(15)×4 *6011* *EE48* 三三七次二一 ヒノキ科・板目 *36*

二六一九　道□□進進道道

(98)×(10)×5 *6081* *EE49* 三三七次二一 ヒノキ科・板目 *36*

上端切断、下端折れ、左辺二次的割りまたは割れ、右辺削り。

一一六二〇・□□□准□□
・□□〔嶋嶋カ〕□□　(79)×(18)×2 *6081* *EE48* 三三七次二一 *36*
ヒノキ科・柾目

上下両端折れ、左右両辺割れ。

一一六二一　□嶋嶋□　*6091* *EE49* 三三七次二一 *36*

一一六二二　□〔安カ〕□□〔君カ〕
□嶋　*6091* *EE49* 三三七次二一 *36*

一一六二三・□
・成□〔成カ〕　(70)×(25)×1 *6081* *EE49* 三三七次二一 *36*
ヒノキ科・板目

上端削り、下端二次的切断、左右両辺割れ。表面は、「若」の可能性がある。

一一六二四　□□〔月月カ〕　6091　EE49　三三七次二一　36

一一六二五　□〔戌カ〕□□
□□〔斗カ〕道道　6091　EE49　三三七次二一　36

二行目の一文字目も「斗」と同じ方向の文字。

一一六二六　中宮　6091　EE49　三三七次二一　38

一一六二六〜一一七〇は、いずれも柾目の削屑で筆跡は細かく端正。木目の状況や筆跡からみて、同一木簡もしくは一連の木簡の削屑であろう。大型の歴名木簡の削屑と推測されるが、不詳。等間隔に三本、少しおいて一本の刻線を引き、文字の書き出しを分け揃える。人名・人数・配置先・勤務状況などを列挙する。

一一六二七　中宮　6091　EE49　三三七次二一　38

一一六二八　┆中┆衛┆八十五□〔人カ〕　6091　EE49　三三七次二一　38

二六二九　番長
正　6091　EE49　三三七次二一　38

二六三〇　散卌七人□□□□六十一人□〔他カ〕番　6091　EE49　三三七次二一　38

二六三一　人当番　6091　EE49　三三七次二一　38

二六三二　□〔人カ〕当番　6091　EE49　三三七次二一　38

二六三三　一人　御田作所［　　］　6091　EE49　三三七次二一　38

二六四　四人臥□〔病カ〕　6091　EE49　三三七次二一　38

二六三五　□□〔成カ〕
□
□賀　6091　EE49　三三七次二一　38

一六三六　従七位下　6091 EE49 三三七次二一 38

一六三七　正八□〔位カ〕　6091 EE49 三三七次二一 38

一六三八　従八位上　□□□　6091 EE49 三三七次二一 38

一六三九　八位上□
□　6091 EE49 三三七次二一 38

一六四〇　従八位下大伴□　6091 EE49 三三七次二一 38

一六四一　従八位下額田嶋守
少初位上羽咋佐祢比等　6091 EE49 三三七次二一 38

一六四二　大初位上凡河内益国　6091 EE49 三三七次二一 38

一一六四三　大┆初位□　6091　EE49　三三七次二一　38

一一六四四　大┆初位　6091　EE49　三三七次二一　38

一一六四五　大┆初位　6091　EE49　三三七次二一　38

一一六四六　┆少┆初位□　6091　EE49　三三七次二一　38

一一六四七　少初位下勲十等伊福　6091　EE49　三三七次二一　38

一一六四八　初位下占部豊庭　6091　EE49　三三七次二一　39

一一六四九　位上　6091　EE49　三三七次二一　38

一一六五〇　□□□〔位上カ〕　6091　EE49　三三七次二一　38

二六五一　位下高田荒海　6091 EE49 三三七次二一 39

二六五二　下丹波若麻呂　6091 EE49 三三七次二一 39
□

二六五三　□位下□〔神カ〕　6091 EE49 三三七次二一 38
一文字目は、「六」または「八」の可能性がある。

二六五四　--无□〔位カ〕伯耆廣君　6091 EE49 三三七次二一 39
直接つながらない二断片からなる。

二六五五　无位生　6091 EE49 三三七次二一 39

二六五六　--无位　6091 EE49 三三七次二一 39

一一六五七　无□〔位カ〕　6091　EE49　三三七次二一　39

一一六五八　県主加須美　6091　EE49　三三七次二一　39

一一六五九　県□□　6091　EE49　三三七次二一　39

一一六六〇　…浅井　6091　EE49　三三七次二一　39

一一六六一　□
葦原　6091　EE49　三三七次二一　39

一一六六二　廬原　6091　EE49　三三七次二一　39

一一六六三　海□　6091　EE49　三三七次二一　39

二六六四 ・ 榎本□□〔嶋ヵ〕 6091 EE49 三三七次二一 39

上端は木簡の原形をとどめるか。「榎本」連は、『新撰姓氏録』左京神別にみえる。正倉院に残る天平勝宝八歳（七五六）十月の調橡絁残欠墨書銘によると、紀伊国名草郡に戸主榎本連真坂がみえ、主当郡司擬少領少初位上榎本連千嶋の署判もみえる（松嶋順正編『正倉院寶物銘文集成』）。この人物は、天平神護元年（七六五）の紀伊行幸に際して稲二万束を献じた前名草郡少領榎本連千嶋と同一人物であろう（『続日本紀』十月己卯条）。

二六六五 迊瑳犬 □ □ 6091 EE49 三三七次二一 39

二六六六 ・ 位凡高 ・ 贄兄人 6091 EE49 三三七次二一 39

二六六七 大伴部五百山 □人荒当 6091 EE49 三三七次二一 39

二六六八 ・ ・ 大伴部牛麻呂（刻線部分ニ異筆ノ墨痕アリ） 6091 EE49 三三七次二一 39

上端は木簡の原形をとどめるか。

一一六六九　刑部成□〔山カ〕　6091　EE49　三三七次二一　39

一一六七〇　□他田国足　6091　EE49　三三七次二一　39

一一六七一　---　---　大神大虫　6091　EE49　三三七次二一　39

一一六七二　---　鴨　6091　EE49　三三七次二一　39

一一六七三　-----　-----　-----　□川□〔相カ〕　6091　EE49　三三七次二一　39

右辺は木簡の原形をとどめるか。

一一六七四　紀　6091　EE49　三三七次二一　39

二六七五　□　日下部麻呂　6091　EE49　三三七次二一　39

二六七六　椋椅部豊庭　6091　EE49　三三七次二一　39

二六七七　許曽倍大魚　6091　EE49　三三七次二一　40

二六七八　佐伯　6091　EE49　三三七次二一　40

二六七九　□□〔佐伯カ〕　6091　EE49　三三七次二一　40

二六八〇　□〔伯カ〕国成　6091　EE49　三三七次二一　40

二六八一　□〔佐カ〕□部□□〔麻呂カ〕　6091　EE49　三三七次二一　40

一一六八二　白髪部猨
葛原□
6091 *EE49* 三三七次二一 *40*

一一六八三　□□□□〔髪部カ〕〔養カ〕
□贄□〔道カ〕
6091 *EE49* 三三七次二一 *40*

一一六八四　前部足人
□□
6091 *EE49* 三三七次二一 *40*

「前部」は『新撰姓氏録』にはみえないが、高句麗の行政区画である五部の一つを姓としたものか。『続日本紀』によると、天平宝字五年（七六一）三月、前部高文信に福当連、前部白公らに御坂連、前部選理らに柿井造、前部安人に御坂造を、神護景雲元年（七六七）三月に、前部虫麻呂に広篠連をそれぞれ賜姓したとみえる（天平宝字五年三月庚子条、神護景雲元年三月庚午条）。

一一六八五　田部弟麻呂
6091 *EE49* 三三七次二一 *40*

一一六八六　丈
6091 *EE49* 三三七次二一 *40*

二六八七　秦　*6091*　*EE49*　三三七次二一　*40*

二六八八　□秦人□　*6091*　*EE49*　三三七次二一　*40*

二六八九　檜　*6091*　*EE49*　三三七次二一　*40*

二六九〇　□〔品カ〕遅部□　*6091*　*EE49*　三三七次二一　*40*

四文字目は、「老」などの可能性がある。

二六九一　□〔神〕□〔人カ〕□　*6091*　*EE49*　三三七次二一　*40*

二六九二　--身人部□　*6091*　*EE49*　三三七次二一　*40*

二六九三　--水取立麻呂　*6091*　*EE49*　三三七次二一　*40*

一一六九四　物部伯耆□〔刀カ〕授　6091 EE49 三三七次二一 40

一一六九五　物部佐久米　雀
□□□　6091 EE49 三三七次二一 40

一一六九六　・・・丸子人君　6091 EE49 三三七次二一 40

一一六九七　部東□　6091 EE49 三三七次二一 40

一一六九八　部国麻　6091 EE49 三三七次二一 40

一一六九九　部家□〔足カ〕　6091 EE49 三三七次二一 40

一一七〇〇　都豊人　6091 EE49 三三七次二一 40

二七〇一　□〔浪カ〕苑足　6091 EE49 三三七次二一 40

二七〇二　□荒□〔海カ〕　6091 EE49 三三七次二一 41

二七〇三　□　□〔糸カ〕麻呂　6091 EE49 三三七次二一 41

二七〇四　稲　□鷹□　6091 EE49 三三七次二一 41

二七〇五　□〔牛カ〕養　6091 EE49 三三七次二一 41

二七〇六　弟人　6091 EE49 三三七次二一 41

二七〇七　□　□大継　6091 EE49 三三七次二一 41

二七〇八　笠□　*6091*　*EE49*　三三七次二一　*41*

二七〇九　浄足　*6091*　*EE49*　三三七次二一　*41*

二七一〇　□嶋麻呂　*6091*　*EE49*　三三七次二一　*41*

二七一一　田井人
「□」（重書）　*6091*　*EE49*　三三七次二一　*41*

二七一二　多米□□□　*6091*　*EE49*　三三七次二一　*41*

二七一三　□治□〔筑カ〕波麻　*6091*　*EE49*　三三七次二一　*41*

二七一四　□〔継カ〕成　*6091*　*EE49*　三三七次二一　*41*

一一七一五　津嶋　6091　EE49　三三七次二一　41

一一七一六　□ □主守　6091　EE49　三三七次二一　41

一一七一七　□□廣足　6091　EE49　三三七次二一　41

一一七一八　廣津　6091　EE49　三三七次二一　41

一一七一九　廣道　6091　EE49　三三七次二一　41

一一七二〇　□□〔人カ〕益人　6091　EE49　三三七次二一　41

一一七二一　麻呂　6091　EE49　三三七次二一　41

一一七二二　□〔麻カ〕呂　6091　EE49　三三七次二一　41

一一七二三　□麻呂　*6091 EE49* 三三七次二一 *41*

一一七二四　□宗□〔好カ〕　*6091 EE49* 三三七次二一 *41*

一一七二五　弥高　*6091 EE49* 三三七次二一 *41*

一一七二六　大養　*6091 EE49* 三三七次二一 *41*

一一七二七　□〔佐カ〕貴　*6091 EE49* 三三七次二一 *41*

一一七二八　□阿那□　*6091 EE49* 三三七次二一 *41*

「阿那」は、『和名抄』の近江国坂田郡阿那郷にあたるか。あるいは、「阿奈」（**一一九一九**）と同じく氏の可能性もある。

二七二九　□□〔豊前カ〕　6091 EE49 三三七次二一 41

二七三〇　天平□〔勝カ〕　6091 EE49 三三七次二一 41

二七三一　右八十九　6091 EE49 三三七次二一 41

二七三二　一人□□〔他カ〕　6091 EE49 三三七次二一 41

二七三三　二人下□　6091 EE49 三三七次二一 41

二七三四　十四人□　6091 EE49 三三七次二一 41

二七三五　□〔五カ〕　6091 EE49 三三七次二一 41

二七三六　五十　6091 EE49 三三七次二一 41

二七六五と同一木簡の削屑で、接続する可能性がある。

二七三七　高□　6091　EE49　三三七次二一　41

二七三八　□〔臣ヵ〕□　6091　EE49　三三七次二一　42

二七三九　部□　6091　EE49　三三七次二一　42

二七四〇　部　6091　EE49　三三七次二一　42

二七四一　□〔部ヵ〕　6091　EE49　三三七次二一　42

二七四二　□有度□　6091　EE49　三三七次二一　42

二七四三　□八綱　6091　EE49　三三七次二一　42

二七四四　□首□　6091 EE49 三三七次二一 42

二七四五　□新□　6091 EE49 三三七次二一 42

二七四六　□□持　6091 EE49 三三七次二一 42

二七四七　大□　6091 EE49 三三七次二一 42

二七四八　□〔大ヵ〕□　6091 EE49 三三七次二一 42

二七四九　□〔少ヵ〕　6091 EE49 三三七次二一 42

二七五〇　右　6091 EE49 三三七次二一 42

二七五一　右　6091 EE49 三三七次二一 42

二七五二　□〔右カ〕　6091　EE49　三三七次二一　42

二七五三　山　6091　EE49　三三七次二一　42

二七五四　本　6091　EE49　三三七次二一　42

二七五五　奈　6091　EE49　三三七次二一　42

二七五六　□〔勝カ〕　6091　EE49　三三七次二一　42

二七五七　嶋　6091　EE49　三三七次二一　42

二七五八　□〔嶋カ〕　6091　EE49　三三七次二一　42

二七五九　□足　6091　EE49　三三七次二一　42

二七六〇　足□　6091 EE49 三三七次二一 42

二七六一　□〔足カ〕　6091 EE49 三三七次二一 42

二七六二　□□〔麻カ〕　6091 EE49 三三七次二一 42

二七六三　豊　6091 EE49 三三七次二一 42

二七六四　人□　6091 EE49 三三七次二一 42

二七六五　人　6091 EE49 三三七次二一 42

二七三六と同一木簡の削屑で、接続する可能性がある。

二七六六　□〔人カ〕　6091 EE49 三三七次二一 42

一一七六七　□〔人カ〕　6091 EE49 三三七次二一 42

一一七六八　□〔弓カ〕　6091 EE49 三三七次二一 42

一一七六九　□〔矢カ〕　6091 EE49 三三七次二一 42

一一七七〇　□〔野カ〕　6091 EE49 三三七次二一 42

一一七七一　向□　6091 EE49 三三七次二一 42

一一七七二　井　6091 EE49 三三七次二一 42

一一七七三　□縄　6091 EE49 三三七次二一 42

一一七七四　□〔定カ〕　6091 EE49 三三七次二一 42

二七七五　□〔番カ〕　6091　EE49　三三七次二一　42

二七七六　久□　6091　EE49　三三七次二一　42

二七七七　若　6091　EE49　三三七次二一　42

二七七八　続　6091　EE49　三三七次二一　42

二七七九　難　6091　EE49　三三七次二一　42

二七八〇　---□〔桑カ〕　6091　EE49　三三七次二一　42

二七八一　□□〔監カ〕　6091　EE49　三三七次二一　43

一一七八二　□□〔寺カ〕□

6091　EE49　三三七次二一　43

一一七八三・南□□
・□□

上下両端折れ、左右両辺割れ。

(49)×(23)×1　6081　EE49　三三七次二一　43
ヒノキ科・柾目

一一七八四　部□

6091　EE49　三三七次二一　43

一一七八五　□部（他ニモ墨痕アリ）

6091　EE49　三三七次二一　43

一一七八六・□□〔部カ〕
・□□

上下両端折れ、左辺削り、右辺割り。

(27)×(17)×1　6081　EEZ　三三七次不明　43
ヒノキ科・柾目

二七八七　□所□
□
6091 ED48 三三七次ハ一 43

二七八八　□□□〔道カ〕
6091 EE49 三三七次二一 43

二七八九　大□
6091 EE49 三三七次二一 43

二七九〇　□〔大カ〕□
上下両端二次的切断、左辺二次的割りか、右辺削り。
(41)×(10)×3 6081 EA48 三三七次ロ一 43
ヒノキ科・柾目

二七九一　□□〔右カ〕
6091 EE49 三三七次二一 43

二七九二　□〔嶋カ〕
6091 EE49 三三七次二一 43

二七九三　□〔受カ〕
6091 EE49 三三七次二一 43

一一七九四　□□〔麻カ〕　6091　EE49　三三七次二一　43

一一七九五　□国　6091　EE49　三三七次二一　43

一一七九六　□〔遠カ〕　6091　EE49　三三七次二一　43

一一七九七　□〔進カ〕　6091　ED49　三三七次八一　43

一一七九八・日　□
□
・□□
(17)×(57)×3　6081　EB55　三三七次イ五　43
スギ・板目

上下両端折れ、左右両辺割れ。ほかに同一木簡の断片があるが、接続しない。

一一七九九　□丈
□部　6091　EE49　三三七次二一　43

直接つながらない二断片からなる。

二八〇〇 □　嶋　6091 EE49 三三七次二一 43

二八〇一 □〔勅カ〕　6091 EE49 三三七次二一 43

二八〇二 □〔者カ〕　6091 EE49 三三七次二一 43

SA三七七七塀　6ABR

二八〇三 六　（刻書）　(1193)×径414 6061 MR20 四一次 44
コウヤマキ（保存処理済）・丸材（心持）

SA三七七七塀の南から八番目の柱穴から出土した柱根。刻書のほかに、下端木口面に墨線がある。

SD五五六三溝

6ABE

一一八〇四　卯五十七　（刻書）
八十　（刻書）
(6280)×径405　6061　QI21〜QI23　四一次45
コウヤマキ（保存処理済）・丸柱

柱を転用した木樋暗渠。筏穴の痕跡があり、その上方に「八十」の刻書があるほか、間渡穴4と5との中間に「卯五十七」の刻書がある。卯（東）の五十七番目の柱の意味か。十二支で方向を示す例であろう。

一一八〇五　八十　（刻書）
(7304)×径440　6061　QI19〜QI21　四一次45
コウヤマキ（保存処理済）・丸柱

柱を転用した木樋暗渠。筏穴の痕跡があり、その上方に「八十」の刻書がある。ほぼ全長を残しており、地下に約二m埋めた棟高約五・五mの土壁つきの掘立柱塀の柱と推定される。『平城報告XI』は、平城宮中央区朝堂院の東面掘立柱塀の可能性を指摘するが、近年は藤原宮大垣の部材を転用したとする見方が有力である。

SE九二一〇井戸

二八〇六　北下一

2478×220×94 *7061* *AP27* 一一七次 *46*
ヒノキ（保存処理済）・柾目

以下二八二三までは、井戸枠外面のほぼ中央部に記された墨書番付。番付は各面の方位と下からの段数を組み合わせたもので、外側から向かって右を天となるように文字を記し、北面では、最下段から「北下一」「北一」「北二」「北三」となる。下から一段目（二八〇六～二八〇九）と三段目（二八一四～二八一七）は板材が用いられ、全体をチョウナで削った加工痕跡が残る。

二八〇七　東下一

2488×218×102 *7061* *AP27* 一一七次 *46*
ヒノキ（保存処理済）・板目

二八〇八　南下一
（記号）

2473×221×100 *7061* *AP27* 一一七次 *46*
ヒノキ（保存処理済）・板目

二八〇九　西□下一

2489×210×104 *7061* *AP27* 一一七次 *46*
ヒノキ（保存処理済）・板目（心持）

二八一〇　北一

2593×184×165 *7061* *AP27* 一一七次 *47*
ヒノキ（保存処理済）・四つ割材（心去）

北面下から二段目の井戸枠外面の墨書番付。下から二段目（二八一〇～二八一三）と四段目（二八一八～二八二二）は、三角形の角を面取りした断面不整六角形の校木が用いられている。校木の外面は風蝕しており、番付の部分のみあらたに削りなおして墨書している。校木の一部に焼痕が残るため、火災に遭った校倉の部材のうち、比較的焼損の少ないものを選び井戸枠に転用したのであろう。

一一八一二　東一

2604×189×152 *7061* *AP27* 一一七次 *47*
ヒノキ（保存処理済）・四つ割材（心去）

一一八一三　南一

2588×184×165 *7061* *AP27* 一一七次 *47*
ヒノキ（保存処理済）・四つ割材（心去）

一一八一四　西一

2579×191×163 *7061* *AP27* 一一七次 *47*
ヒノキ（保存処理済）・四つ割材（心去）

一一八一五　北二

北面下から三段目の井戸枠外面の墨書番付。

2593×240×73 *7061* *AP27* 一一七次 *48*
ヒノキ（保存処理済）・板目

一一八一六　東二

2512×241×77 *7061* *AP27* 一一七次 *48*
ヒノキ（保存処理済）・板目

一一八一七　南二

2568×238×66 *7061* *AP27* 一一七次 *48*
ヒノキ（保存処理済）・板目

二八一七　西二

2570×230×65 *7061* *AP27* 一一七次 *48*
ヒノキ（保存処理済）・板目

二八一八　北三

2611×173×164 *7061* *AP27* 一一七次 *49*
ヒノキ（保存処理済）・四つ割材（心去）

北面下から四段目の井戸枠外面の墨書番付。

二八一九　東三

2560×160×159 *7061* *AP27* 一一七次 *49*
ヒノキ（保存処理済）・四つ割材（心去）

二八二〇　南□〔三カ〕

2588×173×156 *7061* *AP27* 一一七次 *49*
ヒノキ（保存処理済）・四つ割材（心去）

二八二一　西三

2586×178×161 *7061* *AP27* 一一七次 *49*
ヒノキ（保存処理済）・四つ割材（心去）

二八二二　・道□□□
　　道請□□
・□□　□□

(278)×最大径26.5 *7065* *AP27* 一一七次 *44*
シキミ・丸木

上端二次的切断、下端切断、左右両辺は削り（面取り）。加工棒状木製品。

SD三七六五溝　6ABE・6ABW・6ABX

一一八二三　□〔請カ〕乞以前等三物□□〔謹カ〕解　6091 MF16 四一次 50

一一八二四・□□忍麻呂□　「更科郡」
・「謹人□　謹□」　(140)×(12)×4 6081 MF16 四一次 50 ヒノキ科・板目

上端折れ、下端二次的切断、左右両辺二次的削り。表面は文書木簡の断片か。「更科郡」は、『和名抄』の信濃国更級郡にあたる。表面六文字目は、「前」「首」などの可能性がある。裏面は習書か。

一一八二五　□〔辞カ〕　6091 BG54 一五〇次 50

一一八二六・□□〔臣カ〕酒人宿祢□　日佰伍拾壱 □□拾□
・　□□　(156)×(14)×5 6081 AJ54 一七一次 50 ヒノキ科・板目

上下両端折れ、左辺割れ、右辺削り。「中臣酒人宿祢」となる可能性がある。中臣「酒人宿祢」は、『新撰姓氏録』左京神別にみえる。

二八二七　一之郡末滑海□　(82)×17×4 *6039* *ML16* 四一次 *50*
針葉樹・板目

上端・左右両辺削り、下端折れ。「一之郡」は、『和名抄』の伊勢国壱志郡にあたる。「末滑海藻」（カチメ）の付札。

二八二八　□少志佐伯　*6091* *BG54* 一五〇次 *50*

「少志」は、衛府の第四等官。

二八二九　「□□□」大初位下□　(108)×(10)×5 *6081* *BP54* 一七一次 *50*
ヒノキ科・板目

上端二次的削り、下端折れ、左右両辺割れ。

二八三〇　和銅□　*6091* *ML16* 四一次 *50*

二八三一　□〔廿カ〕七日□□〔少カ〕　*6091* *BG54* 一五〇次 *50*

一八三二　□一人□使一人　6091 BE54 一五〇次 50

四文字目は後で補っている。

一八三三　洗磨□　6091 MF16 四一次 50

一八三四　□大角　6091 BG54 一五〇次 50

一八三五　□〔呂カ〕　6091 BH54 一五〇次 50

一八三六　□〔弓カ〕　6091 BH54 一五〇次 50

SK五五三五土坑

6ABE

二八三七　霊亀元年九月　(151)×(16)×4 *6081 PE09* 四一次*51*　ヒノキ＊・柾目

上端折れ、下端切断、左右両辺二次的削り。和銅八年（七一五）は九月二日の改元により霊亀元年となった（『続日本紀』同月庚辰条）。二八三八と同筆とみられることからすれば、新年号を記した習書木簡の断片である可能性がある。

二八三八　霊　(30)×(15)×4 *6081 PE09* 四一次*51*　樹種不明・柾目

上下両端折れ、左右両辺割れ。二八三七と同筆。本来は同一木簡の断片であろうが、接続しない。

二八三九・□人□以□村□
・□□　□　□　(233)×(21)×14 *6081 PE09* 四一次*51*　ヒノキ科・柾目

上端二次的切断、下端・右辺削り、左辺二次的削り。表面三文字目と五文字目は、「没」または「役」であろう。二八四〇と同筆で同一木簡の断片であろうが接続しない。

一八四〇・海部□〔首ヵ〕□□
・□
(235)×(14)×17　6081　PE09　四一次　51
ヒノキ科・柾目
上端切断、下端折れ、左辺削り、右辺二次的削り。一八三九と同筆で同一木簡の断片であろうが接続しない。

一八四一　□　□□〔天天ヵ〕
6091　PE09　四一次　51

一八四二　□〔物ヵ〕□
二文字目も「物」の可能性がある。
6091　PE09　四一次　51

一八四三　［　　　］三□
6091　PE09　四一次　51

ＳＤ三七一五溝・ＳＸ八四一一堰状遺構

6ABE・6ABF・6ABG・6ABH・6ABI・6ABJ・6ABL・6ABR・6ABS・6ABT・6ABU・6ABV・6ABW・6ABY

二八四四　衛府奏

6091 PC09　四一次　52

二八四五　□□□□□□〔左右兵庫宿奏カ〕　□□　□　□

(326)×(14)×2　6081 PD09　四一次　53　ヒノキ科・柾目

上端削り、下端裏面剥離により不詳、左辺二次的削り、右辺二次的割り。

二八四六　民部省移

6091 AL47　一四〇次　52

二八四七・□衛府移　中衛府　一番正八位下□□□□〔賀茂カ〕
・□仍故移

(192)×(11)×3　6081 MH09　四一次　52　ヒノキ科・柾目

上下両端折れ、左辺割れ、右辺削り。兵衛・外衛もしくは近衛の編成を記して中衛府に連絡したものか。「中衛府」は、神亀五年（七二八）に設置され（狩野文庫本『類聚三代格』巻四　廃置諸司事、神亀五年七月二十一日勅。『続日本紀』神亀五年八月甲午是日条）、大同二年（八〇七）に右近衛府に改められた（狩野文庫本『類聚三代格』巻四　廃置諸司事、大同二年四月二十二日詔）。『延喜式』などによると、行夜や宮内各所の警備について近衛と兵衛が共同して行なうことが記されている。『令集解』によると、「持時行夜。謂一夜二分番上以上以番巡行也」とあり（宮衛令開閉門条古記）、夜警の二交替制がよみとれる。

一一八四八　右兵衛府移中衛府

6091 MI09 四一次 *52*

上端は木簡の原形をとどめる。右兵衛府から中衛府に送った移の木簡の削屑。

一一八四九・外衛府□〔移カ〕

・□□□□〔竹野臣足カ〕

(102)×(3)×6 *6081 PC09* 四一次 *52*
ヒノキ属＊・板目

上端削り、下端折れ、左辺割れ、右辺二次的削り。外衛府からほかの官司に送った移の木簡の断片。廃棄に際して縦に割かれた断片のうち、残画から判断すると四ないし五分割された断片のうちの左から二番目にあたる断片であろう。「外衛府」は、天平神護元年（七六五）二月三日に官員が定まり（『続日本紀』同月甲子条）、宝亀三年（七七二）二月十六日（あるいは二十六日か）に廃止。その舎人は近衛・中衛・左右兵衛に分配された（『続日本紀』同月丁卯条）。天平宝字八年（七六四）十月九日に外衛大将百済王敬福がみえることから（『続日本紀』同月壬申条）、実際の成立はこれ以前と思われる。

一八五〇　□〔牒カ〕　6091 *MI09* 四一次 *52*

一八五一　申　木屋司御前　6091 *BG47* 九七次 *52*

某御前の書式をとる木屋司宛の上申文書の削屑。「木屋司」は、『延喜弾正台式』にみえる、平安宮中和院の西にある木工寮木屋（米穀出入門条）の前身官司、または山背国泉木津に置かれた材木の集積管理所を指すのであろう。

一八五二　所解申□造□　6091 *AJ47〜AL47* 一四〇次 *52*

一八五三　謹解申請　105×38×5 6011 *PD09* 四一次 *52* ヒノキ科・柾目

上下両端切断、左右両辺削り。

一八五四　謹解　6091 *MI09* 四一次 *52*

一一八五五　□□〔謹解ヵ〕

6091 AL47 一四〇次 52

一一八五六　・少䟽日下部直三竪謹申

・□□　　□□

169×(17)×5 6081 AP46 一三六次 52 スギ＊・板目

上端切断、下端粗い削り、左辺削り、右辺割れ。「少䟽」は、弾正台または紫微中台（坤宮官）の第四等官。

一一八五七　・□〔間ヵ〕人□□〔謹上ヵ〕
　　　　　□

・□

(107)×(12)×6 6081 DJ34 一五七次 52 ヒノキ科？・板目

上端・左辺削り、下端切断の後焼損、右辺二次的割り。文書木簡の断片。

一一八五八　謹□

6091 PC09 四一次 52

一八五九・「伊福部宿祢廣浜年卌三 大倭国十市郡」（右側面）

・右以去天平五年八月廿一日□

□遭服罷仍具状録以申送

・□□（左側面）

(146)×30×16 *6011* *AP47* 一〇二次 *54* ヒノキ科・柾目

上端・左右両辺削り、下端は二次的削りだがほぼ原形に近いか。「伊福部宿祢」は、『新撰姓氏録』左京神別・大和国神別にみえる。服に遭い休んだ事情を報告した文書木簡。「大和国十市郡」の「伊福部宿祢廣浜」に関わるとも考えられるが、習書の可能性も残り、厳密には表面の文字と側面の文字との関係は不詳である。

一八六〇　□□□□□　□□□□□

川□工（仮カ）

□五日

406×(16)×4 *6081* *BG47* 九七次 *53* スギ？・板目

上下両端・左辺削り、右辺割り。

一八六一・請縄参拾了　右為付御馬幷夜行馬所請

・如件　神護景雲三年四月十七日番長非浄浜（マヽ）

326×24×4 *6011* *MI09* 四一次 *53* ヒノキ科・板目

四周削り。御馬や夜行馬に装備する縄を請求した文書。『延喜左馬寮式』によると、御馬は、毎年諸国の御牧から貢進され、節会や行幸などに用いられる（御馬条・五日式条）。「夜行馬」は、行夜のための馬。夜行（行夜）は、『宮衛令』によると「持時行夜者、皆須執仗巡行」（開閉門条）、「衛府持時行夜」（分街条）とみえ、宮内および京内の夜警が規定されている。天平年間頃の行夜は、「中衛・左右兵衛共行夜、一夜巡行一夜停止、衛士不預也」とみえることから（『令集解』宮衛令分街条古記所引今行事）、中衛と兵衛の職掌であり、降って平安時代には、『延喜左近衛府式』・『延喜左兵衛府式』によると、近衛と兵衛によって行われた（左近衛府式行夜条、左兵衛府式行夜条）。ただし、『延喜左馬寮式』によると、行幸の御馬の馬子八人は「右兵衛二人、馬部六人」（御馬条）、「左兵衛行夜二疋」と記すことから（衛府牛馬条）、御馬や夜行馬は兵衛との関わりが強い。「非浄濱」は、中衛府またはその職掌を継ぐ近衛府の番長と考えられるが、あるいは兵衛府との関連もなお考える必要があろう。

一一八六二　細工所請合□□〔涞ヵ〕□尺伍寸
内舎人佐伯「老」
268×(25)×4　6081　DI34,DI33　一五七次　54　スギ＊・板目

上端切断、下端・左辺削り、右辺割れ。七文字目の残画は「丈」で矛盾がなく、八文字目は、「伍」または「陸」であろう。「細工所」は、造営や調度品の製作に伴う官司か。平安京跡右京五条一坊六町から細工所の食料請求に関わるかと思われる木簡が出土している（『木簡研究』二二号）。「佐伯老」は、宝亀元年（七七〇）

八月、宇佐八幡神に鹿毛馬を奉献する使者として派遣されており、このとき内舎人とみえ（『続日本紀』同月庚寅朔条）、延暦三年（七八四）正月には正六位上から従五位下に昇っている（『続日本紀』同月己卯条）。従って、この木簡は宝亀初年頃のものである可能性が高く、細工所の初見史料となる。

二八六三・造花所合□〔給カ〕□□人□〔請カ〕飯参斗陸升

・　　六月六日雀部石麻呂

(175)×25×2 6019 MJ09 四一次 54
スギ＊・追柾目

上端折れ、下端・左右両辺削り。造花所から飯を請求した木簡。表面六・七文字目は、「十八」の可能性がある。

二八六四・□□〔四カ〕月十三日史生額田道長三升

・□□□□豊人　□□部万呂　合〔×右カ〕三人受廣□

233×(22)×3 6081 DE34 一五七次 55
ヒノキ＊・板目

上下両端・右辺削り、左辺割れ。上部にはささら状の割れ目がある。表面「右」に「合」を重書して訂正したもの。某官司の食料請求にかかわる木簡。字配りから考えて、表面の人名は三行割書とみられる。表面右上部の記載内容は不詳。また、裏面の日下署名は「額田道長」までで、その下の「三升」がここに書かれる理由は不詳。「受」として受取人の記載があることから、単なる請求ではなく、伝票的な機能をもつ可能性がある。

一一八六五・請食　石寸建万呂作日朝夕者
・四月廿四□〔日ヵ〕□□東万呂附
(178)×29×3 6019 *MI09* 四一次*56* ヒノキ科・板目

上端折れ、下端・左右両辺削り。食料請求の文書。「石寸（村）建万呂」は被支給者。

一一八六六・厨　請飯□□
・□□〔依員ヵ〕□□□□□
四月［　　］
(97)×26×3 6019 *PC09* 四一次*56* 樹種不明・柾目

上端・左右両辺削り、下端折れ。厨から飯を請求した木簡の断片。

一一八六七・厨　請飯壱斗弐升
・菜択二人　五月二日秦千□〔河ヵ〕
192×(17)×2 6081 *DD34* 一五七次*56* ヒノキ科・柾目

上下両端・右辺削り、左辺割りまたは割れ。木簡本来の幅の約三分の一を欠く。厨から蔬菜の選別に従事する者の食料として飯を請求する木簡。「菜択」は恐らく女性であろう。藤原京跡左京六条三坊（飛鳥藤原第五

○次調査西区）から出土した木簡に「菜採司」がみえるほか（『飛鳥藤原京木簡二』三五九七）、天平六年（七三四）造仏所作物帳（正倉院文書続々修二八―四〈『大日古』七―三七〉）に盛所に勤務する雇女として「択菜女」がみえる。

二八六八・□□受飯□〔二ヵ〕斗九升　□〔右ヵ〕十一人料
・□年七月□〔廿ヵ〕□日□□大炊司物部荒人　394×24×10　6011　DI34,Z　一五七次　55　スギ＊・板目

四周削り。左辺下端のみ細く抉り取り整形するが、木簡として利用する以前のものであろう。某官司の食料請求に関わる木簡。「十一人」分の食料として「飯二斗九升」を受け取ったことが記される。「大炊司」は、某官司の炊飯担当者。「物部荒人」は、藤原宮跡出土木簡（奈良県教育委員会『藤原宮跡出土木簡概報』五号）、天平八年度伊豫国正税出挙帳（正倉院文書塵芥三十九〈『大日古』二―五〉）に同姓同名の者がみえるが、同一人物か否かは不詳。なお、ＳＤ三七一五溝から出土した「（内）大（炊）」などと記した墨書土器（『平城宮出土墨書土器集成』Ⅱ1038～1045・1047）は、これと関わるものであろう。

一一八六九・

　　　　□
□　「海真常　「安倍家足
□□〔倉主カ〕　「三嶋永調　「白髪部倉主
□□主　「奈癸家公　「阿刀浄継
下部□□□　□〔佐カ〕伯大梓　「石寸浄野

・「□□□飯事　飯飯□飯
□受　□事　合　□〔飯カ〕□□□

(223)×(43)×2　*6081*　*AP46*　一三六次　*57*
スギ?・板目

上端折れ、下端削り、左辺削りか、右辺割れ。合点は「、」形。

一一八七〇・請酒壱斗伍升
・□□□□〔将監曹司カ〕□□〔請カ〕□

(162)×(26)×2　*6081*　*MI09*　四一次　*56*
ヒノキ属*・板目

上端・左辺削り、下端折れ、右辺二次的割り。酒の請求木簡。「将監」は、中衛府または近衛府の第三等官であるが、共伴する木簡からすれば、中衛将監であろう。

二八七一　〔請カ〕□九月□□

93×(12)×2 6081 AN47 一四〇次 56 ヒノキ科・板目

上下両端切断、左辺二次的割り、右辺削り。

二八七二　・□□□　〔申カ〕□□□

・三斗七升四合二

117×(10)×1 6081 PD09 四一次 56 ヒノキ科・柾目

上端・右辺削り、下端切断、左辺割れ。

二八七三　・進上瓦三百七十枚女瓦百六十枚
鐙瓦七十二枚　宇瓦百卌八枚　功卌七人十六人各十枚
九人各八枚　廿三人各六枚　○

・付葦屋石敷　神亀六年四月十日穴太〔老カ〕□
主典下道朝臣　向司家　○

266×23×2 6011 BG47 九七次 58 ヒノキ科・板目

四周削り。瓦三七〇枚を進上した際の送り状。ともに、平城宮の諸門を通り宮中の造営現場に到るまでの通行を保証する機能も有していた。女瓦は平瓦、宇瓦は軒平瓦、鐙瓦は軒丸瓦を指す。『延喜木工寮式』にみえる瓦の人担量は、平瓦十二枚、軒平瓦七枚、軒丸瓦九枚で（人担条）、木簡にみえる数値もそれぞれ近似する。日下に署名する「穴太老」は、天平勝宝三年（七五一）七月二十七日近江国甲可郡司解（東寺文書礼二〈『大日古』三―五一四〉）に近江員外少目正七位上として国判を加えている穴太史老と同一人物か。下道朝臣某は、催造司主典とみられ、その役所と考えられる「司家」に向かっているため署名していない（横田拓実「文書様木簡の諸問題」『研究論集』Ⅳ、一九七八年。今泉隆雄「8世紀造宮官司考」『文化財論叢』同朋舎、一九八三年。寺崎保広「瓦進上木簡小考」『奈良古代史論集』第一集、一九八五年、参照）。

一一八七四・□進上女瓦三百　…□丁卌五人
・　神亀五年十月…□秦小酒得麻呂
(105＋105)×(25)×5 6081 AS47 一一一次58 ヒノキ科・柾目

上下両端・右辺削り、左辺割れ。直接接続しない二断片からなる。

一一八七五　進上女□〔瓦ヵ〕
(46)×17×3 6019 BG47 九七次58 ヒノキ科・柾目

上端・左右両辺削り、下端折れ。

一一八七六・□〔宇ヵ〕瓦卌枚□車一両
・□
(283)×16×5 6019 BG47 九七次58 スギ＊・板目

上端二次的切断、下端・左右両辺削り。下端の欠損部は孔か。

二八七七・□□進上　□□〔中務カ〕□□□
・□　□　□　□　（天地逆）　(136)×(11)×3　*6081*　*BG47*　九七次　*59*　ヒノキ科・柾目
上下両端二次的切断、左右両辺割れか。

二八七八・進上銭一百卌文
・丹比宅万呂　72×11×2　*6033*　*MH09*　四一次　*59*　ヒノキ科・柾目
四周削り。

二八七九　進上氷壱荷　□□□□□□　239×28×4　*6011*　*AP46*　一三六次　*59*　ヒノキ科・追柾目
四周削り。

一一八八〇・□□進小石一石

・□　□

(166)×(20)×4　6059　BG47　九七次　ヒノキ科・板目　59

上端二次的切断、右辺削り、左辺は割れで下部は二次的に削って尖らせる。

一一八八一・式部省召　中務省　右大舎人寮　陰陽寮　内薬司　右省

・閏□〔三ヵ〕月十六日

198×(25)×4　6081　BG47　九七次　ヒノキ科・柾目　60

上下両端削り、左辺二次的割り、右辺は削りで下半割れ。「閏三月」は、奈良時代には天平五年（七三三）・同十三年（七四一）・天平勝宝四年（七五二）・宝亀二年（七七一）に存在するが、共伴する遺物からすると天平初年頃の可能性が高く、恭仁宮の期間を除くと天平五年のものである蓋然性が高い。

一一八八二・□□□〔衛府ヵ〕□□□□□　初無位坂合部〔ヵ〕　半大初位上若湯坐

・□　□

(135)×(23)×4　6081　MI09　四一次　ヒノキ＊・柾目　60

上下両端二次的切断、左辺削り、右辺割れ。某衛府に発信した文書木簡の断片。「初」「半」は、初夜・半夜・

後夜の三区分で、仏事に限らず用いたのであろう。警備分担を記したものか。

二八八三　十二日宿　　位子日奉乙麻呂

196×40×7 *6011* *DL34* 一五七次 *60*
ヒノキ科＊・板目

四周削り。上部左端と下端右寄りに穿孔があるが、木簡の記載との前後関係や機能は不詳。出土位置や「位子」の記載からすれば、式部省もしくは兵部省に関連する宿直木簡か。「日奉弟麻呂」（二七八三）と同一人物の可能性がある。

二八八四・［　　　　］　□　□　□
　　　　　　　　　　　□□□□□〔万呂ヵ〕　□□□□□□□〔縄ヵ〕
・景雲三年八月三日□□□□

(303)×(5)×5 *6081* *PC09* 四一次 *60*
ヒノキ科・板目

上端削り、下端折れ、左右両辺割れ。神護景雲三年（七六九）八月の文書木簡の断片。

二八八五・右依少録勤臣
・掌錦部連「豊」

(148)×(14)×3 *6081* *DJ35* 一五七次 *61*
スギ・板目

上下両端折れ、左辺割れ、右辺削り。「少録勤臣」の指示を「錦部連豊」が奉じて伝達したものか。勤臣はもと楢原造。天平勝宝二年（七五〇）三月、楢原造東人が駿河守在任中に廬原郡多胡浦浜から黄金を得てこれを献上した功により、勤臣の姓を賜ったことに由来する（『続日本紀』同月戊戌条）。この木簡の年代は天平勝宝二年以降のものである。

一一八八六　□〔兵カ〕衛等充行夜使如件　6091 *MI09* 四一次 *61*

「行夜」は宮内および京内の夜警。一一八六一参照。

一一八八七・［　　］　□□□□
・□乞照此状投徳□〔余カ〕勢□〔祖カ〕　(154)×(17)×5 6081 *MH09* 四一次 *61* モミ属・板目

上下両端折れ、左辺割れ、右辺削り。文書木簡の末尾部分の断片。

一一八八八・□□□宜知此状限明
・　　□□ □ □　(135)×(7)×3 6081 *PD09* 四一次 *61* ヒノキ科・柾目

上下両端折れ、左右両辺割れ。

一一八八九　差国□〔宜カ〕　6091 *PS09* 四一次 *61*

二八九〇　□　訓□〔宜カ〕□　6091 *PC09*　四一次　*61*

二八九一　□□□〔但於其カ〕　(55)×(22)×3　6081 *MJ09*　四一次　*61*
針葉樹・板目

上下両端折れ、左辺削り、右辺割れ。

二八九二　□□□〔限事カ〕　6091 *AL47*　一四〇次　*61*

二八九三　□上依□　6091 *DH33*　一五七次　*61*

二八九四・式部大□（欠損）　伊賀守伊勢子老　遠江介藤井川守　出雲□□〔守布カ〕
周方守弓削秋万呂兼勢□
内倉介安□〔倍カ〕草万呂　美野守石上息継　伊予守高□〔円カ〕廣□〔世カ〕　下総員外□〔介カ〕
桑原王□〔兼カ〕
・下野介当□□〔麻カ〕　□□守田部息万呂（欠損）　介弓削廣□
能登（欠損）　左馬司頭牟□□〔都支カ〕王　右大舎人介□□〔文屋カ〕万呂□
員外介□〔弓カ〕（欠損）□〔麻カ〕　右衛士督備泉　玄番□相模□〔波カ〕□□□

(67+272)×37×3 6011 PC09 四一次 *62*
ヒノキ科?・板目

腐蝕が激しいものの、四周削り。任人の多くは、神護景雲三年（七六九）六月の任官記事と一致する（『続日本紀』同月乙巳条）。但し、『続日本紀』で左衛士督とみえる吉備朝臣泉を右衛士督とし、同書にみえる上総員外介武蔵宿祢不破麿を欠く。あるいは裏面の下端左に記されたかとも思われるが、この部分に墨痕はほとんど残らない。『続日本紀』の当該記事は次の通り。「乙巳、以園池正従五位下安倍朝臣草麻呂為兼内蔵助。正五位上大伴宿祢益立為式部大輔。従五位下相摸宿祢伊波為玄蕃助。正五位下吉備朝臣泉為左衛士督。大学員外助

如故。従五位下弓削御浄朝臣広方為右兵衛佐。武蔵介如故。従五位下牟都支王為左馬頭。外従五位下伊勢朝臣子老為伊賀守。外従五位下葛井連河守為遠江介。外従五位下武蔵宿祢不破麻呂為上総員外介。縫殿頭従五位下桑原王為兼下総員外介。正五位上石上朝臣息嗣為美濃守。少納言従五位下当麻王為兼下野介。従五位下石川朝臣人麻呂為能登守。従五位下弓削宿祢薩摩為員外介。従五位上布勢朝臣人主為出雲守。左少弁従五位下弓削御浄朝臣秋麻呂為兼周防守。従五位上高円朝臣広世為伊豫守。外従五位下田部直息麻呂為壱伎嶋守」。図版のモノクロ写真は、出土当初撮影した写真の接続関係に誤りがあるため、接続関係を正したデジタル画像を原版とした。

二八九五・勝部□〔連カ〕□　高橋連稲　錦□□〔継カ〕□　河内□綱　茨□得　秦忌寸田□　従八上□□〔秦忌カ〕寸　守□水　従七下　曰佐□　従七上美努連　従六位上三嶋　河内国

・今木連　黄文連　出雲□□　飽波連　鴨祢疑　六人部連　六人部連　高向調　秦忌寸船

(39)×(154)×2　6081　DD34　一五七次　針葉樹・板目　63

上端二次的切断、下端削り、左辺二次的割りか、右辺二次的削り。官人の歴名簡。この木簡に記された二十名のうち、十五名について河内国に本貫をもっていたことが『新撰姓氏録』そのほかから確認されている（佐伯有清「河内国歴名木簡の研究」『研究と評論』法政大学第二高等学校創立五十周年記念号、一九八九年。松本政春「河内国歴名木簡作成試論」『続日本紀研究』三六一、二〇〇六年）。なお、裏面に記された九名のうち、「飽波連」を除く八名は、いずれも山背国に本貫をもつ官人であり、表裏両面ともに河内国関係の官人歴名とみなしうるかは、なお検討の余地が残されている。

一一八九六

大土⌋竹少土八八□八□　□
下師田上師下多□位□〔治カ〕　□
□⌋　□　　　□□上

(24)×(134)×2　6081　BG47　九七次63
ヒノキ科・柾目

上端二次的削り、下端折れ、左右両辺割れ。「大下」は大初位下、「少上」は少初位上を示すと推測され、八位以下官人の叙位に関する記録である可能性がある。

一一八九七

・錦部連宮河内錦織　赤染徳太理河内□□□〔国大県カ〕
・河内□□〔丹比カ〕錦部連龍□□□□　大市首廣嶋□

(180)×(11)×2　6011　BJ47　九七次63
ヒノキ科・板目

上下両端二次的切断、左右両辺二次的割りか。人名と河内国の郡名とを記した歴名。「錦部連」は、『新撰姓氏録』河内国諸蕃・和泉国諸蕃、「大市首」は左京諸蕃にみえる。

二八九八　□里工作高殿料短枚桁二枝□

(261)×(22)×4 *6081* *BG47* 九七次 *64* ヒノキ科・柾目

上下両端折れ、左辺削り、右辺二次的割り。「高殿」は、天平初年頃第一次大極殿院南面築地回廊に増築される東西楼を指すと考えられ、「東高殿」（二八九九）・「西高殿」（二九〇〇）は、それぞれ、ＳＢ七八〇二建物（東楼）・ＳＢ一八五〇〇建物（西楼）を指す可能性がある。「桁」は斗栱の上にあり、棰、天井を受ける長い横木。あるいは「枚（平）桁（ヒラゲタ）」の意で、高欄の三本の水平材のうち中央の部分を指すか。

二八九九　造東高殿□□□□〔飛驒工ヵ〕

(121)×(33)×3 *6081* *BG47* 九七次 *64* ヒノキ科・柾目

上端・左辺削り、下端切断か、右辺割れ。八文字目は、「廿」または「卅」であろう。

二九〇〇　西高殿四人　□□

(137)×(11)×6 *6081* *BG47* 九七次 *64* ヒノキ科・柾目

上端削り、下端折れ、左辺二次的削りか、右辺は裏面の剥離により不詳。

一一九〇一　・雇工泉真造木□廿一枝条十六
・「□□□□□□□□□　□□成」（削リ残リ）
十十三人「　　　」（削リ残リ）
雇工□佐真十十十

上端・左右両辺削り、下端折れ。ほかに削り残りの墨痕多くあり。

(238)×47×5 6019 BG47　九七次 64
スギ＊・板目

一一九〇二　・嶋足　□□□〔乙訓カ〕人　□
□得万呂　勾葦椅　葦　二人柱作
□稲持　日下部人足
恵□〔得カ〕　小子得万呂
・□枝鉇引作　□□〔廿カ〕二
小子檜前　□

上端・右辺二次的削り、下端・左辺削り、右辺の下半割れ。

(305)×(45)×7 6081 BG47　九七次 65
ヒノキ科・追柾目

二九〇三　勾五百足　柱一枝
小子部□万呂　□□
檜前万呂

上下両端切断、左右両辺割れ。

114×(27)×2　6081　BG47　九七次　ヒノキ科・板目　66

二九〇四　・柱二□〔根カ〕□〔乙カ〕□二　□木二　伊勢安万呂
・　七月十五

四周削り。

147×26×3　6011　BG47　九七次　ヒノキ科・柾目　66

二九〇五　力白小柱十

上端二次的切断か、下端・左右両辺削り。

(176)×18×4　6019　BC47　一一一次　ヒノキ科・板目　66

二九〇六　・右二人丸桁二枝継目口引坐田部大嶋宗小斗四村等□口引坐
・□引坐又丸桁一枝端鏟

244×(13)×3　6081　BG47　九七次　スギ?・板目　65

上下両端切断、左辺割り、右辺割れ。「丸桁」は軒桁。「小斗」は大斗以外の一般の斗の意味か。「口引坐」は不詳。「錛（タヅキ）」は斧の一種。

一一九〇七　村□□□〔引坐カ〕　麻呂小斗四村口引坐

上端折れ、下端削り、左右両辺割れ。

(258)×(9)×3　*6081*　*BG47*　九七次　スギ・板目　*65*

一一九〇八・□　□　壬生部首麻呂□□□□〔小斗四村カ〕

・右廿一人

上端折れ、下端削り、左右両辺割れ。

(336)×(7)×3　*6081*　*BG47*　九七次　スギ＊・板目　*65*

一一九〇九・□□□〔加須カ〕麻呂□□□□〔小カ〕〔四村カ〕　□

・□□□□□□□□□□□

上下両端折れ、左右両辺割れ。

(135)×(4)×4　*6081*　*BG47*　九七次　スギ・板目　*66*

二九〇　端切口引□

上端削り、下端折れ、左辺二次的割り、右辺割り。五文字目は、「坐」にはならない。

(86)×(11)×4　*6081*　*BG47*　九七次　*66*
モミ属＊・板目

二九一　安□□二人　□
大□□二人　壁代五□

上下両端二次的切断、左辺削り、右辺割れ。裏面は割ったままか。

(100)×(29)×3　*6081*　*PS09*　四一次　*66*
ヒノキ科・板目

二九二　充針榑七十枝付佐□〔夜ヵ〕
三月一日

上端・左右両辺削り、下端折れ。左辺の上部は刃物の痕跡があり、切り込みの可能性がある。「榑」は、『和名抄』によると「和名久礼」とみえ、建築材料としてあまり加工されていない板材。延暦十年（七九一）六月二十二日太政官符によると、貢納品あるいは商品としての規格は、長さ一丈二尺（約三・六ｍ）、幅六寸（約一八㎝）、厚さ四寸（約一二㎝）と定められた（『類聚三代格』巻十八、材木事所収）。

(204)×29×4　*6019*　*BG47*　九七次　*66*
ヒノキ科・板目

二九三　榑廿送

上端・左辺削り、下端折れ、右辺割れ。

(193)×(20)×1　*6081*　*BG47*　九七次　*66*
ヒノキ科・柾目

一一九一四・受古釘六隻重十二斤損二斤八両 □九斤八両　□〔作ヵ〕五寸打合釘

・五十一隻　四月廿二日刑部麻呂

268×(26)×4 *6081* *BG47* 一〇二次 スギ＊・板目 *67*

上下両端・右辺削り、左辺二次的割り。「打合釘」は、両端を尖らせた釘。古釘を打合釘に再加工したことを示す。

一一九一五・釘二隻　□木覆釘四隻

・□

(271)×(24)×7 *6081* *BG47* 九七次 ヒノキ科・板目 *67*

上下両端折れ、左右両辺二次的割り。

一一九一六・厚二寸六分　一□□□□

・□□□□□　□

(208)×(12)×3 *6081* *BG47* 九七次 スギ・板目 *66*

上下両端折れ、左右両辺二次的割り。

二九一七・上総三　能登一人
　　　　相模十八人　常陸一人
　　　・合廿三人

189×44×4 6011 BG47 九七次 68
ヒノキ科・板目

四周削り。

二九一八・仕丁合拾伍人□薪取　□〔人カ〕
　　　・　　　　　　□

(203)×42×2 6019 MI09 四一次 68
スギ＊・板目

上端は腐蝕するが調整面がわずかに残る、下端折れ、左右両辺の一部は削り。仕丁の仕事を割り振った文書木簡の断片。仕丁が薪取りにあてられたことは、宝亀三年（七七二）奉写一切経所告朔解（正倉院文書続修別集十二巻表〈『大日古』六–四六二〉などにみえる。ほかに削り残りの墨痕もある。

二九一九・真龍列　□部真神　物部老
　　　・阿奈石□□〔赤カ〕人合四人

155×13×4 6011 PB09 四一次 69
ヒノキ科・柾目

上端・左右両辺削り、下端切断。真龍列に属する四人の名を記した木簡。同様の例が、『藤原木簡概報』六–

六頁にみえる。『令集解』によると、兵士五人で一列を構成するので（軍防令隊伍条跡記逸文）、真龍を加えた五人で一列を構成するのであろう。

一一九二〇・比　葛木毛人　余□□
・□　合四人

(157)×(11)×3 *6081 PD09* 四一次 *69*
ヒノキ科・柾目

上端切断、下端折れ、左右両辺割れ。一一九一九のように列の人名を列記したものか。

一一九二一　物部得足　山部小田　右四人□□□〔列カ〕

230×20×4 *6081 BG47* 九七次 *69*
ヒノキ科・板目

上端・右辺削り、下端切断か、左辺割りまたは割れか。

一一九二二　弓削生□　□［　　］　［　　］　石川乙勝　□〔合カ〕八人
宇自善□　□［　　］　□〔坂カ〕□　村□□□

279×28×5 *6011 AP46* 一三六次 *70*
スギ＊・板目

四周削り。下端右端の一部のみ欠損。

二九二三・□田部稲人　大伴□
伴小刀良　嶋
□□　□
・□
人　合十
□足
上下両端二次的切断、左右両辺二次的削り。
(109)×(39)×2 6011 PC09 四一次 69
ヒノキ科・板目

二九二四・□□　直丁已上□人
・［　　　　］
上下両端切断、左右両辺割れ。
195×(25)×5 6081 PS09 四一次 70
ヒノキ科・板目

二九二五・□〔草カ〕原一人　□□
□一人　済一人
・秦万呂
上端二次的削り、下端・右辺削り、左辺割れ。
(125)×(36)×3 6081 BG47 九七次 71
ヒノキ科・板目

一一九二六・［　　］□ □ □ □
・□□連大虫　従七位□
・□ □ □□□□〔合一百卅カ〕

上端切断、下端・左右両辺二次的削り。

(202)×(18)×6 6039 BG47 九七次 69
ヒノキ科・柾目

一一九二七・□〔領カ〕田辺五百□〔万カ〕
・□□〔韓椅カ〕　□　語□

四周二次的削り、下端の一部折れ。匙の可能性がある。

(70)×(17)×3 6061 BG47 九七次 71
ヒノキ科・板目

一一九二八・□□□
・真束「国」猪「国」名石持

上端折れ、下端・左辺削り、右辺二次的割りか割れ。

(122)×(17)×3 6081 BG47 九七次 71
ヒノキ＊・板目

二九二九　□□三□呂　物部国道
　　　　　□□毛人　□

196×36×5　*6011*　*PC09*　四一次　*71*　スギ・板目

上下両端切断、左右両辺削り。腐蝕著しい。

二九三〇・　□　□□□長尾
　　　　・□伴□□大□□□□□□

(296)×(25)×3　*6081*　*PC09*　四一次　*72*　ヒノキ科?・板目

上端・左辺腐蝕により欠損、下端・右辺削り。

二九三一・　□□□□□□□□〔立魚犬甘ヵ〕
　　　　・□□□□□　□

(140)×(5)×4　*6081*　*PC09*　四一次　*71*　スギ・板目

上下両端折れ、左右両辺割れ。

二九三二　常人　□□□〔弟万ヵ〕
　　　　　□　□　□□

6091　*MI09*　四一次　*71*

一一九三三
〔阿ヵ〕
□古万呂
「十一月十六日返」
□
□長水　□

6091 DC34　一五七次　71

人名を列挙していたとみられる木簡の削屑。別筆にて「十一月十六日返」と記されるが「返」の内容は不詳。

一一九三四
・升十一日一升
□日一升十六日一升
・十九日半廿日半
日半廿三日半

(82)×28×1 6019 MI09　四一次　72
ヒノキ科・板目

上端折れ、下端・左右両辺削り。日ごとの支給量を書き上げた帳簿木簡の断片か。

一一九三五
・十四□卅二俵十五□廿七□
・□　□□八□
□　二斗

(101)×28×5 6019 BI47　一〇二次　73
ヒノキ科・柾目

上端・左右両辺削り、下端二次的切断。表面三文字目と九文字目は、同じ文字で墨痕も明瞭であるが釈読できない。

一九三六　□付大伴□　□□　　223×(12)×4　*6081*　*BG47*　九七次　*73*

上端切断、下端・右辺削り、左辺割れ。　　ヒノキ科・板目

一九三七・▭

・　付廣長　　139×32×4　*6011*　*BM47*　一七一次　*73*

ヒノキ科・柾目

四周削り。上端はささら状に縦に割けている。表裏ともに、ほかに習書が多数あるが判読できない。

一九三八・受三斗三升□□　　(170)×(15)×5　*6039*　*MM09*　四一次　*72*

・□　□　　ヒノキ科・板目

上端切断、下端折れ、左辺割れ、右辺削り。

一九三九　▭　受□　　*6091*　*PC09*　四一次　*72*

一一九四〇　□四□　右四種

(159)×(12)×4 6081 BG47 九七次 スギ・板目 72

上端二次的切断、下端折れ、左辺削り、右辺割れ。

一一九四一　・去出蔭孫□
・□

(74)×35×8 6015 DH34 一五七次 ヒノキ科・板目 74

上端・左右両辺削り、下端は側面に穿たれた孔の部分で折れ。考選木簡の断片。「去出」は、昨年出身したことを示す。「去」として昨年の勤務評定を冒頭に記すタイプの木簡は、平城宮跡東南隅のSD四一〇〇溝（平城第三二次補足調査）から出土した木簡群のうち、神護景雲年間（七六七〜七七〇）から宝亀元年（七七〇）までのものに多くの類例が認められ（『平城宮木簡五』、『平城宮木簡六』）、この時期の考課木簡の特徴を示す記載と考えられる。

一一九四二　今上大初□

6091 DE34 一五七次 74

「今」は今年の勤務評定。

一一九四三　番上選目録

6091 DH34 一五七次 74

「選目録」は、『弘仁式部式』によると諸司から式部省に集められた考文・選文にもとづいて、考目録・考別記・選別記とともに式部省において作成された紙の文書（考問条）。「番上」とあることからみて、長上官と番上官に分けて作成されたのであろう。**二〇三七**と同一木簡の削屑である可能性がある。

二九四四　中等

(35)×(10)×4 *6081* *DC34*　一五七次補足 *74*
ヒノキ科・柾目

上端・左辺削り、下端折れ、右辺二次的削り。三等の評定から書き出すタイプの考課木簡は、奈良時代前半に多くみられる。

二九四五・□□□□□□□□□

・［　　］

(168)×(9)×8 *6015* *BG47*　九七次 *74*
ヒノキ科・板目

上端・左辺削り、下端二次的切断、右辺割れ。上端から二九㎜の位置の側面に穿孔がある。

二九四六・□

・□

(50)×25×13 *6015* *DB34*　一五七次補足 *74*
ヒノキ科・板目

上端・左右両辺削り、下端二次的切断。左辺上端から一八㎜の位置の側面に穿孔があり、左辺から一気に焼け火箸であけた状況が確認できる。

一一九四七　□　(90)×(7)×5 6015 DJ34 一五七次 74 スギ＊・板目

上下両端折れ、左辺削り、右辺割れ。上端に側面に穿たれた孔の痕跡がみえ、六〇一五型式の木簡の断片であろう。ただし、文字は天地逆の可能性もある。

一一九四八・天平寶字四年□□□史考状□〔帳ヵ〕（軸木口）

・□（軸木口）　長315×径22 6061 DJ34,DJ33 一五七次 75 ヒノキ科・丸材（心持）

棒軸の断片。両木口の残る縦に割けた二断片と木口の一端が残る小断片が接続するが、木口部分が両端とも完存しない。「考状」は考の実状の意で、官人の考課の実績を具体的に記した文書をさすのであろう。考文の内容を確認する機能をもつ帳簿と考えられる（寺崎保広「考課木簡の再検討」関晃先生古稀記念会編『律令国家の構造』吉川弘文館、一九八九年）。関連するものとして、神亀五年（七二八）の出羽国郡司に関わる同種の文書に付された棒軸（『平城宮木簡六』九八八三）があり、ここには「考状帳」とあった可能性が高い。なお、「史」の上の文字は、「大」や「内」とはならない。天平宝字四年（七六〇）は、藤原仲麻呂により一部の官名が唐風に改易されていた時期にあたり、別の官名が存在した可能性もある。『平城報告XV』は、「史生」の可能性を指摘するが、現状で当否は判断できない。

二一九四九　□　（軸木口）　長(187)×径19　*6061*　*DZ*　一五七次　*75*
カヤ＊・丸材（心持）

木口の一端の半分が残る棒軸の断片。縦に二つに割け、さらに一端を折損する。

二一九五〇　勝寶□　（軸木口）　長57×径(5)　*6061*　*BJ47*　一七一次　*75*
ヒノキ科・丸材（心持）

棒軸の断片か。復原径二六㎜。

二一九五一　〔廿二カ〕□□　（軸木口）　長86×径(9)　*6061*　*AT47*　一七一次　*75*
ヒノキ科・丸材（心持）

棒軸の断片か。復原径一四㎜。

二一九五二　・申　進天中□
八月謹解
・□本□□
□勝□□〔帳カ〕　（題籤）　(56)×33×4　*6061*　*AP46*　一三六次　*74*
スギ・板目

題籤部四周削り、軸部折れ。

一一九五三　山背国乙訓郡石作郷□

(69)×17×4　*6081*　*BN47*　一七一次　*76*　ヒノキ科・板目

上下両端二次的切断、左右両辺割り。

一一九五四　・尾張〔国カ〕□□

・調塩三□

(65)×20×3　*6019*　*MI09*　四一次　*77*　ヒノキ科・板目

上端・左右両辺削り、下端折れ。尾張国の調塩の荷札。

一一九五五　□御贄佐米楚割六斤

(62)×(10)×3　*6081*　*DH33*　一五七次　*76*　ヒノキ科・柾目

上端二次的切断、下端・右辺削り、左辺二次的割り。参河国幡豆郡諸島の海部が貢進する贄の荷札の断片であろう。

一一九五六　・遠江国敷智郡□呼嶋

・□三百井二大伴部山嶋九十

□□六十□〔束カ〕物部黒人七十

(183)×39×5　*6019*　*BC47*　一一一次　*76*　針葉樹・柾目

上端・左右両辺削り、下端折れ。右辺の上部欠損。

一九五七・近江国浅井郡岡本郷
・木部安□□〔万呂カ〕庸

194×21×5 *6033* *BI47* 一〇二次 *76* ヒノキ科・板目

四周削り。

一九五八・美濃国厚見郡草田郷□
・物部安□〔万カ〕米六斗

205×(13)×5 *6039* *BG47* 九七次 *76* 針葉樹・板目

上端・左辺削り、下端切断か、右辺割りまたは割れ。「美濃国厚見郡草田郷」は、『和名抄』の美濃国厚見郡皆太郷にあたる。「草田」の表記は、天平勝宝二年（七五〇）四月二十二日美濃国解（東南院文書五—十一〈『大日古』東南院三—六四二〉）にもみえる。

一九五九・□敷郡青郷 川辺里 庸米六斗秦 □
・　天平二年十一月

(112)×29×4 *6081* *BG47* 九七次 *77* スギ・板目

上下両端折れ、左右両辺削り。「敷郡青郷」は、『和名抄』の若狭国大飯郡阿遠郷にあたる。若狭国大飯郡は、天長二年（八二五）七月、遠敷郡を割いて設置された（『日本紀略』同月辛亥条）。

一一九六〇・□鳳至郡
・□美埼所生
(56)×17×3 6019 *MI09* 四一次 *77*
モミ属?・板目

上端二次的切断、下端切断、左右両辺削り。「鳳至郡」は、『和名抄』の能登国鳳至郡にあたる。地名の後に「所生」としるし物品名を表記する荷札は、『平城宮木簡一』四〇二、『平城宮木簡二』二七四〇などにみえ、若海藻など海産物の贄の荷札か。

一一九六一・□□□〔丹カ〕〔国カ〕
・六人部石□□
(57)×25×6 6039 *BG47* 九七次 *76*
スギ・板目

上端・左右両辺削り、下端折れ。表面二文字目は、残画からみて「後」の可能性が高い。

一一九六二　周芳国□
(54)×(12)×2 6081 *BG47* 九七次 *78*
ヒノキ科・板目

上端折れで右端の一部のみ削り、下端折れ、左辺割れ、右辺削り。

二九六三　□□□□□□□□〔路国津名郡調塩ヵ〕

(130)×(5)×2　6033　*MI09*　四一次*77*　スギ・板目

上端二次的削り、下端・右辺削り、左辺二次的割り。右辺の上端は切り込みが残存、下端は原形をとどめるか。「路国津名郡」は、『和名抄』の淡路国津名郡にあたる。調塩の荷札の断片。

二九六四　□□□□□□〔淡路国三原郡ヵ〕

(123)×(11)×6　6039　*BG47*　九七次*77*　ヒノキ＊・板目

上端・右辺削り、下端折れ、左辺割れか。

二九六五　・阿□□□〔波国ヵ〕郡□□□〔郷ヵ〕□木□　□加□　□

・庸米五斗

188×27×9　6032　*BG47*　九七次*78*　ヒノキ科・板目

四周削り。上端の切り込み部分一部欠損。裏面の「斗」より下は腐蝕が著しい。阿波国の庸米の荷札であろう。

一一九六六　讃岐国山田郡林郷⊓
(144)×22×5 *6039* *BJ47* 一〇二次 *77*
ヒノキ科・板目

上端・左右両辺削り、下端二次的切断。「讃岐国山田郡林郷」は、『和名抄』の讃岐国山田郡拝師郷にあたる。

一一九六七　讃□〔岐カ〕国那珂郡□〔小カ〕□郷
(153)×29×6 *6039* *AR47* 一〇二次 *77*
ヒノキ科・追柾目

上端・左右両辺削り、下端二次的切断。「讃岐国那珂郡小□郷」は、『和名抄』の讃岐国那珂郡子松郷にあたるか。

一一九六八　八野郷□□
100×19×6 *6032* *BG47* 九七次 *78*
ヒノキ科・柾目

上端・左右両辺削り、下端切断。「八野郷」は、『和名抄』では出雲国神門郡と播磨国赤穂郡にある。

一一九六九　□〔少カ〕海郷戸
(61)×22×3 *6081* *MI09* 四一次 *78*
ヒノキ科・板目

上端二次的切断、下端折れ、左右両辺削り。「少海郷」は『和名抄』にはみえない。コザトとしては、『平城宮木簡三』三〇八一に「若狭国遠敷郡木津郷少海里」がみえる。

二九七〇・□□□〔郡カ〕□□□〔郷カ〕□□□□
　　・□□〔亀カ〕□年十月□〔廿カ〕日
上端切り込み部分で折れ、下端・左右両辺削り。
(150)×25×3 *6032* *DF34* 一五七次 *79*
スギ＊・板目

二九七一・□□□〔国カ〕郡
　　・□□□〔米一俵カ〕
上端切り込み部分で折れ、下端折れ、左辺削り、右辺割れ。荷札木簡の断片か。
(76)×(16)×4 *6039* *DL34* 一五七次 *78*
ヒノキ科・板目

二九七二　□郷赤搗米六斗
上端折れ、下端・左右両辺削り。平城宮内の赤米木簡の出土地は、大半が内裏・第二次大極殿の東方に集中しており、それらの出土遺構はSD二七〇〇溝と、造酒司推定地で検出したSD三〇三五溝・SD三〇五〇溝・SK三二六五土坑である。SD三七一五溝から出土した赤米木簡は、現在のところこの木簡と二九七二との二点のみとなり、出土地の顕著な集中は、赤米の用途および関係する官衙の配置を考える上で注目される。
(137)×22×7 *6039* *BG47* 九七次 *79*
ヒノキ科・板目

一一九七三　□□里□□□□小目赤□〔春ヵ〕米

(230)×(10)×7 6033 AK47 一四〇次79 ヒノキ科・柾目

上端折れか、下端削り、左右両辺二次的削り。上部三分の二程度は腐蝕が著しい。上端は一部原形をとどめる可能性がある。右辺上部は切り込みの痕跡である可能性が高い。赤春米の荷札。

一一九七四　□□□〔米五斗ヵ〕

129×20×4 6032 MF09 四一次79 ヒノキ科・板目

四周削り。腐蝕著しい。

一一九七五　□□□〔調煮堅ヵ〕魚八斤五両

(117)×(6)×4 6081 MF09 四一次79 ヒノキ科・柾目

上端二次的切断、下端切断、左右両辺二次的割り。「調煮堅魚」の荷札の断片。

一一九七六　大□□□□〔部ヵ〕□連□〔調ヵ〕□

209×19×3 6031 BG47 九七次79 スギ・柾目

四周削り。

一一九七七　蕀甲蠃交作鮑一塥

124×17×4 6051 MI09 四一次80 ヒノキ科・板目

四周削り。蕀甲羸（ウニ）であえた鮑（アワビ）の荷札。「堝」は土器の単位で、『平城宮木簡一』三九九などに用例がある。

一九七八　薄鰒卅七斤五編　170×26×5 6031 MI09 四一次80 ヒノキ科・板目

四周削り。切り込みがごく浅いが四箇所とも欠損する。「薄鰒」（ウスアワビ）の付札。「編」は鰒をまとめた単位。

一九七九　蒸鮑壱籠〻別卅貝　148×24×3 6051 MI09 四一次80 ヒノキ科・板目

四周削り。「蒸鮑」（ムシアワビ）の付札。「貝」は文字通り貝を数える単位。

一九八〇　蠣腊三籠　160×25×3 6051 MI09 四一次80 ヒノキ科・板目

四周削り。「蠣腊」（カキノキタヒ）の付札。

一九八一　水母二斗三升　(95)×16×4 6039 DH33 一五七次81 ヒノキ科・柾目

上端切り込み部分で折れ、下端焼損、左右両辺削り。『延喜宮内省式』によると、備前国例貢御贄として水母がみえる（備前国諸国例貢御贄）。平城宮・京跡出土木簡では水母の付札は四例知られるが、国名の判明する二点（『平城宮木簡二』三九八、『平城木簡概報』二十四―三〇頁上）はいずれも備前国のもので、その税目は別貢御贄または調である。

一一九八二　雑魚楚割一籠　130×25×3 *6051* *MI09* 四一次 *80*
ヒノキ科・板目

四周削り。

一一九八三　雑魚腊　106×21×3 *6051* *MI09* 四一次 *80*
ヒノキ科・柾目

四周削り。

一一九八四　押年魚上　61×14×3 *6031* *MI09* 四一次 *80*
ヒノキ科・板目

四周削り。「上」は品質を示すか。

一一九八五　□年魚缶大　(83)×25×5 *6011* *BG47* 九七次 *80*
ヒノキ科＊・板目

上端二次的切断、下端・左右両辺削り。右辺下部は切り込みの可能性もある。

一一九八六　鹿宍　69×18×4 *6032* *MI09* 四一次 *80*
ヒノキ科・柾目

四周削り。

二九八七　伊知比古　　58×21×2 6032 MI09 四一次80 ヒノキ科・柾目

四周削り。「伊知比古」（イチゴ）の付札。類例として、二条大路濠状遺構（南）ＳＤ五一〇〇（平城第一九七次調査）から出土した木簡（『平城木簡概報』二十二—一二頁上）がある。

二九八八・□□鯖二百隻馬
・□□百三野百合　　(121)×18×4 6031 BK47 一〇二次81 ヒノキ科・柾目

上端右半は切り込みの一部か、左辺上部二次的切断、下端・左右両辺削り。裏面の記載は、表面の内訳であろう。

二九八九　日下部黒□　　114×13×3 6032 MI09 四一次81 ヒノキ科・板目

四周削り。

一一九九〇・筥作得万呂
・得万呂
(42)×20×1　6032　AJ47～AL47　一四〇次　広葉樹・板目　81
上端折れか、下端・左右両辺削り。上端の左右には切り込みの痕跡を残す。小型付札の断片であろう。

一一九九一・十一月十六日給銭人「高田□〔岡カ〕」
□　□□□〔銭百廿カ〕　□　□
・□□〔銭涞カ〕　□□〔文カ〕
(114)×(15)×5　6039　BF47　九七次　スギ＊・板目　81
上端・右辺削り、下端折れ、左辺二次的割り。「銭涞」と「文」の間は、一文字分剥離している。「高田岡」は合点を付した後に、合点を延長する形で丸く囲んで抹消する。

一一九九二・銭四十五文　□
・「赤万呂□」
(72)×(8)×2　6081　BG47　九七次　ヒノキ科・柾目　81
上端削り、下端折れ、左右両辺割れ。

二九九三・○一千文□□八年
・○貫堅部廣宅
94×(12)×3 *6081* *MI09* 四一次 *81*
ヒノキ科・板目

上下両端・右辺削り、左辺二次的削り。緡銭の付札。一千文緡銭付札の類例として、『平城木簡概報』十二―一六頁上、『同』十九―二七頁下、『同』三十四―一五頁下がある。

二九九四・□□□□□〔矢九具カ〕
・□
152×20×5 *6032* *MG09* 四一次 *81*
スギ・板目

四周削り。

二九九五・工石床月米五斗八升七月料者
・八月上半月料三斗「□」
168×26×5 *6032* *AT47* 一七一次 *81*
ヒノキ科・柾目

四周削り。石床に支給した七月と八月上半月料の付札。

一一九九六・□内舎人□

上端・左右両辺削り、下端折れ。

(193)×15×2 6019 DZ 一五七次 82
スギ?・板目

一一九九七 内豎

上端・右辺削り、下端二次的切断、左辺二次的割り。

(48)×(11)×5 6081 DC34 一五七次 82
ヒノキ科・柾目

一一九九八・外兵庫
勅旨省
・廣人□

(47)×25×3 6019 DF34 一五七次 82
ヒノキ科?・板目

上端・左右両辺削り、下端折れ。「外兵庫」は不詳。内兵庫に対して左右兵庫を指すか。「勅旨省」は、令外官で、天平宝字八年（七六四）十月に初見し、これ以前に設置された（『続日本紀』同月癸未条）。東院西辺地区の包含層（平城第二二次調査南）から「勅旨省」と記された墨書土器が出土しているほか（『平城宮出土墨書土器集成』Ⅰ439）、内裏東大溝SD二七〇〇溝（平城第一五四次調査）からも「勅旨」と書かれた墨書土器が出土している（『同』Ⅱ840）。

二九九九　散位寮□□

(76)×(14)×2　*6081*　*AL47*　一七一次　*82*　ヒノキ科・柾目

上端・右辺削り、下端折れ、左辺割れ。

三〇〇〇　主税大允船□〔住カ〕

6091　*PD09*　四一次　*82*

主税大允は正七位下相当の官。「船住」は、宝亀十年（七七九）正月に外従五位下に叙され（『続日本紀』同月甲子条）、同十一年（七八〇）三月に官奴正に任じられた（『同』同月壬午条）船連住麻呂であろう。

三〇〇一　贓贖司

6091　*AJ47～AL47*　一四〇次　*82*

「贓贖司」は、二八五一にもみえる。

三〇〇二　□□〔蔵カ〕省少主鎰

(119)×(8)×3　*6081*　*AP46*　一三六次　*82*　ヒノキ科・角材（四方柾）

上端切断、下端折れ、左辺二次的割り、右辺削りか。

三〇〇三　□□〔左兵カ〕

6091　*MF09*　四一次　*82*

上端は木簡の原形をとどめる。左兵衛府もしくは左兵庫寮が発信した文書木簡の削屑であろう。

一二〇〇四　□木屋□〔坊カ〕□　(67)×(6)×4　6081　AS47　一三六次　82
ヒノキ科・柾目

上端・右辺削り、下端二次的切断、左辺二次的削りまたは割り。

一二〇〇五　□　□部令史糸「真嶋」　6091　DZ　一五七次　82

「真嶋」は自署。「令史」は司・監・署の第四等官。「糸真嶋」は一二五一二にみえ、同一人物の可能性がある。

一二〇〇六　・□〔早カ〕令史□□□□□□　(87)×(13)×4　6081　DI34　一五七次　82
・□□□　ヒノキ科・板目

上下両端折れ、左右両辺割れ。

一二〇〇七　□少属従七上軽部造兄□　6091　PD09　四一次　82

一二〇〇八　史従八□〔上カ〕　6091　AJ47～AL47　一四〇次　83

三〇〇九　□□〔督カ〕　6091 AL47 一四〇次 82

三〇一〇　少志　205×15×5 6051 MM09 四一次 82 ヒノキ＊・柾目

上端は腐蝕が著しいが削りか、下端・左右両辺削り。

三〇一一　□□□〔将監カ〕　6091 PC09 四一次 83

三〇一二　府生二□　(78)×(13)×1 6081 PC09 四一次 83 ヒノキ科・柾目

上端削りか、下端折れ、左右両辺割れか。

三〇一三　□□□□□□〔府生カ〕　(118)×(5)×3 6081 PC09 四一次 83 ヒノキ科・柾目

上端折れ、下端切断、左右両辺割れ。

三〇一四　番長□□　6091 PC09 四一次 83

一二〇一五　宿官人已□〔下ヵ〕　6091 PD09 四一次 83

一二〇一六　□〔宿ヵ〕侍□　6091 PD09 四一次 83

一二〇一七　仕丁九人　6091 AJ47 一四〇次 83

一二〇一八・正丁□□　□□□□
・□
(169)×(10)×4 6081 BI47 九七次 83 ヒノキ科・板目
上端折れ、下端削り、左右両辺二次的割りか。

一二〇一九　常□匠丁十二　(107)×22×4 6019 AR47 一一一次 83 スギ＊・板目
上端はかなり粗い削り、下端折れ、左右両辺削り。

一二〇二〇　□石作十四人　6091 AL47 一四〇次 83

三〇一　夫百五十□

上端と右辺の一部は木簡の原形をとどめる。

6091 *Z* 九七次 *83*

三〇二・奴二十□□□□

・　　□□

上端折れ、下端切断、左右両辺二次的割り。

(102)×(8)×2 6081 *MJ09* 四一次 *83*
スギ・板目

三〇三　五位上紀□

6091 *AL47* 一四〇次 *84*

三〇四・□従□〔五カ〕位下□□□

・□　□　□　常　□

上下両端折れ、左右両辺割れ。

(104)×(7)×7 6081 *DC34* 一五七次 *84*
ヒノキ科・板目

三〇五　□〔正カ〕六

6091 *AL47* 一四〇次 *84*

一二〇二六・従六位下尺度忌寸人□
・□〔位ヵ〕上□□安麻呂
(126)×(12)×3 *6081* *DE34* 一五七次 *84*
スギ・板目

上端二次的切断、下端切断、左辺二次的削り、右辺削り。「尺度」は坂門、坂戸などともみえる。「尺度」表記の事例に、「尺度呰万呂」（『平城宮木簡六』八四九七）、「尺度君麻呂」（『平城木簡概報』二十四-七頁上）がある。

一二〇二七　七位
6091 *AJ47～AL47* 一四〇次 *84*

一二〇二八　□〔七ヵ〕位三□〔人ヵ〕
6091 *AL47* 一四〇次 *84*

一二〇二九　□正八位□〔下ヵ〕
6091 *PC09* 四一次 *84*

右辺は木簡の原形をとどめる。

一二〇三〇　六人八位
6091 *AJ47～AL47* 一四〇次 *84*

一二〇三一　□位下行□
6091 *BP47* 九七次 *84*

一文字目は、「六」または「八」である。

三〇三二　□〔少ヵ〕初□〔位ヵ〕上

6091 MI09 四一次 *84*

三〇三三　□□□〔初位上ヵ〕□

(107)×(8)×3 *6081 PD09* 四一次 *84*
ヒノキ科・板目

上下両端折れ、左辺削り、右辺割れ。

三〇三四　□□□〔初位下ヵ〕

6091 AL47 一四〇次 *84*

三〇三五　□□□〔初位下ヵ〕

6091 AJ47〜AL47 一四〇次 *84*

三〇三六　□□□〔位下ヵ〕

6091 AJ47〜AL47 一四〇次 *84*

三〇三七　□□□□□□〔勲位ヵ〕

(71)×(9)×1 *6081 DH34* 一五七次 *84*
針葉樹・板目

上端切断、下端は削り取られて欠損、左辺割りか、右辺割れ。二九四三と同一木簡である可能性がある。

一二〇三八　⌞守王
⌞内王

(40)×20×3 *6081 DH33* 一五七次 *84*
ヒノキ科・板目

上下両端折れ、左右両辺削り。文献で知られる限りでは、「守王」は、道守王・掃守王・津守王など、「内王」は、河内王の可能性がある（ただし、河内王は同名の二人がいる）。

一二〇三九・□□□〔内ヵ〕　□□　県犬養□□〔足ヵ〕
・□□□□□〔県ヵ〕□□□

(198)×(10)×2 *6081 AP46* 一三六次 *85*
スギ・板目

上端折れ、下端切断、左辺二次的割り、右辺割り。

一二〇四〇　阿刀大□

6091 MI09 四一次 *84*

一二〇四一　□□　海百継　□

(87)×(10)×5 *6081 MI09* 四一次 *85*
ヒノキ科・板目

上下両端二次的切断、左辺割れ、右辺二次的削り。

三〇四二　□〔大カ〕蔵連　(104)×20×4　6019　BG47　九七次　84
上端二次的切断、下端・左右両辺削り。　ヒノキ科・柾目

三〇四三　□大蔵　6091　MF09　四一次　84

三〇四四　□□〔多朝カ〕　6091　PC09　四一次　85

三〇四五　□田益足　凡河内小成　6091　MI09　四一次　85
一番下の断片は直接接続しない。

三〇四六　「大伴人足　(121)×(9)×4　6081　MH09　四一次　85
上端折れ、下端焼損、左辺削り、右辺二次的削り。　ヒノキ科・柾目

三〇四七　大伴古　6091　PC09　四一次　85

一二〇四八・大伴
・□□□日下部□□
上端・左右両辺削り、下端二次的切断。
(147)×8×3　*6019*　*AQ47*　一二一次　ヒノキ科・板目　*85*

一二〇四九　大伴□
右辺は木簡の原形をとどめる。
6091　*DC34*　一五七次補足　*85*

一二〇五〇・大原国□
・□　日□〔置カ〕
上端二次的切断、下端切断、左辺割れ、右辺削り。
(48)×(13)×1　*6081*　*MI09*　四一次　ヒノキ科・板目　*84*

一二〇五一・刑部家□
・忌寸麻呂
上端二次的切断、下端二次的切断か、左右両辺削り。
(69)×16×3　*6081*　*BG47*　九七次　ヒノキ科・柾目　*84*

一三〇五二・□　□　□刑部□□□
・□升
上端折れ、下端・左右両辺削り。
(178)×22×2　6019　PC09　四一次　85
ヒノキ科・板目

一三〇五三　他田真勝□□〔秦男カ〕□
上端切断、下端折れ、左右両辺割れ。
(122)×(12)×2　6081　MJ09　四一次　85
ヒノキ科・板目

一三〇五四　日下部身□
6091　BG47　九七次　85

一三〇五五　毛野□
6091　PC09　四一次　84

一三〇五六　酒部酒
6091　AJ47~AL47　一四〇次　85

一三〇五七　□佐伯廣浜
右辺は木簡の原形をとどめる。
6091　AL47　一四〇次　85

一二〇五八　民金麻呂　　6091 *PC09* 四一次 *86*

左辺は木簡の原形をとどめる。「金麻呂」は一二四〇四にもみえる。平城宮木簡にみえ兵衛に推定される「民金万呂」（『平城宮木簡一』九六）と同一人物か否かは不詳。

一二〇五九・「中臣黒万呂
・□　□〔継ヵ〕□□□　　(80)×(17)×1 6081 *PC09* 四一次 *86* ヒノキ科・板目

上端二次的切断、下端折れ、左辺割れ、右辺削り。

一二〇六〇　----野中大成
----海部稲□　　109×(24)×3 6081 *MI09* 四一次 *86* ヒノキ科・柾目

上下両端切断、左辺二次的割り、右辺削り。兵衛・中衛など兵士の歴名簡の断片か。

一二〇六一　□土師□〔宿ヵ〕　　6091 *AL47* 一四〇次 *86*

一二〇六二　□丈部子首　　6091 *PC09* 四一次 *86*

一文字目は、合点の可能性がある。

二〇六三　丈部□　6091 *MI09* 四一次 *86*

二〇六四　丈□〔部カ〕□　6091 *PD09* 四一次 *86*

二〇六五　秦　6091 *MF09* 四一次 *86*

二〇六六　日置鳥　6091 *MH09* 四一次 *86*

二〇六七　⌈葛井木村　(185)×(17)×5 6081 *AP46* 一三六次 *86* ヒノキ科?・板目

上下両端折れ、左辺割りで下方の一部のみ削り、右辺二次的削り。腐蝕が著しく樹種細胞の観察は困難。

二〇六八　□〔三カ〕宅□　6091 *MI09* 四一次 *86*

一二〇六九　大田物部廣足
四周削り。左辺下部の一部欠損。裏面は割りのまま。「大田」は不詳。
148×17×3 *6033* *BG47* 九七次 *86*
ヒノキ科・追柾目

一二〇七〇　物部□
下端切断、右辺の一部は木簡の原形をとどめる。
6091 *DI33* 一五七次 *86*

一二〇七一　□□〔物部カ〕
6091 *PD09* 四一次 *86*

一二〇七二　弓削□
上端削り、下端二次的切断、左辺二次的割りか、右辺割りか。
(53)×(16)×3 *6081* *AP46* 一三六次 *87*
スギ＊・板目

一二〇七三　和尓
6091 *PC09* 四一次 *86*

一二〇七四　□部朝臣
6091 *PC09* 四一次 *86*

二〇七五　□□□□〔朝臣カ〕
6091 Z 九七次 86

二〇七六　□□朝臣□
上端切断、下端二次的切断、左辺割れ、右辺の一部は二次的削り。
(105)×(21)×3 6081 AP46 一三六次 86
ヒノキ科・板目

二〇七七　□〔師カ〕宿祢□
6091 AJ47～AL47 一四〇次 86

二〇七八　□織連□□□
6091 BP47 九七次 86

二〇七九　明□〔緒カ〕
6091 PC09 四一次 87

二〇八〇　王秋麻
上端切断の後粗い削り、下端二次的切断、左辺割り、右辺二次的割り。
(106)×(12)×10 6081 PC09 四一次 87
ヒノキ科・柾目

一二〇八一　・福戸東人　□□
　　　　　　・□部難□〔波ヵ〕
上端切断、下端折れ、左辺二次的削りか割れ、右辺削り。
(94)×(18)×2　*6081*　*DJ34*　一五七次　*87*　ヒノキ科・柾目

一二〇八二　東人
6091　*AJ47~AL47*　一四〇次　*87*

一二〇八三　□荒弓
6091　*MI09*　四一次　*87*

一二〇八四　□　□〔稲ヵ〕万呂
6091　*MI09*　四一次　*87*

一二〇八五　□本石継
上下両端折れ、左辺二次的割り、右辺削り。
(56)×(13)×2　*6081*　*BH47*　九七次　*87*　ヒノキ科・柾目

一二〇八六　□□〔族ヵ〕馬□〔甘ヵ〕
6091　*AL47*　一四〇次　*87*

二〇八七　□部大蔵
」部須〻支万呂
上端腐蝕により形状不明、下端切断、左辺削り、右辺二次的割り。
(124)×(48)×4　6081　*AP46*　一三六次　*87*
スギ・板目

二〇八八　多麻呂
6091　*DC34*　一五七次補足　*87*

二〇八九　□人小千国
上端二次的切断、下端切断か、左右両辺削り。
(106)×27×3　6081　*PC09*　四一次　*87*
ヒノキ科・板目

二〇九〇　浄人三□〔人ヵ〕
上端は左端のごく一部のみ削り、下端折れ、左右両辺割れ。
(110)×(35)×3　6081　*AP46*　一三六次　*87*
ヒノキ科・柾目

二〇九一　□□□□□〔佐岐ヵ〕万呂
6091　*MI09*　四一次　*87*

二〇九二　□沙弥万呂
□
6091　*PC09*　四一次　*87*

一二〇九三　□佐美□〔麻ヵ〕　6091　PD09　四一次　87

一二〇九四　□□□□〔塩万ヵ〕　(82)×(8)×4　6081　MI09　四一次　86

上端折れ、下端二次的削りか、左右両辺二次的割り。　ヒノキ科・柾目

一二〇九五　□連建石　(185)×(12)×7　6081　BG47　九七次　88

上端折れ、下端切断、左辺割り、右辺割れ。　ヒノキ科・板目

一二〇九六　玉麻呂□　6091　BP47　九七次　88

一二〇九七・□豊人

・□部廣　(35)×(15)×1　6081　PC09　四一次　88

上下両端二次的切断、左辺削り、右辺割れ。　ヒノキ科・柾目

一二〇九八　□川益足　(58)×(15)×2　6081　MJ09　四一次　88

ヒノキ科・板目

上端二次的切断、下端折れ、左辺削り、右辺割れ。

三〇九九・真廣
・□成
(26)×13×1 *6081* *PC09* 四一次 *88*
ヒノキ科・柾目
上端折れ、下端二次的切断か、左右両辺削りか。

三一〇〇・麻呂廣麻呂
・□　□　［　　　　］　□□呂
279×(17)×4 *6081* *AA47* 一〇二次 *88*
スギ＊・板目
上下両端・左辺削り、右辺割れ。

三一〇一　□麻呂
(121)×(11)×7 *6081* *BG47* 九七次 *88*
スギ・板目
上端折れ、下端削り、左辺二次的削り、右辺割れ。

三一〇二　□□□□□〔万呂ヵ〕
162×(4)×6 *6081* *PC09* 四一次 *88*
ヒノキ科・板目
上下両端切断、左右両辺割れ。

一二一〇三　□□麻呂　　6091 PC09 四一次 88

一二一〇四　□□万呂　　(191)×13×2 6019 PC09 四一次 88
上端折れ、下端・左右両辺削り。　　ヒノキ科?・板目

一二一〇五　□麻呂　　6091 PC09 四一次 88
左辺は木簡の原形をとどめるか。

一二一〇六　臣宮人□　　6091 MI09 四一次 88

一二一〇七　女□□望麻呂
　　　　　　　　□□　　(115)×(18)×7 6081 PB09 四一次 88 ヒノキ*・柾目
上下両端二次的切断、左辺二次的削り、右辺削り。

一二一〇八　□〔百カ〕足□　　6091 MI09 四一次 88

三〇九　□〔諸カ〕勝□　6091 *MP09* 四一次 *88*

三一〇　□□〔宅主カ〕　(31)×(4)×1 6081 *PC09* 四一次 *88* 針葉樹・柾目

上下両端折れか、左右両辺割れか。

三一一　□和麻呂□□　6091 *MI09* 四一次 *88*

三一二　□□弓□□〔嶋カ〕　(73)×10×4 6081 *BG47* 九七次 *88* ヒノキ科・柾目

上下両端二次的切断、左辺割り、右辺削り。

三一三　□□〔勝カ〕　6091 *MI09* 四一次 *88*

三一四　□宿奈　6091 *MI09* 四一次 *88*

三二一五　□呂
(44)×(11)×1 *6081 PC09* 四一次 *88*
上端二次的切断、下端・右辺削り、左辺割れか。
ヒノキ科・柾目

三二一六　呂
6091 MI09 四一次 *88*

三二一七　右京一条三坊□□〔卅ヵ〕内□
6091 MI09 四一次 *89*

平城京内の条坊名を記した削屑。「卅」は面積を示す可能性がある。なお、現在平城京条坊の呼称は、小路によって分割された十六の区画を坪と称し、朱雀大路側の北端の坪から、南北に千鳥式に一坪、二坪…十六坪と呼称するのが一般的であるが、奈良時代史料の記載は条坊のみで、数字による坪付呼称の記載は基本的に認められない。奈良時代の年紀をもつ史料として唯一、大安寺の薗地に坪付呼称がみえるが（天平十九年〈七四七〉大安寺伽藍縁起幷流記資財帳写・国立歴史民俗博物館所蔵文書〈『大日古』二―六五七〉）、この文書は平安時代初頭を降らない時期に書写されたものとされ、これを除くと、確実な初見は、延暦二十三年（八〇四）六月二十日東大寺家地相換記（東南院文書三―二十九〈『大日古』東南院二―五五九〉）となる。

三二一八　□□□□〔大養徳上ヵ〕□
(149)×(5)×5 *6081 MJ09* 四一次 *89*
ヒノキ＊・板目

上端折れ、下端削り、左右両辺割れ。

三二九・大郡□□□大羅□
・内男人年五十

上下両端折れ、左右両辺割れ。「大羅」は、『和名抄』の摂津国住吉郡大羅郷にあたるか。

(146)×(13)×4 *6081 PB09* 四一次 *89*
ヒノキ科・板目

三三〇　丹比

6091 AL47 一四〇次 *89*

三三一　飛驒国□

上端切断、下端折れ、左辺割れ、右辺削り。

(111)×(10)×2 *6081 MI09* 四一次 *89*
スギ＊・板目

三三二・□□□□〔飛驒廣ヵ〕
・□□　□□〔九ヵ〕

上下両端二次的切断、左辺割り、右辺割れ。

(67)×(7)×4 *6081 BG47* 九七次 *89*
ヒノキ科・追柾目

一二一二三・鴾鴇文倭利足梁田
　　　　　安宗寒川都賀阿内
　　　　・□〔塩カ〕□

136×42×7 *6011* *AS47*　一一一次
ヒノキ科・板目 *89*

上端・左右両辺削り、下端切断。『和名抄』によると、下野国に梁田・安蘇・都賀・寒川の各郡がみえ、下野国の郡名を記したものか。「利足」は足利の転倒、「阿内」は河内の意、「塩」は塩屋の一字とみれば、やはり下野国の郡名となる。「文倭」は、倭文の転倒で、『和名抄』の下野国都賀郡委文郷にあたるか。諸本は、「秀文」（大東急記念文庫蔵本・高山寺本）、「秀父」（名古屋市立博物館蔵本）につくるが、いずれも「委文」の誤りと思われる。現在の栃木市志鳥町付近が当郷の遺称地と推測される。「鴾鴇」は不詳。

一二一二四　□岐国三野郡

(63)×22×3 *6081* *Z*　九七次
ヒノキ科＊・板目 *89*

上端二次的切断、下端折れ、左右両辺削り。「岐国三野郡」は、『和名抄』の讃岐国三野郡にあたるか。一文字目の残画は「讃」で矛盾しない。

一二一二五　上郡郡□□□

6091 *PC09*　四一次 *89*

三二六 □□郡 6091 MH09 四一次 89

三二七 神亀三年四月六日土師宿祢「老」 (161)×(20)×3 6081 BG47 九七次 90 スギ・板目

上端折れ、下端・左辺削り、右辺割れ。「老」は自署。

三二八 神亀五年正月 234×(10)×6 6031 BG47 九七次 90 ヒノキ科・板目

上下両端・右辺削り、左辺二次的割り。上端は切り込みの一部が残存しているか。

三二九 ・□　小子部□〔志カ〕□

・天平二年十一月廿三日文忌寸麻呂 (270)×(8)×5 6081 BG47 九七次 90 スギ・板目

上端折れ、下端切断か、左右両辺割れ。表面六文字目は、「支」の可能性がある。

三三〇 天平三年二月廿六 6091 BG47 九七次 90

一二一三一　・□□〔所ヵ〕［　　　］
　　　　　　・天平□〔三ヵ〕年三月十六日［　　　］

(200)×(10)×2 *6081* *BG47*　九七次　ヒノキ科・柾目 *90*

上端削り、下端折れ、左右両辺二次的割りか。

一二一三二　天　□

97×18×3 *6032* *DC34*　一五七次補足　ヒノキ科・柾目 *90*

四周削り。表面は削られていて、僅かに「天」のみが確認できる。年号の一部か。

一二一三三　□□〔護ヵ〕景□

(66)×(15)×6 *6081* *PC09*　四一次　スギ＊・板目 *90*

上下両端二次的切断、左右両辺割れ。

一二一三四　寶亀九年三月十六日正六位上□

(134)×(27)×2 *6081* *DG34*　一五七次　スギ・板目 *90*

上端二次的切断、下端二次的削り、左右両辺は年輪界に沿って割れ、または二次的割り。右辺の裏面は剥離する。

三一二五・□□□□
・寶亀□
上下両端切断、左右両辺割れ。
(57)×(4)×3 6081 MI09 四一次 90
ヒノキ科・板目

三一二六 □□〔寶亀カ〕
6091 MI09 四一次 90

三一二七 寶□
年号を記した木簡の削屑であろう。
6091 MI09 四一次 90

三一二八 五年四月内荒田井大夫銭□
163×65×8 6011 BG47 九七次 91
ヒノキ科・追柾目
四周削り。下端の削りは粗く、左の一部を欠損する。十二文字目は、「拾」または「給」の可能性がある。

三一二九 □□□□〔年カ〕
6091 AJ47～AL47 一四〇次 92

一二一四〇・□
・四月十六日□部□□麻呂　□

上下両端・右辺削り、左辺割り。

337×(20)×6 6081 BG47 九七次 91
サワラ＊・板目

一二一四一　五月夕

6091 PC09 四一次 92

一二一四二　□□□□　十一月廿五日〔酉時〕

上端・左辺削り、下端二次的削りか、右辺割り。

(205)×(10)×6 6081 BG47 九七次 92
ヒノキ科・板目

一二一四三　□□十一月日下部□

上下両端折れ、左右両辺割れ。

(129)×(8)×2 6081 AP46 一三六次 92
針葉樹・板目

一二一四四　□〔月ヵ〕十四

6091 AJ47~AL47 一四〇次 92

一二一四五　□廿一日

6091 Z 一五七次 92

三一四六　廿五日　廿九日　(38)×(10)×1　6081　PC09　四一次　92
ヒノキ科・柾目

上端折れ、下端切断、左辺削り、右辺割れ。

三一四七　□〔日カ〕□　6091　AL47　一四〇次　92

二文字目は、「謹」の可能性がある。

三一四八　□□〔日米カ〕　6091　AJ47〜AL47　一四〇次　92

三一四九　米　6091　BG47　九七次　92

三一五〇　□□米　6091　AJ47〜AL47　一四〇次　92

三一五一　[　　]春米牛□□　6091　PD09　四一次　92

一二一五二　・□□□〔絁廿疋ヵ〕□
　　　　　　・□□□〔布廿端ヵ〕□□〔廿ヵ〕口

上端・右辺削り、下端折れ、左辺二次的割り。

(196)×(11)×3 *6081* *BN47* 一七一次 *92*
ヒノキ科・板目

一二一五三　□銭□

6091 *MI09* 四一次 *92*

一二一五四　小高坏二足

上端折れ、下端・左右両辺削り。

(99)×16×3 *6019* *MI09* 四一次 *92*
スギ＊・柾目

一二一五五　□□□□〔瓦百ヵ〕九十二枚

上下両端削り、左辺割り、右辺割れ。

191×(11)×3 *6081* *AR47* 一〇二次 *92*
ヒノキ科・柾目

三二五六・□□□琴柱□
・□□
(70)×(12)×2 6081 BG47 九七次 92
ヒノキ科？・板目
上端・右辺削り、下端折れ、左辺割れ。

三二五七　天垣
120×39×5 6065 AR47 一〇二次 91
ヒノキ科・柾目
四周削り。「天垣」は、星の名前か。『隋書』天文志によると角宿（すぼし、現在のおとめ座）の中の星で、左方にある星。

三二五八　笠
6091 BG47 九七次 92

三二五九・車七両
□□□
・［　　　］
159×58×7 6011 BG47 九七次 93
ヒノキ科・柾目
上端切断、下端・左右両辺削り。裏面の文字は天地逆。

一二一六〇　□余羅懸蘿

　一二一五九と同一木簡の削屑であるが、接続しない。

6091 *BG47* 九七次 *92*

一二一六一　馬鹿七
□□□□□□　堅□

上端折れ、下端切断、左右両辺二次的割り。「鹿七」は、鹿毛馬七歳もしくは七匹の意か。

(91)×(11)×3 *6081 AK47* 一四〇次 *92*
ヒノキ科・柾目

一二一六二　□二人□

上下両端折れ、左辺割れ、右辺削り。

(58)×(12)×2 *6081 BD47* 一〇二次 *94*
ヒノキ科・板目

一二一六三　□〔弐カ〕人

6091 AL47 一四〇次 *94*

一二一六四　□□□□□□□□四人

上端折れ、下端切断、左右両辺割れ。

(137)×(8)×4 *6081 BI47* 九七次 *94*
針葉樹・板目

一三六五　十五人□□□□　(210)×(31)×2 *6011 MI09* 四一次 *94*
スギ＊・板目

上端切断、下端・左辺削り、右辺二次的削り。

一三六六　□　卅四人　*6091 MH09* 四一次 *94*

一三六七　□卅八人□　*6091 PC09* 四一次 *94*

一文字目は、「右」または「合」であろう。

一三六八　右四人□　*6091 AL47* 一四〇次 *94*

一三六九　右七人□□　101×(6)×6 *6081 PD09* 四一次 *94*
ヒノキ科・板目

上端削り、下端切断、左右両辺二次的割り。四文字目は、「持」または「侍」であろう。

一三七〇　九名□□　（刻書）　(116)×17×3 *6081 AT47* 一三六次 *94*
ヒノキ科・柾目

上端切断、下端二次的切断か、左辺削り、右辺割りか。四文字目は、国構の文字。

一二一七一　□一升

上端切断、下端折れ、左右両辺割れ。

(49)×(16)×1 *6081* *MI09* 四一次 *94*
ヒノキ科・板目

一二一七二　□升右

上下両端折れ、左右両辺削り。

(43)×22×1 *6081* *MI09* 四一次 *94*
ヒノキ科・柾目

一二一七三　三斗九升

左辺は木簡の原形をとどめる。

6091 *MI09* 四一次 *94*

一二一七四　廿文

上下両端切断、左右両辺削り。

60×23×3 *6011* *MI09* 四一次 *94*
スギ・板目

一二一七五・□嶋〔□□□□□／□□□〕并三斤

・［　　］

四周削り。

144×20×6 *6032* *DB34* 一五七次補足 *94*
ヒノキ科・柾目

釈　文

一二七六　□一隻　□□□　(132)×(10)×3 6081 *MI09* 四一次 *94*
スギ＊・板目

上端切断、下端折れ、左辺は上部のみ削りで下半は割れ、右辺割れ。

一二七七　□□□□〔廿村カ〕　*6091 MP09* 四一次 *94*

一二七八　六番　*6091 PC09* 四一次 *94*

一二七九　人他番　*6091 MI09* 四一次 *94*

一二八〇　□等□　*6091 AJ47〜AL47* 一四〇次 *94*

一文字目は、「二」または「三」であろう。

一二一八一・□一枝　□□□□□□□
・□
上下両端二次的切断、左右両辺割れ。
(105)×(18)×3　6081　BG47　九七次　95
ヒノキ科・板目

一二一八二・□〔八カ〕枝
・□　□　□　□
上端折れ、下端二次的削り、左右両辺二次的割り。
(190)×(19)×4　6081　BG47　九七次　95
ヒノキ科?・板目

一二一八三　□〔枝カ〕
6091　PC09　四一次　95

一二一八四　□〔九カ〕枚□
6091　AL47　一四〇次　95

三八五　枚□　(186)×26×5　6019　PC09　四一次　95
ヒノキ科・柾目
上端・左右両辺削り、下端二次的切断。

三八六　枚　6091　PD09　四一次　95

三八七　料　6091　AL47　一四〇次　95

三八八　□位　6091　AL47　一四〇次　95

三八九　一□□名二□入□〔引カ〕　(111)×14×5　6019　BC47　一一一次　95
ヒノキ科・板目
上端は左のごく一部のみ原形をとどめる可能性がある、下端・左右両辺削り。

三九〇　上六十□　6091　MJ09　四一次　95

三九一　□□　□□　迄十五□　6091　AS47　一三六次　95

一二一九二・□　□三□　□
　　　　　　□　□□
　　　　　・□　□　□□□

(110)×(7)×6　6081　BG47　九七次　95
ヒノキ科・板目

上端切断か、下端二次的削り、左右両辺割れ。表面一行目の二文字目は、言偏の文字、同四文字目は、獣偏の文字である。

一二一九三　□三□

6091　PC09　四一次　96

一二一九四　三□

(140)×(16)×4　6081　AL47　一四〇次　96
ヒノキ＊・板目

上端・左辺削り、下端二次的切断、右辺二次的割り。

一二一九五　□四□

6091　AL47　一四〇次　96

一二一九六　□四□

6091　PS09　四一次　96

一二九七　□四□三　　6091 DE34 一五七次 *96*

一二九八　□六　　(28)×(10)×1 6081 PS09 四一次 *96*
ヒノキ科・板目

上端・左辺削り、下端折れ、右辺割れ。

一二九九　七□　　6091 AL47 一四〇次 *96*

一三〇〇　□□〔七カ〕　　6091 AL47 一四〇次 *96*

一三〇一　□〔十カ〕三［　　］　　6091 AJ47～AL47 一四〇次 *96*

一三〇二　□五十　　6091 MI09 四一次 *96*

一三〇三　五十一　　6091 PD09 四一次 *96*

一二二〇四　□□□□〔八十カ〕

上端・左右両辺削り、下端折れ。

(174)×19×4 *6019* *BG47* 九七次 *96*
ヒノキ科・板目

一二二〇五　□百□□

上下両端二次的切断か、左辺削りか、右辺割れ。

(68)×(17)×1 *6081* *PC09* 四一次 *96*
針葉樹・柾目

一二二〇六　□〔百カ〕

6091 *MH09* 四一次 *96*

一二二〇七　五千

6091 *MI09* 四一次 *96*

一二二〇八・又三　又四　又四　又二　又二　又四　又十一　又十一　又十二　又八　又十

・　□□　□

(302)×(11)×2 *6081* *PD09* 四一次 *96*
ヒノキ科・柾目

上端折れ、下端・右辺削り、左辺二次的削り。

二三〇九　九〻八十一八九□〔七カ〕　85×8×3 6011 MI09 四一次 96
ヒノキ科・板目

上端・左右両辺削り、下端粗い削り。

二三一〇　□人□（絵）　6091 DC34 一五七次 97

呪符木簡の削屑の可能性がある。

二三一一　・「乃止浄麻　呂乃止臣」
徳足徳徳徳鳳至
・謹浄継継継人
「□□〔解カ〕□□□〔司カ〕」　119×(30)×13 6011 MI09 四一次 97
ヒノキ科・柾目

上下両端切断、左辺は原形で割ったまま、右辺二次的割り。習書木簡。表面の「徳足徳徳徳鳳至」と裏面の「謹浄継継継人」は同筆。「乃止浄麻呂乃止臣」と「□解□□司」は後筆。「鳳至」は能登国鳳至郡を指す可能性があり、二九六〇と関連する可能性がある。裏面二行目一文字目の残画は、「謹」で矛盾がない。

一二二一二・籠作鶏甘□□〔鶏籠カ〕□□□□□□□□

・籠□　□

上端・左辺削り、下端折れ、右辺二次的割り。表八文字目以下はすべて人偏の文字。習書か。

(326)×(35)×5 *6081* *AR47* 一一一次 ヒノキ科・板目 *98*

一二二一三・□
判判□〔官カ〕秦大蔵　秦大蔵□〔連カ〕　蔵蔵

・□市　秦　𡗗　秦𡗗𡗗𡗗　秦秦

上端折れ、下端・右辺削り、左辺割れ。

(281)×(17)×4 *6081* *BG47* 九七次 スギ・板目 *98*

一二二一四・秦□廣成廣益麻呂麻呂□足足

・足足足足足足足呂呂呂呂

上下両端切断、左右両辺削り。

244×18×6 *6011* *MI09* 四一次 スギ・板目 *98*

一二二一五　封封封□□〔封封カ〕

(204)×(15)×2 *6081* *BG47* 九七次 ヒノキ科・板目 *97*

上端削り、下端・左右両辺二次的削り。

一三二六・□□□□□□〔額田カ〕□□〔額田カ〕□高□〔家カ〕
・□□
上端削り、下端切断、左右両辺割れ。
177×(7)×5 *6081* *BG47* 九七次 ヒノキ科・板目 *97*

一三二七　観観観観□
上端削り、下端・左右両辺二次的削り。
(104)×(11)×3 *6081* *MH09,MI09* 四一次 スギ・板目 *97*

一三二八　礒礒部□□
上端は木簡の原形をとどめるか。
6091 *MH09* 四一次 *97*

一三二九　□□〔母母カ〕□母母母母□〔母カ〕母
上端折れ、下端は裏面から斜めに削り、左辺二次的割り、右辺削り。
(134)×(13)×3 *6081* *AL47* 一四〇次 ヒノキ科?・柾目 *97*

一二二二〇・□進進□□□
・□□□
上端折れ、下端切断、左辺割れ、右辺削り。
(263)×(9)×7 6081 *MH09* 四一次 *97*
ヒノキ科・板目

一二二二一・□紫幡河辺辺
・□〔人カ〕大大道道子□
上端二次的切断、下端折れ、左辺上半・右辺下半削り。
(103)×17×3 6081 *BI47* 一〇二次 *99*
ヒノキ科・板目

一二二二二　□〔塗カ〕塗塗塗
6091 *AL47* 一四〇次 *99*

一二二二三　太太太太
ほかに重書あり。
6091 *AL47* 一四〇次 *99*

一三三四・太本本□□
・　□□
上端・左辺削り、下端切断、右辺割れ。
93×(13)×3 *6081* *PC09* 四一次 *99*
ヒノキ科・柾目

一三三五　□□本本本本□〔本カ〕
上下両端折れか、左右両辺割れか。
(105)×(5)×3 *6081* *PC09* 四一次 *99*
ヒノキ科・柾目

一三三六　本本
6091 *PC09* 四一次 *99*

一三三七　□本本□
6091 *PC09* 四一次 *99*

以下の三点は、同一木簡の削屑であるが、直接接続しない。

一三三八　□本□□
6091 *PC09* 四一次 *99*

一三三九　□〔本カ〕□
6091 *PC09* 四一次 *99*

一二二三〇　〔本本カ〕□□□　6091 PC09 四一次 *99*

一二二三一　〔本本カ〕□□　6091 PC09 四一次 *99*

一二二三二　〔本本カ〕□□　6091 PC09 四一次 *99*

一二二三四と同一木簡の削屑と考えられるが、直接接続しない。

一二二三三　〔本カ〕一□□（墨線）　6091 PC09 四一次 *99*

一二二三四　□本　6091 PC09 四一次 *99*

一二二三三と同一木簡の削屑と考えられるが、直接接続しない。

一二二三五　□□　道道□□
□ □　(121)×(11)×12 6081 PS09 四一次 *100* ヒノキ科・板目

上下両端折れ、左右両辺割れ。

一三三六・□道
・□□
上端切断、下端・左辺削り、右辺割れ。
87×(9)×1　6081　*MI09*　四一次　*100*
スギ・板目

一三三七　道道
6091　*MI09*　四一次　*100*

一三三八　□□〔道道カ〕
6091　*MI09*　四一次　*100*

一三三九　□□道
6091　*MI09*　四一次　*100*

一三四〇　□道
6091　*PD09*　四一次　*100*

一三四一　道
6091　*MI09*　四一次　*100*

一三四二　道
6091　*MI09*　四一次　*100*

一二二四三　□〔道カ〕　6091 *MI09* 四一次 *100*

一二二四四　□〔道カ〕　6091 *PC09* 四一次 *100*

一二二四五　□〔首カ〕　6091 *PD09* 四一次 *100*

一二二四六　言道　6091 *PD09* 四一次 *100*

一二二四七・　□□□〔為為カ〕□
・□□□□□

(124)×(8)×4 6081 *MF09* 四一次 *100*
ヒノキ科?・柾目

上下両端切断、左右両辺割れ。

一三四八　・為□〔而カ〕之□□□□
・□□□□為□〔為カ〕
上端切断、下端折れ、左辺二次的割り、右辺上部削り下半割れ。
(142)×(13)×6　*6081*　*AN47*　一〇二次　*99*
ヒノキ＊・柾目

一三四九　□□〔堅〕□〔堅カ〕□
6091　*PC09*　四一次　*100*

一三五〇　夜夜夜□
6091　*PD09*　四一次　*100*

一三五一　□日日舎舎舎人
6091　*MI09*　四一次　*100*

一三五二　国国国
上端二次的削り、下端・右辺削り、左辺割れ。
(68)×(14)×1　*6081*　*MI09*　四一次　*100*
ヒノキ科・板目

一二二五三　□国　□　　6091　*MI09*　四一次　*100*

一文字目は、「島」または「鳥」であろう。

一二二五四　□〔国カ〕□　　6091　*AL47*　一四〇次　*100*

一二二五五　□物物　　6091　*MI09*　四一次　*100*

一二二五六　是是　　6091　*MI09*　四一次　*100*

一二二五七　机机　　(33)×19×2　*6019*　*DI34*　一五七次　*100*　スギ?・板目

上端折れ、下端・左右両辺削り。

一二二五八　席席　　(85)×(13)×3　*6081*　*BD47*　一一一次　*100*　ヒノキ科・追柾目

上端・左右両辺二次的削り、下端二次的切断。

一三五九　廣廣

上端折れで一部焼損、下端焼損、左辺割れ、右辺二次的削り。

(70)×(22)×5　6081　*MI09*　四一次　*100*
スギ・板目

一三六〇

飯飯飯
飯飯飯□〔飯〕□〔飯カ〕
請□〔飯カ〕四升四合
飯飯□〔飯カ〕
飯「御曹司」中　受飯三升
□□□　□

口径255×高さ15　6061　*MI09*　四一次　*101*
スギ・柾目

刳物の盤の底部外面に墨書したもの。表面の保存状態は極めて良く、およそ半分を欠失するが、直径二五cm程度の不整形の円形に復原できる。全面をヤリガンナ様の刃物で削りあるいは刳って成形している。削りの幅は最大三cmを測り、底部外面では年輪方向に一気に削っている。底部に比べて口縁部は厚く、口縁端部は幅広の水平面につくる。この平坦面の幅は一様ではなく、〇・九〜二cmの差異がある。底部内面は使用のために成形痕が磨滅しており、表面には鋭利な刃先による直線上の使用痕跡が無数に残る。「御曹司」はこの器の所属を示す盤の用途に伴う墨書。ほかは別筆の習書。奈文研『木器集成図録　近畿古代篇』二八〇七号。

一二二六一　右□

(211)×8×4 6061 AP46 一三六次 スギ・柾目 102

上端・左右両辺削り、下端折れ。右辺に深さ一㎜前後のV字形の切欠が六箇所認められ、切欠の間隔は、上端から二六㎜・一三㎜・一七㎜・一九㎜・一七㎜・八二㎜、複数の切欠に墨が認められる。文書の横界線を引くために用いられた定木であろう（竹内亮「文書用界線割付定木二態」『紀要二〇〇四』）。

一二二六二　穂積

復原径226×高(58)×4 6061 MS09 四一次 ヒノキ科・板目 102

曲物の側板。

一二二六三・□〔国カ〕依賜

・□□　(左側面)

・□〔為カ〕□□
□

188×(105)×7 6011 AA47 一〇二次 ヒノキ＊・板目 103

上下両端・左辺削り、右辺二次的削りか。

一三六四　□□

(61)×(61)×21　6065　AP46　一三六次　ヒノキ科・柾目　102

四周二次的削りか。用途不明の木製品に墨書のあるもの。現状では墨痕が薄く釈読できない。類例に、平城宮跡東方官衙のＳＫ一九一八九土坑（平城第四四〇次調査）から出土した木製品がある（『紀要二〇〇九』）。

一三六五　相

(11)×(24)×3　6065　DZ　一五七次　ヒノキ科・柾目　102

曲物側板の断片の可能性がある。

一三六六　□　□国□
湯坐□□〔山カ〕

123×(19)×4　6031　MF09　四一次　ヒノキ科?・柾目　102

上下両端・右辺削り、左辺は切り込みより上部のみ削りで原形を保つ。

一三六七・□大納□
・□□□〔服カ〕□

(78)×(16)×2　6081　PC09　四一次　スギ?・板目　102

上下両端二次的切断、左右両辺二次的削り。

一二二六八・□足綱
　　　　　　　　　　　　　　　　　　　　　　　　　　　　桅師
・　□
上下両端二次的切断、左右両辺削り。
(53)×57×5 6081 PC09 四一次 ヒノキ科・柾目 102

一二二六九・長□
　　　　　　文□
　　　　　　□□
・應□
□
上端削り、下端折れ、左右両辺割れ。
(26)×(18)×3 6081 PC09 四一次 ヒノキ科・板目 102

一二二七〇□□□忌土□　女
□□□　□
上端二次的切断か、下端切断か(腐蝕)、左右両辺削り。左行二文字目は、「男」または「界」であろう。
(173)×27×3 6019 MI09 四一次 スギ・板目 104

一二二七一□□□□　□目□
(130)×(11)×3 6081 BG47 九七次 ヒノキ科・板目 104

上端削り、下端折れ、左辺割り、右辺二次的削り。

一三七二　□□書戸主道□　6091 PC09 四一次 104

「戸主」は合字。

一三七三　□主□〔送ヵ〕□　6091 BC47 一一一次 104

一三七四　無□〔温既ヵ〕□□手
□
(103)×(19)×3 6081 BJ47 九七次 104 ヒノキ科・板目

上端折れか、下端切断か、左辺削り、右辺割れか。

一三七五　□波部荷一国　(77)×(14)×2 6039 PC09 四一次 104 ヒノキ科・柾目

上部は丸く削って尖らせる、下端折れ、左辺削り、右辺割れ。形代、あるいは人形の左半分の可能性がある。

一二二七六・得日向□□〔国国カ〕
・□

上端切断、下端折れ、左辺削り、右辺割れ。

(149)×(27)×2　6081　*DG34*　一五七次　*104*
ヒノキ科・柾目

一二二七七　□〔国カ〕　□□
□□

上端二次的切断、下端切断、左辺上半のみ削りで下半は割れ、右辺下半は二次的削り上半は割れ。

(158)×(17)×2　6081　*BD47*　一〇二次　*104*
ヒノキ科・板目

一二二七八　□□〔草カ〕夕□□□□

上端折れ、下端切断、左右両辺割れ。

(157)×(18)×3　6019　*PC09*　四一次　*104*
ヒノキ科・板目

一二二七九　□□〔本カ〕小□大□

6091　*MI09*　四一次　*104*

一二二八〇　□長之聞□

6091　*PD09*　四一次　*104*

一三八一　□屋坐□長　6091 PD09 四一次 104

一三八二　□□□〔屋壱カ〕門
上端削り、下端折れ、左右両辺二次的削り。
(121)×(25)×3 6065 BG47 九七次 104 ヒノキ科・板目

一三八三　□宇努□　6091 PD09 四一次 104

一三八四　□□〔人カ〕□□〔道カ〕
上下両端折れ、左右両辺割れ。
(151)×(15)×2 6081 AI47 一一一次 104 ヒノキ科・板目

一三八五・□　合□〔陸カ〕
・□□□□
上下両端折れ、右辺削り、左辺割れか。
(47)×(18)×2 6081 DJ34 一五七次 105 ヒノキ科・柾目

一二二八六　□　合□□

上端・左辺削り、下端二次的切断か、右辺割り。

(128)×14×3 *6081* *BG47* 九七次 *105*
ヒノキ科?・板目

一二二八七・□□□□□□□

・□内黒子□□□□□□□

上端二次的削り、下端折れ、左右両辺二次的割り。

(152)×(6)×6 *6081* *BB47* 一〇二次 *105*
ヒノキ科・板目

一二二八八　逃亡□□□□

6091 *PS09* 四一次 *105*

一二二八九　□□〔京ヵ〕来□

6091 *DC34* 一五七次補足 *105*

一二二九〇・升飛□

・□　□

上端二次的削り、下端削り、左辺割れ、右辺二次的割り。

(50)×(10)×3 *6081* *MI09* 四一次 *105*
ヒノキ科・板目

一三九一・□□□〔付カ〕
・□
上端・右辺削り、下端二次的切断、左辺割れ。
(68)×(11)×2　6081　MF09　四一次　105
スギ?・柾目

一三九二　□御
6091　MI09　四一次　105

一三九三　□□奉□
6091　DC34　一五七次補足　105

一三九四・□工　司美備
・□□
上端・右辺削り、下端折れ、左辺割れ。
(50)×(31)×2　6081　BG47　九七次　105
ヒノキ科・柾目

一三九五　□□□□〔司カ〕
6091　DH34　一五七次　105

一二二九六　〔郡カ〕□□　　6091 AL47　一四〇次　105

一二二九七　〔駅カ〕□□　　6091 AL47　一四〇次　105

一二二九八　□戸□　　(26)×18×2　6081 BO47　九七次　105
ヒノキ科・追柾目

上端折れか、下端二次的切断か、左右両辺削り。

一二二九九　□□除□　　6091 BH47　九七次　105

右辺は木簡の原形をとどめる。一二三〇〇と同一木簡の削屑であるが、接続しない。

一二三〇〇　見有　　6091 MI09　四一次　105

一二三〇一　右有　　6091 DD34　一五七次　105

一三〇二　□□右□ □　6091 AL47 一四〇次 105

一三〇三　□〔右カ〕□　6091 PD09 四一次 105

二文字目は、言偏の文字。

一三〇四　右　6091 PC09 四一次 105

一三〇五　□〔参カ〕　6091 MH09 四一次 105

一三〇六と同一木簡の削屑であるが、直接接続しない。

一三〇六　□□〔代カ〕　6091 MH09 四一次 105

一三〇五と同一木簡の削屑であるが、直接接続しない。

一三〇七　□□ □〔間カ〕□　6091 MH09 四一次 105

一二三〇八　□〔人カ〕親□　6091 MJ09 四一次 106

一二三〇九と同筆か。

一二三〇九　□親　6091 MJ09 四一次 106

一二三〇八と同筆か。

一二三一〇　□上□　6091 PC09 四一次 106

一二三一一　□下寮　6091 AJ47～AL47 一四〇次 106

一二三一二　下船□　6091 MJ09 四一次 106

一二三一三　下□　6091 AL47 一四〇次 106

一二三一四　□□〔高カ〕□　6091 DH33 一五七次 106

一三一五・大□　□□
・□□
上端切断後粗い削り、下端折れ、左辺削り、右辺割れ。
(109)×(18)×4 6081 MI09 四一次 106
スギ・板目

一三一六・□□大□□
・　　□
上下両端折れ、左右両辺割れ。表面一・二文字目は、者を旁にもつ文字。
(80)×(7)×1 6081 MI09 四一次 106
ヒノキ科・柾目

一三一七　□□〔大ヵ〕□□□□□□
6091 MI09 四一次 106

一三一八　□　□□　□〔大ヵ〕
6091 AS47 一三六次 106

一三一九　□〔大ヵ〕□
6091 AJ47～AL47 一四〇次 106

一二三二〇　□□〔大ヵ〕　　6091 MI09 四一次 106

一二三二一　大　　6091 MH09 四一次 106

一二三二二　□□太□　　(123)×21×5 6019 MC09 四一次 106
上端折れ、下端・左右両辺削り。　ヒノキ科・柾目

一二三二三　中　　6091 PC09 四一次 106

一二三二四　衛　　6091 MI09 四一次 106

一二三二五　□□　□守□　□　　(195)×(25)×4 6081 AP46 一三六次 106
上端折れ、下端削り、左辺割り、右辺割れ。　ヒノキ科・板目

一三二六 □〔守カ〕

6091 MI09 四一次 106

一三二七 □〔守カ〕

6091 PC09 四一次 106

一三二八 足所守

6091 PC09 四一次 107

一三二九 ・□□□□□〔足カ〕
・□

上下両端切断、左辺二次的割り、右辺二次的削り。

119×(10)×3 6081 MI09 四一次 107
ヒノキ科・柾目

一三三〇 □□足□□

6091 MM09 四一次 107

一三三一 足

上端折れ、下端切断、左辺割れ、右辺削り。

(89)×(6)×5 6081 PC09 四一次 107
ヒノキ科・板目

一二三三二　足

6091 *BG47*　九七次　*107*

一二三三三　□足

6091 *MI09*　四一次　*107*

一二三三四　□足

6091 *AL47*　一四〇次　*107*

一二三三五　□〔足ヵ〕

6091 *MI09*　四一次　*107*

一二三三六　□　▭　□　□□□人

上下両端・右辺削り、左辺二次的割り。腐蝕により樹種は確定できない。

249×(13)×2　6081　*AJ47*　一四〇次　ヒノキ科?・板目　*107*

一二三三七　人

上端折れか、下端切断、左右両辺割れ。

(72)×(5)×2　6081　*PC09*　四一次　ヒノキ科・柾目　*107*

一二三三八　人

上端削り、下端折れ、左右両辺割れ。

(69)×(9)×3　6081　*DH33*　一五七次　スギ＊・板目　*107*

一三三九 □□人 6091 MI09 四一次 107

一三四〇 □人□ 6091 AL47 一四〇次 107

一三四一 人 6091 PC09 四一次 107

一三四二 人 6091 MI09 四一次 107

一三四三 呂 6091 AJ47～AL47 一四〇次 107

一三四四 □□交□ 6091 AJ47～AL47 一四〇次 107

一三四五 □□徳 6091 PC09 四一次 107

一三四六 荷□ (30)×25×1 6081 PC09 四一次 107 ヒノキ科・柾目

上端折れ、下端二次的切断、左右両辺削り。

一二三四七　替　6091 *AL47* 一四〇次 *107*

一二三四八　□〔前カ〕　6091 *AL47* 一四〇次 *107*

一二三四九　无　6091 *PC09* 四一次 *107*

一二三五〇　□〔白カ〕　(15)×(9)×1 6081 *PC09* 四一次 *107*　ヒノキ科?・柾目

上下両端折れか、左辺削りか、右辺割れか。

一二三五一　□□〔長カ〕□　6091 *PD09* 四一次 *107*

一二三五二　□〔長カ〕□　6091 *MI09* 四一次 *107*

一二三五三　□〔石カ〕□　6091 *BC47* 一一一次 *107*

一三五四　□〔丸カ〕□　6091 BC47 一一次 107

一三五五　□〔槐寒カ〕□□　6091 PC09 四一次 107

一三五六　□〔伯カ〕□　6091 PC09 四一次 107

一三五七　□〔得カ〕□□　6091 MF09 四一次 108

一三五八　得　6091 MF09 四一次 108

一三五九　神　6091 MI09 四一次 108

一三六〇　伴　6091 PC09 四一次 108

一三六一　葛　6091 PD09 四一次 108

一二三六二　□造　6091 AL47　一四〇次　108

一二三六三　□〔直カ〕勝□〔案カ〕　6091 AL47　一四〇次　108

一二三六四　□〔奄カ〕　6091 PC09　四一次　108

一二三六五　□□〔漢カ〕□□□〔造カ〕　6091 MI09　四一次　108

一二三六六　麻　6091 MI09　四一次　108

一二三六七　廣　6091 PC09　四一次　108

一二三六八　継　6091 MH09　四一次　108

一二三六九　□□〔賀カ〕□　(55)×(15)×5　6081 AQ47　一一一次　108　ヒノキ科・柾目

上下両端折れ、左辺は腐蝕により不詳、右辺削りか。

一三七〇　□□□〔故者ヵ〕□□　6091 MO09 四一次 108

一三七一　□刀
□　6091 AJ47～AL47 一四〇次 108

一三七二　□比
□　6091 AJ47～AL47 一四〇次 108

一三七三　□□間　6091 DC34 一五七次 108

一三七四　□〔酒ヵ〕　6091 MI09 四一次 108

一三七五　□〔出ヵ〕　(18)×(15)×2 6039 DJ35 一五七次 108
ヒノキ科・柾目

上端・左辺削り、下端二次的削り、右辺二次的割り。切り込みの一部をとどめる。

一二三七六　□〔焼カ〕　6091　MI09　四一次　108

一二三七七　□□〔立カ〕　6091　MI09　四一次　108

一二三七八　田□　6091　MI09　四一次　108

一二三七九　□〔口カ〕　6091　MI09　四一次　108

一二三八〇　□〔江カ〕□□　6091　MJ09　四一次　108

一二三八一　□〔山カ〕□　6091　DH34　一五七次　108

一二三八二　□山　(72)×25×3　6039　BG47　九七次　108　スギ＊・板目

上端・左右両辺削り、下端折れ。上端左右は切り込みより上を欠く。形代の可能性がある。

一三八三　□〔納カ〕□□□□　6091 *AJ47～AL47*　一四〇次　*108*

一三八四　□〔侍カ〕　6091 *MJ09*　四一次　*108*

一三八五　□〔物カ〕食　(87)×(15)×3　6081 *PC09*　四一次　*108*

上端折れ、下端切断、左右両辺割れ。　ヒノキ科・板目

一三八六　坐　6091 *PC09*　四一次　*108*

一三八七　合四人□　6091 *PC09*　四一次　*108*

一三八八　今　6091 *AL47*　一四〇次　*108*

一三八九　□〔会カ〕　6091 *AL47*　一四〇次　*108*

一二三九〇　□□良

二文字目は、「佐」または「波」であろう。

6091 AL47　一四〇次　108

一二三九一　丙

「病」の一部である可能性が高い。

6091 PS09　四一次　108

一二三九二　患

6091 AJ47～AL47　一四〇次　108

一二三九三　┆┆□□〔留ヵ〕□

界線（刻界）が二本引かれる。一文字目は、「右」の可能性がある。

6091 PD09　四一次　108

一二三九四　□□□

一文字目と二文字目は、革偏の文字。

6091 DC34　一五七次　108

一二三九五　□宣
□

6091 AL47　一四〇次　109

一三三九六　請　□　　6091 *Z*　九七次　*109*

一三三九七　□〔長ヵ〕□　□　□□〔仍ヵ〕　　6091 *DC34*　一五七次　*109*

一三三九八　□　□應　　6091 *AJ47〜AL47*　一四〇次　*109*

一三三九九　□　□□　大　刑　□□　□□
　　　　　　　□□　□　部　□□　□□　　(19)×(125)×2　6081 *PC09*　四一次　*109*

上下両端折れ、左右両辺二次的削り。　　ヒノキ科・板目

一三四〇〇　□
　　　　　　□〔司ヵ〕　　6091 *AJ47〜AL47*　一四〇次　*109*

一二四〇一　・□□□□□下□□□□
　　　　　　・初□
　上端切断、下端折れ、左右両辺二次的削り。
(15)×(275)×12　6081　BG47　九七次　109
ヒノキ科・板目

一二四〇二　□〔初ヵ〕　6091　MJ09　四一次　109

一二四〇三　□〔初ヵ〕　6091　MJ09　四一次　109

一二四〇四　従　6091　AL47　一四〇次　109

一二四〇五　□佐□□　6091　PC09　四一次　109

一二四〇六　□　□〔丁ヵ〕　6091　PC09　四一次　109

三四〇七　□乙」□」□」
　　　　　□
(13)×(117)×1 6081 *PD09* 四一次 *109* ヒノキ科・板目

三四〇八　□□□□弓削□
　　　　　□□
6091 *DC34* 一五七次補足 *109*

三四〇九・内　神　□〔市カ〕
・□□囚囚□
上端切断、下端折れ、左辺割れ、右辺削り。
(15)×(110)×2 6081 *MF09* 四一次 *109* ヒノキ科・板目

三四一〇　□□　□〔麻カ〕麻□〔麻カ〕
　　　　　□　□〔呂カ〕呂
6091 *PC09* 四一次 *109*

一二四一一　□□　□麻呂　□〔部カ〕老人□

6091 AL47　一四〇次　109

一二四一二　□　□〔武カ〕　□□

上端折れ、下端削り、左右両辺割れ。

(5)×(101)×4　6081　MI09　四一次　110　スギ・板目

一二四一三　□□□□□□〔丹カ〕□〔丹カ〕◇造

上端二次的削り、下端・右辺削り、左辺割れ。

(31)×(296)×3　6081　PD09　四一次　110　スギ・板目

一二四一四　□張
□

6091 AJ47～AL47　一四〇次　110

一二四一五　□人　□〔国カ〕

6091 AJ47～AL47　一四〇次　110

下端と左辺は木簡の原形をとどめる。

三四一六　「□□　□田□　6091 PC09 四一次 110

三四一七　田　6091 MI09 四一次 110

三四一八　□〔一ヵ〕人　6091 PD09 四一次 110

三四一九　六人　6091 AJ47~AL47 一四〇次 110

三四二〇　□□〔四ヵ〕　□十二人　□〔四ヵ〕人　□　6091 MI09 四一次 110

一二四二一　□　八　6091 AJ47~AL47 一四〇次 110

一二四二二　□八□　6091 AJ47~AL47 一四〇次 110

一二四二三　□三　6091 DI34 一五七次 110

一二四二四　三　6091 AL47 一四〇次 110

一二四二五　六□　6091 BG47 九七次 110

一二四二六　□　十　6091 PC09 四一次 110

右辺は木簡の原形をとどめる。

三四二七　又
十
(13)×(107)×3 6081 PA09 四一次 110
ヒノキ科・柾目
上下両端折れ、左辺の大部分は割り、右辺削り。

三四二八　□
□〔百カ〕
(15)×(81)×4 6081 BK47 一七一次 110
ヒノキ科・柾目
上下両端切断か、左右両辺割れ。

三四二九　□〔百カ〕
九
十
6091 AJ47~AL47 一四〇次 110

三四三〇　□〔瓦カ〕　□
6091 Z 九七次 110

三四三一　鉏
6091 PS09 四一次 110

一二四三二　□〔雑カ〕論
　　　　　　□　　□
6091 DH33 一五七次 110

一二四三三　竹
6091 PC09 四一次 111

一二四三四　浄
6091 PC09 四一次 111

一二四三五　成
6091 PC09 四一次 111

一二四三六　□（墨線）□
　　　　　　嶋一□
6091 PC09 四一次 111

一二四三七　□〔川カ〕□
6091 PC09 四一次 111

一二四三八　□水□
上下両端二次的切断、左辺削りか（腐蝕）、右辺割れ。
(17)×(60)×3 6081 PD09 四一次 111
ヒノキ科・柾目

一三四三九　田　伊　6091 *PC09* 四一次 *111*

一三四四〇　□生〔カ〕　6091 *Z* 九七次 *111*

一三四四一　□□　□向〔カ〕　(12)×(107)×6 6081 *AP46* 一三六次 *111* ヒノキ＊・柾目

上端折れ、下端切断、左右両辺二次的割り。

一三四四二　長□　6091 *AL47* 一四〇次 *111*

一三四四三　東　6091 *MI09* 四一次 *111*

一三四四四　中　6091 *MI09* 四一次 *111*

一三四四五　□麻　6091 *MI09* 四一次 *111*

一二四四六　□□
　　　　　　□桜□
　　　　　　□
6091 AL47 一四〇次 *111*

一二四四七　□〔竹カ〕
6091 AL47 一四〇次 *111*

一二四四八　□〔胡カ〕
6091 MI09 四一次 *111*

一二四四九　道
6091 PC09 四一次 *111*

一二四五〇　知　□
　　　　　　□
右辺は木簡の原形をとどめる。
6091 PC09 四一次 *111*

一二四五一　□　□〔全カ〕
6091 MI09 四一次 *111*

一三四五二　□□　□〔別ヵ〕□　□　□　(10)×(163)×5　*6081*　*MC09*　四一次　*111*
ヒノキ科・板目

上下両端折れ、左右両辺割れか。

一三四五三　□口　□□　*6091*　*BI47*　九七次　*111*

SD五五〇五溝　6ABE

一三四五四・天山司解　進上飛炎卌九枝
・「勘了」　238×38×5　*6011*　*MG08*　四一次　*112*
ヒノキ科・柾目

四周とも部分的にではあるが原形の削りを残す。右下は小刀で切断。「飛炎」は飛檐垂木のこと。軒が上下二段で出の異なる垂木からなる場合、上段にある垂木を指す。裏面の「勘了」は別筆で、材木の数量を照合した時のものであろう。

一二四五五　□□〔進上カ〕□□□〔廿一カ〕□　(81)×(7)×5　*6081*　*MG07*　四一次　*112*　ヒノキ科・柾目

上端切断、下端折れ、左辺削り、右辺割れ。三・六文字目は、いずれも木偏の文字で、三文字目は「榑」、六文字目は「村」の可能性がある。

一二四五六・□〔犬カ〕甘□〔部カ〕□□申□□
・□□□□□　(168)×(17)×5　*6081*　*MG07*　四一次　*112*　ヒノキ科・板目

上下両端折れ、左辺削り、右辺二次的削り。

一二四五七・英多郡
・奈羅□〔列カ〕□□
□支部力一斗五升□□□□　(98)×(20)×5　*6065*　*MF08*　四一次　*112*　スギ・板目

上下両端二次的切断、左右二次的削りで下端に向かって左右から細く削り出す。「英多郡」は、『和名抄』の美作国英多郡にあたる。刷毛の柄、杓子への転用品などの可能性がある。

三四五八　絁□〔十ヵ〕□　受□□□〔益ヵ〕□

(116)×(8)×2 *6081* *MG08* 四一次 *112*
ヒノキ科・板目

上端折れ、下端切断、左右両辺割れ。

三四五九　□南□□土百卅四石車

6091 *MG08* 四一次 *112*

一文字目は、「連」「運」など、三文字目は、「坊」の可能性がある。

三四六〇　揖保郡二斗九升

202×20×4 *6032* *MF07* 四一次 *113*
ヒノキ科・板目

四周削り。「揖保郡」は、『和名抄』の播磨国揖保郡にあたる。品目不詳。

三四六一　美作□勝田

(123)×29×5 *6039* *MF07* 四一次 *113*
スギ・柾目

上端・左右両辺削り、下端折れ、右辺は腐蝕が著しい。「美作□勝田」は、『和名抄』の美作国勝田郡にあたるか。「国」に相当する三文字目は、傷により字画を追えない。

一二四六二・□〔跡ヵ〕部郷廣見
・□年正月

(72)×20×5 *6019* *MG07* 四一次 *113*
ヒノキ科?・板目

上端二次的切断、下端二次的に右辺から丸く削って尖らせる、左右両辺削り。「跡部郷」は、『和名抄』の河内国渋川郡、伊勢国安濃郡、美濃国武芸郡、信濃国小県郡、豊後国大分郡にみえる。

一二四六三　□里土人

(90)×(28)×5 *6019* *MG07* 四一次 *113*
ヒノキ科・板目

上端折れ、下端切断、左辺削り、右辺二次的削り。

一二四六四・□　■栗前黒継末
・□　□

(182)×14×2 *6081* *MF08* 四一次 *113*
ヒノキ科・板目

上端折れ、下端二次的切断か、左右両辺削り。

三四六五・□佐久良廣麻呂
・□　人
上端二次的切断、下端削り、左辺割れ、右辺削り。
(64)×(17)×3 *6081 MG08* 四一次 *114* ヒノキ科・柾目

三四六六　大野□□□　□　□
上端折れ、下端切断か、左右両辺削り。五文字目は、「伴」「件」などの可能性がある。
(162)×43×6 *6081 MG08* 四一次 *113* ヒノキ科・柾目

三四六七・六月廿一日□□□□□
・□　□□
上端削り、下端二次的削り、左右両辺割れ。
(182)×(9)×3 *6081 MF08* 四一次 *113* ヒノキ科・板目

三四六八　□卌四顆
上端折れ、下端切断、左右両辺割れ。
(39)×(10)×2 *6081 MG08* 四一次 *114* ヒノキ科・板目

一二四六九・□□□□
石□□□□□□□
・□□□□□
上端切断、下端折れ、左右両辺割れ。
(98)×(19)×2 6081 MG08 四一次
ヒノキ科・追柾目 114

一二四七〇□石□□
上端折れ、下端・左右両辺削り。
(67)×25×9 6019 MG08 四一次
ヒノキ科・柾目 113

一二四七一・播　料料料料料料料料料
□□□料
足寳寳笠笠笔築築築□
□□□
菜菜寳□足沢緡緡緡緡
・□□□□□□益
更周
往更更便便額額額田部部
周
調調調長長長長籍籍籍籍
239×58×3 6011 MG08 四一次
ヒノキ科・追柾目 114

四周削り。曲物底板の断片の可能性がある。

三四七二・□〔万ヵ〕呂　老　田田
　　　　　飛　飛　飛　飛
　　　　　□〔者ヵ〕　□
　　　　・「解」
　　　　　何　　　　　進上
　　　　　何何何何河進上
(94)×(23)×2 *6065 MG08* 四一次 *114*
ヒノキ科・板目

上部は左右から粗く丸く削って尖らせる、下端切断、左辺割れ。木簡を二次的に加工したもの。

三四七三　一□三□□□
(86)×(11)×3 *6081 MG08* 四一次 *113*
ヒノキ科・板目

上端切断、下端折れ、左右両辺割れ。

三四七四　□□□〔卅ヵ〕三
6091 MG08 四一次 *113*

一二四七五　□〔阿カ〕□□□〔虫カ〕　□　6091 MG07 四一次 113

一二四七六　□〔造カ〕□　6091 MG07 四一次 114

一二四七七　□〔呂カ〕　6091 MG07 四一次 114

ＳＤ五五六四溝　6ABF

一二四七八　一升人給□□□〔料カ〕又五合　6091 MI10 四一次 115

「人給」は、供御の対概念となる官人への支給物の意。「人給」は、『平城宮木簡一』三〇四、『平城宮木簡二』二四九二、ＳＤ四九五一溝出土墨書土器（『平城宮出土墨書土器集成』Ⅰ665・694）などにみえるほか、その調達・管理を担う機構としての「人給所」が、『平城宮木簡三』三五三五、ＳＤ一二五〇溝出土墨書土器（『平城宮出土墨書土器集成』Ⅰ735）などにみえる。

二四七九　・去勝寶九歳
　　　　　・奈良□□〔勘ヵ〕帳
(68)×18×3　6061　MI10　四一次　115
ヒノキ科・柾目

題籤部四周削りで完存、軸部は折れ。

二四八〇　熬海鼠
127×17×3　6051　MI10　四一次　115
ヒノキ科・柾目

四周削り。イリコの付札。SD三七一五溝から出土した一九七七・一九七九・一九八〇・一九八二・一九八三の付札と形状が酷似する。

二四八一　□万呂
6091　MI10　四一次　115

二四八二　道
6091　MI10　四一次　115

二四八三と同一木簡の削屑で同筆と思われるが、接続しない。

二四八三　道
6091　MI10　四一次　115

二四八二と同一木簡の削屑で同筆と思われるが、接続しない。

ＳＤ五四九〇溝　6ABF

一二四八四　・□宮□□
　　　　　　・□　□□
117×10×2　6051　PS08　四一次　ヒノキ科・板目　115

四周削り。

ＳＤ八四一九溝　6ABF

一二四八五　□□□〔大進ヵ〕　□□
6091　BH46　九七次　115

「大進」は、職ないし春宮坊の第三等官。

一二四八六　・月□　□
　　　　　　・元年正月
(72)×(25)×2　6081　BH46　九七次　ヒノキ科・柾目　115

上下両端二次的切断、左右両辺割れ。

三四八七　〔川カ〕
□

6091 BH46 九七次 115

SK三七三〇土坑　6ABE

三四八八　角俣

198×23×3 6031 KK13 二七次 115 ヒノキ科・板目

四周削り。「角俣」（ツノマタ）は海藻の一種。鹿角菜がコトジツノマタに比定されるのに対し、ツノマタ・ヒラコトジなどの類にあたるものという。ツノマタの付札の類例に、『平城宮木簡三』三〇七三、『平城京木簡三』四九八〇、徳島県観音寺遺跡出土木簡二二〇号（㈶徳島県埋蔵文化財センター『観音寺遺跡(V)』二〇〇九年）がある。

三四八九　〔大カ〕
□□□

166×25×4 6011 KK13 二七次 115 ヒノキ科・柾目

上端切断、下端切断と思われるが腐蝕により未詳、左右両辺削り。

SD一〇三二五溝

6ABH・6ABI・6ABJ

一二四九〇　□□〔職奏ヵ〕　□　　6091　AK51　一四〇次　116

一二四九一　中衛府□〔奏ヵ〕　　6091　AK51　一四〇次　116

一二四九二　左兵衛府奏　□□
「□□　□□」　　6091　AK51　一四〇次　116

一二四九三　造曹司所請□　　6091　AK51　一四〇次　116

上端は木簡の原形をとどめる。

一二四九四　「∀」中衛□□〔人ヵ〕　　6091　AK51　一四〇次　116

天地逆に書かれている一文字目は、鏡文字か。

一三四九五・西大宮正月仏　御供養雑物買残銭

・一貫五百六十文□□油五升　正月十六日添石前

166×20×6 *6032* *AK51* 一四〇次 *116*
ヒノキ科・板目

四周削り。右辺は切り込みより下部を欠き、割り。「西大宮」は、第一次大極殿院地区のⅡ期の宮殿群に比定される、いわゆる西宮。西宮で行われた正月仏事に関わる銭の付札。西宮の時代に行われた仏事として、神護景雲元年（七六七）八月の西宮寝殿に設けられた斎（『続日本紀』同月乙酉条）などが知られる。この木簡が、正月八日から七日間行われる正月御斎会に関わるとする理解もあるが、平安時代の御斎会は一貫して大極殿儀であり、その法会の場は奈良時代以来の伝統であると推測されることから、天皇御在所である西宮の正月仏事を御斎会とするには、問題が残る。

一三四九六・［　　　　］荒国 □足　□□呂 已上五人朝夕給了勿□

・　　十二月十四日中臣「大庭」

(265)×30×2 *6019* *AK51* 一四〇次 *117*
スギ・板目

上端折れ、下端・左右両辺削り。「荒国」の上には二人分の人名が記されているのであろう。「大庭」は自署か。

一二四九七・□飯四具〈三具舎人三口料／一具客人料者〉・□月廿日葛野足山　(149)×35×1　6019　Z　一四〇次　118　ヒノキ科・柾目

上端折れ、下端切断、左右両辺削り。

一二四九八　□〔清カ〕浜〔年カ〕□□〔廿カ〕　6091　AK51　一四〇次　116

一二四九九・造宮省□□・□　(115)×(11)×3　6081　AK51　一四〇次　116　ヒノキ科?・板目

上端・左辺削り、下端折れ、右辺割りまたは割れ。「造宮省」は、平城宮の造営を担う令外官。和銅元年（七〇八）三月造宮卿の任官記事がみえ（『続日本紀』同月丙午条）、それ以後、延暦元年（七八二）四月に廃止されるまで継続して置かれた（『続日本紀』同月癸亥条）。井上薫「造宮省と造京司」（『日本古代の政治と宗教』吉川弘文館、一九六一年）、今泉隆雄「8世紀造宮官司考」（前掲）、参照。

一二五〇〇　衛門府　(103)×(14)×3　6081　AJ51　一四〇次　116　ヒノキ科・板目

上端削り、下端折れ、左辺割れ、右辺割り。

三五〇一　□□□〔衛門カ〕□　6091　AK51　一四〇次　116

三五〇二　少志紀□
□　6091　AK51　一四〇次　116

三五〇三　□〔石カ〕見掾従七下□　6091　AK51　一四〇次　116

右辺は木簡の原形をとどめる。

三五〇四　□□□□〔従四位下カ〕□　(122)×(7)×2　6081　AK51　一四〇次　116
ヒノキ科・板目

上端折れ、下端切断、左辺削り、右辺二次的割り。

三五〇五　外従五位　6091　AK51　一四〇次　116

一二五〇六　□□〔正六カ〕位上□〔蔵カ〕　6091 AK51 一四〇次 116

一二五〇七　□〔七カ〕位上　6091 AK51 一四〇次 116

右辺は木簡の原形をとどめる。

一二五〇八　従八位上欟本　6091 AK51 一四〇次 116

一二五〇九　半□□□□□〔従八位下カ〕　6091 AK51 一四〇次 116

一二五一〇　大初位□〔下カ〕

□　□　6091 AK51 一四〇次 116

一二五一一　□□□〔阿刀カ〕　6091 AK51 一四〇次 119

一三五二・糸真嶋　□□□〔雀名酒ヵ〕
・□〔督ヵ〕□〔番ヵ〕長

(150)×17×3 *6019* *AK51* 一四〇次 ヒノキ科・板目 *118*

上端は表面から斜め方向に削り、下端折れ、左辺削りで上部三分の二程度は割れか、右辺削り。「糸真嶋」は、一三〇五にもみえ、同一人物の可能性が高い。

一三五三 □　糸□□子

(94)×(5)×3 *6081* *AK51* 一四〇次 ヒノキ科・板目 *118*

上下両端二次的切断、左右両辺二次的割り。

一三五四 □□□□□□
□〔大ヵ〕春日朝臣神□□□□□□□
□□　□□守□□　□□□

(350)×(49)×4 *6011* *AK51* 一四〇次 ヒノキ科?・板目 *117*

上端・左辺二次的削り、下端・右辺削り。

一三五五 大友福麻呂□　役千□〔徳ヵ〕

6091 *Z* 一四〇次 *118*

一二五一六　□□〔刑部カ〕□　6091 Z 一四〇次 118

一二五一七　曽祢　6091 AK51 一四〇次 118

一二五一八　道守髪黒　6091 AK51 一四〇次 119

一二五一九　□□〔津守カ〕　6091 AK51 一四〇次 119

一二五二〇　丈部□　6091 AK51 一四〇次 119

一二五二一　和尓部廣成□　6091 AK51 一四〇次 118

一二五二二　□□馬養　6091 Z 一四〇次 118

一三五三　梅子□解□
上端・左右両辺削り、下端折れ。
(82)×22×3　6019　AK51　一四〇次　118
ヒノキ科・柾目

一三五四　□〔宿カ〕祢建麻呂
6091　AK51　一四〇次　118

一三五五　部□〔綱カ〕人
6091　AK51　一四〇次　120

一三五六　□□廣人　□□原□〔魚カ〕万呂　□□
6091　AK51　一四〇次　119

一三五七　□□万呂　□□部□□
6091　AK51　一四〇次　119

一三五八　□□麻呂
6091　AK51　一四〇次　118

一三五九　□□〔麻呂カ〕
6091　AK51　一四〇次　119

一二五三〇　□□〔万呂ヵ〕　□□　(70)×(18)×2　6081　AK51　一四〇次　119
ヒノキ科・柾目

上端切断、下端焼損、左右両辺割れ。三・四文字目は、いずれも右を天にして記す。

一二五三一　□　身人□　6091　AK51　一四〇次　120

一二五三二　□□□〔安人ヵ〕　□□〔足ヵ〕　6091　AK51　一四〇次　120

一二五三三　安濃　6091　AK51　一四〇次　120

一二五三四　□〔八ヵ〕年　6091　AK51　一四〇次　120

一二五三五　□□〔月ヵ〕廿三日□□　6091　AK51　一四〇次　119

一二五三六　□〔朝ヵ〕夕　6091　AK51　一四〇次　120

一三五三七　□三人東　　(62)×(40)×2 6081 AK51 一四〇次 119
上端折れ、下端切断、左辺割れ、右辺削り。　　ヒノキ科・柾目

一三五三八　□兵□
□七十六人　　6091 AK51 一四〇次 119

一三五三九　・人十
米□□〔斗カ〕二
・　五月三日　　(59)×40×2 6081 AK51 一四〇次 119
上下両端二次的切断、左右両辺削り。　　スギ・柾目

一三五四〇　□□□〔一升カ〕　　6091 AK51 一四〇次 120

一三五四一　□子丑寅卯辰□□□〔巳午未カ〕
□　　6091 AK51 一四〇次 120

一二五四二　・今今今今月今月今月
　　　　　　・□□（他ニ削リ残リアリ）
185×24×1 *6011* AK51,AL51 一四〇次 ヒノキ科・柾目 *119*
上下両端切断、左右両辺割り。

一二五四三　〔奄藝藝ヵ〕□□□□□□□
(*6091*) AK51 一四〇次 *119*

一二五四四　戸戸□
(110)×(11)×2 *6081* AK51 一四〇次 ヒノキ科・柾目 *119*
上端切断、下端折れ、左辺削り、右辺割れ。一二五四五と同一木簡の断片である可能性が高いが、接続しない。

一二五四五　戸□
(19)×(11)×1 *6081* AK51 一四〇次 ヒノキ科・柾目 *119*
上端切断、下端折れ、左辺削り、右辺割れ。一二五四四と同一木簡の断片である可能性が高いが、接続しない。

一二五四六　覆覆
6091 AJ51 一四〇次 *120*

一二五四七　合待□
6091 AK51 一四〇次 *120*

二三四八　部栫□　6091 AK51　一四〇次　120

二三四九　□〔番カ〕　6091 AK51　一四〇次　121

二三五〇　□□□〔山カ〕□　(55)×(11)×4　6081 AK51　一四〇次　120　ヒノキ科・板目

上下両端二次的切断、左右両辺二次的割り。

二三五一　・□□□守
・□□□　(175)×(12)×5　6081 AK51　一四〇次　120　ヒノキ科・柾目

上端折れ、下端切断、左右両辺二次的割り。

二三五二　□□〔敢カ〕□　(63)×(20)×2　6081 AK51　一四〇次　120　ヒノキ科・板目

上端・左辺削り、下端折れ、右辺割れ。

一二五五三　・造
　　　　　　・□
上端・左右両辺削り、下端焼損。
(27)×24×2　*6019*　*AK51*　一四〇次　*121*
ヒノキ科・柾目

一二五五四　□〔朝カ〕
上下両端二次的切断、左右両辺削り。
(61)×27×1　*6081*　*Z*　一四〇次　*120*
ヒノキ科・柾目

一二五五五　□連□
6091　*AL51*　一四〇次　*120*

一二五五六　□□〔麻カ〕□
6091　*AK51*　一四〇次　*120*

一二五五七　□
　　　　　　□〔嶋カ〕
6091　*AK51*　一四〇次　*121*

一二五五八　□〔嶋カ〕
6091　*AK51*　一四〇次　*120*

三五五九　□嗣
上端折れ、下端二次的削り、左辺二次的割り、右辺削り。
(235)×(25)×3 *6019* AJ51 一四〇次 *120*
ヒノキ科・板目

三五六〇　家□
上端折れ、下端二次的切断、左辺二次的削り、右辺削り。
(55)×(24)×3 *6081* AK51 一四〇次 *120*
スギ・板目

三五六一　□〔家カ〕
6091 AK51 一四〇次 *120*

三五六二　□□
□「人」□
6091 Z 一四〇次 *120*

三五六三　□人□
6091 Z 一四〇次 *121*

三五六四　坂
6091 AK51 一四〇次 *121*

三五六五　□〔呂カ〕□
6091 AK51 一四〇次 *121*

一二五六六　等□　6091 AK51 一四〇次 121

一二五六七　□□□□〔所カ〕　6091 AK51 一四〇次 121

一二五六八　□道□　6091 AK51 一四〇次 121

一二五六九　□部□　6091 AK51 一四〇次 121

一二五七〇　□　□部…□　6091 AK51 一四〇次 121

一二五七一　□益□　6091 AK51 一四〇次 121

一二五七二　□〔方カ〕　6091 AK51 一四〇次 121

一二五七三　□〔肖カ〕　6091 AK51 一四〇次 121

二三五七四　□　刑□　穴　□　6091 AK51 一四〇次 121

二三五七五　□　□　□□　県犬　大神　□□　6091 AK51 一四〇次 121

二三五七六　□□　□　浄□　6091 AK51 一四〇次 121

二三五七七　味　□　分　6091 AK51 一四〇次 121

二三五七八　□□　廣　6091 AK51 一四〇次 121

二三五七九　足　□　(63)×(18)×1 6081 AK51 一四〇次 121
ヒノキ科・柾目

上下両端二次的切断、左右両辺二次的割り。

一二五八〇　呂　6091 AK51 一四〇次 *121*

一二五八一　---浄---刻　6091 AK51 一四〇次 *121*

SD一〇七〇五溝A　6ABH

一二五八二・残米三斗九升□合 四月廿日勘文人上

・□一升充御山所御[illegible]〔粥カ〕料 付常陸□□〔部カ〕足万呂 米□□□□□□
□□□□ 四月廿二日京万呂 □□〔付カ〕□□

(284)×30×4 *6019 AM49* 一四〇次 *122*
ヒノキ科・柾目

上端・左右両辺削り、下端折れ。

SD一〇七〇六溝

一三五八三・□□□□〔巨勢朝カ〕臣
　□□〔土師カ〕　少疏倉人
　山　京橋造不状

・□
　東宮南道
　十九日口弾正台宣□
　又十二日宣受史生土
　□□□　□□□□

(95)×(77)×5　*6081*　*BI48*　一四〇次　*123*
ヒノキ科・柾目

上端二次的切断で右側の一部折れ、下端・右辺二次的削り、左辺削り。「少疏」は、弾正台または紫微中台

（坤宮官）の第四等官。『延喜弾正台式』によると、弾正台の弼以下は、京中の巡察に際して橋の破穢などを検じることとされていた（京中巡察条）。「東宮南道」は平城宮東院に南接する部分の二条条間路を指すか。

一二五八四・播磨国□□〔美カ〕
・□□
(63)×15×3　6039　BH48　一四〇次　ヒノキ科・柾目　123

上端・左右両辺削り、下端二次的切断。「播磨国美」は、『和名抄』の播磨国美嚢郡にあたるか。

一二五八五・□□□□□□□
・□□□□〔海カ〕□□□□
136×22×5　6032　AJ49　一四〇次　ヒノキ科・柾目　123

四周削り。腐蝕が著しい。

一二五八六・□人大伴□□□
・□□　□□
(130)×(24)×7　6081　BI48　一四〇次　ヒノキ科・柾目　123

上端二次的切断、下端切断、左辺二次的削り、右辺削り。墨痕は残らないが、文字の部分が白く抜け、若干盛り上がっている。

一三五八七　□□〔麻カ〕　166×22×6 *6031* *BH49* 一四〇次 *122* スギ・板目

四周削りか。腐蝕が著しい。

一三五八八　十□
□
6091 *BI48* 一四〇次 *123*

一行目二文字目は、「月」または「日」であろう。

一三五八九　来□〔来カ〕　*6091* *AJ49* 一四〇次 *123*

一三五九〇　□
□〔受カ〕　*6091* *BI48* 一四〇次 *123*

一三五九一　為□　*6091* *BI48* 一四〇次 *123*

SG八一九〇池南岸堆積土　6ACC

一二五九二　御府□□〔謹解ヵ〕

(92)×(14)×4 6081 DP25 九二次 124 スギ＊・板目

上端・左辺削り、下端折れ、右辺割れ。「御府」は不詳。

一二五九三・□□膳部所申年分器

・「□□」(自署)「[　　]□□□□□□□〔従七位下ヵ〕」膳

(375)×(16)×7 6081 DP22 九二次 125 ヒノキ科・板目

上端・左辺削り、下端折れ、右辺割れ。「従七位下」の位階を持つ官人の自署のある文書木簡を、天地逆に二次的に転用したものか。位階に続く文字は「守佑」の可能性が高いが、残画から確定できない。神亀五年（七二八）七月二十一日勅によると、膳部所は斎宮寮被管であり、「長官一人〈正八位官〉、判官一人〈従六位官〉、主典一人〈大初位官〉」が置かれた（狩野文庫本『類聚三代格』巻四所収）。また『延喜斎宮式』によると、膳部所は、酒部所・水部所とともに置かれた所で、斎王の食膳を担った（年料供物条）。養老五年（七二一）九月十一日、斎王井上女王が北池辺新造宮に遷り潔斎を始めており（「官曹事類」逸文、『政事要略』巻二十四所引）、この史料の引く「神祇記文」によると「膳部四人」が認められる。あるいはこれと関連する可能性がある。

二三五九四・長春部麻呂　陽侯黒須
　　　城部足浜　尾張安万呂　尾張五百足
・　　　右五人暁夜行

184×37×5 *6011* *DP25* 九二次 *124*
ヒノキ科・板目

四周削り。「長」は、十長ないし五十長のことか。

二三五九五・常陸　那賀郡大伴部弟末呂　巳時
・入

183×23×7 *6011* *DP22* 九二次 *126*
ヒノキ科・板目

四周削り。「常陸」はほかに比べてやや肉太で墨色も濃く、「那賀郡」以下と筆が異なる可能性もある。「大伴部弟末呂」は、常陸国那賀郡出身の兵衛ないし衛士と推定され、この木簡はその勤務管理に関わる木簡であろう。出身郡まで明記する理由は不詳。

二三五九六・美作国坂合部大足
・　入

187×21×4 *6011* *DP25* 九二次 *126*
ヒノキ科・板目

四周削り。四隅の角を削り落とす。「坂合部大足」は、美作国出身の兵衛ないし衛士と推定され、二三五九五とともにその勤務管理に関わる木簡であろう。

一二五九七・□□祇□□□□□□□□□
　　□東□〔官カ〕向□□□□□□□日〔下カ〕□□海□□□
・□□□□国相従□□□□
　□□□進□□□□□□

上端折れ、下端削り、左右両辺二次的切断。

(14)×(262)×3　*6081*　*DN22*　九二次　*126*
ヒノキ科・柾目

一二五九八・九月十四日上野国□□〔緑野カ〕三□□□
　　　　・□□国□　（左側面）

上下両端二次的切断、左辺は割りのままか、右辺割れ。

(279)×(19)×14　*6081*　*DP22*　九二次　*125*
針葉樹＊・角材

一二五九九　三重郡黒鯛廿二口

上端は切断の後粗い削り、下端・左右両辺削り。中央で二片に折れる。伊勢国三重郡の黒鯛の荷札。これまで知られている同郡の海産物の荷札はこれのみである。

144×24×5　*6011*　*DO24*　九二次　*127*
スギ?・柾目

三六〇〇　越前国安□

(93)×(20)×3 6039 DP25 九二次 127 スギ・柾目

上端調整粗いが削り、下端折れ、左辺削り、右辺割れもしくは割りのままか。「越前国安」は、『和名抄』の越前国足羽郡にあたるか。足羽を「阿須波」と表記する例は知られるが（『平城京木簡一』一四）、「安須波」は『和名抄』に足羽の訓を示す例があるのみである。

三六〇一・播磨国赤穂郡周勢里

・春部古□

181×21×6 6051 DP25 九二次 127 ヒノキ科?・板目

四周削り。米の荷札か。

三六〇二・藤□〔原ヵ〕郡和□

・□

(64)×23×4 6019 DP25 九二次 127 ヒノキ科・柾目

上端切断、下端折れ、左右両辺削り。「藤原郡」は、『和名抄』の備前国和気郡にあたる。同郡は、養老五年（七二一）四月、邑久・赤坂二郡の郷を割いて設置された（『続日本紀』同月丙申条）が、神亀三年（七二六）十一月に藤野郡と改称され（『続日本紀』同月己亥条）、さらに神護景雲三年（七六九）六月、和気郡と改められた（『続日本紀』同月乙丑条）。したがって、この木簡は、養老五年四月から神亀三年十一月までのもの。

一二六〇三・□郷軽部
・□

上端二次的切断、下端・左右両辺削り。裏面には、刃物による×印の刻み目が二ヵ所にある。「軽部」は人名または郷里制下のコザト名であろう。

(51)×31×3　6019　DP25　九二次　127
ヒノキ科・板目

一二六〇四・□□郷□□〔部ヵ〕□□
・九月

上下両端折れ、左右両辺削りか。荷札の断片であろう。

(119)×21×4　6081　DP22　九二次　128
針葉樹・板目

一二六〇五・四斗五□
・□□□

上端・左右両辺削り、下端折れ。上部に左右に切り込みの痕跡が残る。

(78)×25×3　6039　DP24　九二次　128
ヒノキ科・柾目

三六〇六・御竈薪□〔一ヵ〕荷
・「□□□□」

(104)×(16)×3 *6081* *DP25* 九二次 *128*
ヒノキ科・板目

上端・右辺削り、下端折れ、左辺割れ。表裏は別筆である可能性が高い。「御竈」は不詳。ただし、『延喜臨時祭式』・『延喜斎宮式』・『延喜践祚大嘗祭式』に、御竈祭・中宮（東宮）御竈祭（御竈条・御井御竈条・中宮御竈条）、「忌火・庭火・御竈・井神祭」・「新嘗祭廿八座」の「殿部御竈神一前・大炊竈神一前」（忌火等祭条・新嘗祭条）、「大嘗御竈祭」の規定がみえ（大殿祭条）、これらの祭に用いられる料物調達の細則は、『延喜民部式下』にみえる（忌火条）。あるいは、「御（竈）薪（ミカマギ）」の意か。御薪は、『雑令』によると、毎年正月十五日にその年の燃料として百官が献上する薪、あるいはその儀式を指す（文武官人条）。「一荷」は同条にいう一担、すなわち長さ七尺の薪二十株分のこととみられ、無位官人の献上する量にあたる。

三六〇七　進納物

6091 *DP22* 九二次 *128*

右辺は木簡の原形をとどめるか。

三六〇八　葛下十□□

(103)×27×5 *6032* *DP25* 九二次 *128*
ヒノキ科・板目

上端刃物により切り込みを入れ折る、下端裏面より刃物によりそぎ落とす、左右両辺削り。

一二六〇九　小□一□

(111)×19×5 6039 DP25 九二次 ヒノキ科・柾目 128

上端・左右両辺削り、下端折れ。四文字目は、「斤」「斗」「升」の可能性がある。

一二六一〇　位上日□

6091 DO22 九二次 128

一二六一一　・□□□　□□　□□万呂
・□　□

(250)×37×3 6019 DP25 九二次 ヒノキ科・柾目 129

上端折れ、下端・左右両辺削り。表裏両面とも二次的に削られており、残存する墨痕はいずれも削り残りである。

一二六一二　□日六布□□八布□□

76×(9)×4 6039 DP25 九二次 ヒノキ科・板目 128

上下両端削り、左右両辺割れ。

二三六一三　・□吾我哉我奴我思
□□□〔部 部カ〕
・□□言
言言故□九□□九□□
(173)×30×8　*6019*　*DP25*　九二次　*129*
ヒノキ科・板目
上端折れ、下端・左辺削り、右辺割ったままか。上端右角に刃物による切り込みがある。

二三六一四　月廿日
(87)×(30)×4　*6081*　*DO22*　九二次　*129*
ヒノキ科・柾目
上端二次的切断、下端折れ、左辺割れ、右辺削り。裏面下部は一部剥離。

二三六一五　□〔日カ〕
6091　*DO22*　九二次　*129*

二三六一六　□□〔荒カ〕□
6091　*DO22*　九二次　*129*

第一次大極殿院西辺整地土下層木屑層・炭層　6ACC

一二六一七
□染司在釜一口深一尺八寸　口仮□□□
□部造得末呂□作□□膳職　一者未□
□□足三在入六斗釜二口受

(121)×(55)×7 *6081* *DM28* 一七七次 *130*
ヒノキ科・板目

上端切断、下端二次的切断、左右両辺割れ。「染司」は、宮内省被管の内染司か。「膳職」は大膳職か。三行目二文字目は、金偏の文字。

一二六一八・丹比門十二月番下□
・麻呂

(116)×24×2 *6019* *DN27* 一七七次 *130*
ヒノキ科・板目

上端・左右両辺削り、下端折れ。左右二片からなるが、右片の下端は二次的切断の可能性がある。「丹比門」は、年中行事秘抄などが引く『弘仁陰陽寮式』逸文にみえ（土牛童子条）、弘仁九年（八一八）四月の門号改定以後は、達智門に相当する（『延喜陰陽寮式』土牛条、『延喜左衛門府式』衛門条）ことから、宮北面東門と考えられるが、平城宮跡ではまだその位置は特定されていない。平城宮南面東門である壬生門東方の二条大路北側溝ＳＤ一二五〇溝（平城第一二二次調査）から、「内侍高田丹比門出八日多治」と記した、門の出入りに関わる木簡が出土しており（『平城木簡概報』一四―九頁上）、藤原宮跡東面大垣地区ＳＤ一七〇溝（飛鳥藤原第二九次調査）からは「多治比山部門」と記した木簡が出土している（『藤原木簡概報』六―六頁）。

三六一九　忍勝火廿五人死一
三□

113×(34)×3 *6081* *DM27* 一七七次 *130*
ヒノキ科・柾目

上下両端切断、左辺削り、右辺割れ。「火」は、『軍防令』に「凡兵士、十人為一火」とみえ（兵士為火条）、兵士の生活・行動上の基本単位である。加えて、慶雲三年（七〇六）二月十六日勅に「若応役匠丁者、国司預点定匠丁、以十丁為一火」とみえ、役丁の単位でもあった（『類聚三代格』巻十七、蠲免事所収）。忍勝が統率する「火」に属する兵士ないし丁二十五人のうち、一人が死亡したことを示すと解されるものの、十の倍数でないのはやや不審。

三六二〇　・忍坂安麻呂　（穿孔）　□井国依
□虫麻呂　檜前豊前
□□〔麻カ〕□呂　三嶋小道

・□田臣足□益　（穿孔）　右八人

227×36×2 *6011* *DN27* 一七七次 *131*
ヒノキ科・板目

四周削り。左辺上端の一部を欠く。表面に六人、裏面に二人で八人になる。

一二六二一　・「□太部□人　「□〔他ヵ〕田□□　「佐□
・　山君林
(298)×(12)×4　6019　DN27　一七七次　ヒノキ＊・板目　132
上端・右辺削り、下端折れ、左辺二次的割り。

一二六二二　○五十上子人列　十上□□□□
270×23×6　6011　DN28　一七七次　スギ・板目　130
四周削り。「五十上」「十上」は、それぞれ五十人単位・十人単位の集団の統率者の意で、「列」はその集団の単位（一二二九五）。「五十上子人列」は、「五十上」である「子人」が統率する五十人の集団の意であろう。

一二六二三　・丈□〔部ヵ〕古万　（右側面）
・　時時　巳午
(123)×29×31　6065　DN27　一七七次　ヒノキ科・柾目　132
上端・左右両辺削り、下端二次的切断。右側面の一部は削りとられている。木偶の未整品、陽物形などの可能性がある。

一二六二四　□路□□一日□
6091　DN27　一七七次　132

一文字目は、「来」の可能性がある。

二三六二五　應所給□□　　6091　DN28　一七七次　132

右辺は木簡の原形をとどめる。

二三六二六　・□□□□□
　　　　　　・金扉素月□　　(96)×(20)×3　6019　DM28　一七七次　ヒノキ科・柾目　132

上端・左辺削り、下端折れ、右辺割れ。

二三六二七　□□〔匂郡カ〕□［　　　］　　(94)×(10)×3　6081　NG12　三一六次　ヒノキ科・板目　133

上端折れ、下端二次的切断、左右両辺二次的削り。「匂郡」は、『和名抄』の伊勢国河曲郡にあたるか。

二三六二八　尾張国中嶋郡□田郷□　　165×18×3　6031　DM27　一七七次　ヒノキ科・板目　133

上下両端切断の後粗い削り、左右両辺削り。右辺は切り込みより上部欠損。下端部表面剥離。『和名抄』尾張国中嶋郡には該当する郷名はみえない。

一二六二九　尾張国知多郡英比郷□□

上端・左右両辺削り、下端折れ。「尾張国知多郡英比郷」は、『和名抄』の尾張国智多郡英比郷にあたる。

(170)×32×5　*6039*　*DN27*　一七七次　ヒノキ科＊・板目　*133*

一二六三〇　参河国芳豆郡比莫嶋海部供奉四月料大贄黒鯛六□〔斤カ〕

四周削り。右辺は切り込みより上部一部割れ、左辺下端割れ。裏面の調整は粗い。参河国幡豆郡比莫嶋は、現在の愛知県南知多町日間賀島にあたる。参河国の贄は、析嶋・篠嶋・比莫嶋（日間賀嶋）の三嶋の海部が貢納の主体となる形式をとり、月料として隔月に佐米、鯛などの海産物加工品を納めていた。日間賀嶋は、奈良時代初期の木簡にのみみえ、天平初年頃までに篠嶋郷に編入された可能性が高い。書式上の貢納主体は三嶋の海部であるが、二条大路濠状遺構出土木簡に析嶋郷・篠嶋郷と記すものが認められることから（『平城木簡概報』二十二―二二頁下、『同』二十四―二四頁上など）、いずれも郷名が省略された可能性がある。なお、三嶋の贄は楚割に加工したものが圧倒的に多く、「楚割」と明記しない例は珍しい。

203×19×3　*6032*　*DM27*　一七七次　ヒノキ科・板目　*133*

一二六三一　□〔寶カ〕飯□〔郡カ〕□　□〔郷カ〕

上端折れ、下端二次的切断か、左右両辺削り。「宝飯郡」は、『和名抄』の参河国宝飯郡にあたるか。

(118)×21×4　*6081*　*DN27*　一七七次　ヒノキ科・板目　*133*

三六二・駿河国盧原郡川名郷□
・堅魚八斤五両員五烈六□〔節カ〕

(166)×18×2 6039 *DN27* 一七七次 *133*
ヒノキ科・板目

上端・左右両辺削り、下端折れ、右辺は切り込みより上を欠く。「駿河国盧原郡川名郷」は、『和名抄』の駿河国盧原郡河名郷にあたる。数量からみて煮堅魚の荷札であろう。

三六三・□郷三□〔津カ〕里大伴部三国調□〔荒カ〕
・養老□〔二カ〕年

(107)×25×2 *6019* *DN27* 一七七次 *133*
ヒノキ科・板目

上端二次的切断、下端折れか、左右両辺削り。荒堅魚の荷札とみられ、「郷三津里」は、『和名抄』の伊豆国田方郡吉妾郷のコザトにあたるか。二条大路濠状遺構出土木簡に、同郡吉妾郷三津里の大伴部三国の戸口大伴部廣国の調荒堅魚の荷札の類例がある（『平城木簡概報』二十二―二五頁）。

三六四・近江国甲可郡山直郷
・□□□麻呂六□〔斗カ〕

123×15×4 *6051* *DM27* 一七七次 *134*
ヒノキ科・板目

四周削り。庸米の荷札であろう。

一二六三五・近江国□□郡□
・□寸□安人白米五

(136)×23×3 *6039* *DN28* 一七七次 *134* ヒノキ科・板目

上端・左右両辺削り、下端二次的切断。

一二六三六　美濃国麦門冬五升

(141)×23×3 *6039* *DN27* 一七七次 *134* ヒノキ属＊・板目

上端・左右両辺削り、下端折れ。『延喜典薬寮式』によると、美濃国が進上する六十二種の薬の中に「麦門冬二斗七升」がみえる（美濃年料雑薬条）。奈良県教育委員会による藤原宮北辺地区の発掘調査でも、「麦門冬三合」と記された六〇三二型式の木簡が出土している（奈良県教育委員会『藤原宮』六五号）。なお、ＳＤ二七〇〇溝（平城第一七二次調査）から出土したと報告した同文の木簡（『平城木簡概報』十九―二二頁上）は、この木簡を重複して掲げたもので、削除する。

一二六三七　可児郡邑薩郷土師部牛

(153)×20×3 *6039* *DM27* 一七七次 *134* ヒノキ科・柾目

上端・左右両辺削り、下端折れ。左辺は切り込みの上のみ一部割れ。裏面の調整は粗い。「可児郡邑薩郷」は、『和名抄』の美濃国可児郡他田郷にあたるか。

一二六三八　上野国山田郡真□

(116)×27×6 *6039* *DN29* 一七七次 *134* スギ・柾目

上端・左右両辺削り、下端二次的切断。「上野国山田郡真」は、『和名抄』の上野国山田郡真張郷にあたるか。

一三六三九　・若狭国遠敷郡遠敷里□□果□
調塩一斗　□□
・和銅四年四月十「

上端・左右両辺削り、下端切断。左上、下は切り込みより欠損。

169×34×5 *6031* *DN28* 一七七次 スギ・板目 *135*

一三六四〇　・若狭国遠敷郡玉置郷田井里秦人足結
庸碎粟六斗
・養老二年十月

四周削り、左右両辺切り込みより上下ともに欠く。「碎粟」は、辟粟か。

207×33×3 *6031* *DN28* 一七七次 スギ・板目 *136*

一三六四一　玉置郷伊都里春白米
五斗

四周削り。「玉置郷」は、『和名抄』の若狭国遠敷郡玉置郷にあたる。

152×29×4 *6011* *DN28* 一七七次 スギ・板目 *135*

一三六四二　若狭国□□〔遠敷カ〕郡□□□〔佐分郷カ〕式多□〔里カ〕三家人乙末呂
□〔調カ〕塩五後　養老六年

221×31×6 *6031* *DM27* 一七七次 スギ・板目 *136*

四周削り。左辺は切り込みより上を欠く。「若狭国遠敷郡佐分郷」は、『和名抄』の若狭国大飯郡佐文（分）（遠敷郡佐文）郷にあたる。「式多里」は、ＳＤ二七〇〇溝（平城第一三九次調査）から出土した荷札にもみえる（『平城木簡概報』十六―六頁下）。「五後」は五尻の意か。

一二六四三　三方郡弥美□〔里ヵ〕□□□□

（113）×（6）×3　*6081*　*DM28*　一七七次　スギ？・板目　*135*

上端削り、下端二次的削りか、左右両辺割れ。「三方郡弥美里」は、『和名抄』の若狭国三方郡弥美郷（弥郷）にあたる。

一二六四四　□□□返駅子大神仲面戸口同安□□〔麻呂ヵ〕

273×27×5　*6032*　*DN27*　一七七次　スギ・柾目　*134*

四周削り。下端は右を欠く。「駅子」が貢納の主体となる荷札。「返駅」は、越前国敦賀郡鹿蒜郷に置かれた駅。平城宮跡東院地区のＳＤ三二三六溝Ｃ（平城第一〇四次調査）から出土した木簡に、同じ返駅子の大神部発太の調塩荷札がある（『平城木簡概報』十二―一六頁上）。また、平城京跡左京七条一坊十五・十六坪東辺の東一坊大路西側溝ＳＤ六四〇〇溝（平城第二五二・二五三次調査）から出土した木簡にも返駅子の調塩とみられる、六〇三二型式の類例がある（奈文研『平城京左京七条一坊十五・十六坪発掘調査報告』六六号・『平城木簡概報』三十一―九頁上）。

三六四五　川人郷矢田里米六斗

131×24×6 *6033* *DN27* 一七七次 *137* ヒノキ科・板目

四周削り。「川人郷」は、『和名抄』の丹波国桑田郡川人郷にあたるか。

三六四六　・丹波国桑田郡模作郷

・模作赤万呂□〔同カ〕古万呂　□□〔六斗カ〕

(162)×24×3 *6039* *DN27* 一七七次 *137* ヒノキ科・板目

上端・左右両辺削り、下端折れ。「模作郷」は、『和名抄』の丹波国桑田郡横作郷（大東急記念文庫蔵本）にあたるが、高山寺本にはみえない。長寛二年（一一六四）十二月野口牧下司住人等解（陽明文庫所蔵兵範記仁安二年夏巻紙背文書〈『平安遺文』三三二四号〉）によると、丹波国桑田郡に模作郷がみえる。また、平城京跡左京三条二坊一・二・七・八坪の長屋王邸跡（平城第一九三次調査E区）から出土した木簡に丹波国氷上郡氷上里の人として模作麻呂がみえる（『平城木簡概報』二十一―三二頁下）。以上の史料によるならば、『和名抄』（大東急記念文庫蔵本）の横作郷は、模作郷の誤りであると解される。なお、現在のところ、横作郷の木簡は、滋賀県宮町遺跡のＳＤ二〇一〇一溝（第一九次調査）から出土した米の荷札の断片に「横作郷」とするものがある（甲賀市教育委員会『紫香楽宮跡関連遺跡発掘調査概報　甲賀市・宮町遺跡』二〇〇八年）。

三六四七　□郡五雀□〔郷カ〕

(92)×(20)×3 *6065* *DM28* 一七七次 *137* ヒノキ科・柾目

上端は二次的に削り尖らせる、下端二次的切断、左右両辺は二次的に削り。「五雀郷」は、『和名抄』の丹波国何鹿郡五雀郷にあたる。一文字目は、「鹿」の残画とみて矛盾はない。斎串の可能性がある。

一二六四八　丹波国竹野郡

87×14×4　6081　DN27　一七七次　スギ・板目　137

上端削り、下端折れ、左右両辺割れ。「丹波国竹野郡」は、『和名抄』の丹後国竹野郡にあたる。

一二六四九　□速石郷白米五斗

(114)×20×3　6039　DM28　一七七次　ヒノキ科・板目　137

上下両端折れ、左右両辺削り。一文字目は、「郡」の残画とみて矛盾はない。「速石郷」は、『和名抄』の丹後国与謝郡拝師郷にあたるか。

一二六五〇　・□〔但ヵ〕馬□□□〔国出石ヵ〕［　　　］
・□□〔部ヵ〕□□□□身米五斗

(185)×19×5　6032　DM27　一七七次　スギ・板目　138

上端は切り込みより上部折れ、下端・左右両辺削り。一二六五〇～一二六五三はいずれも白米の荷札の可能性がある。

三六五一・□□〔馬ヵ〕国二方郡□斗郷□□里
・刑部多祁米五斗

173×20×4 6032 DN27 一七七次 138 スギ＊・板目

上下両端切断の後粗い削り、左右両辺削り。「馬国二方郡□斗郷」は、『和名抄』の但馬国二方郡久斗郷にあたるか。表面七文字目は、「宮」の可能性があるが、残画は下の口に相当する部分のみである。

三六五二・但馬国二方郡波太郷
・□□〔服部ヵ〕□□□五斗

166×22×4 6032 DN28 一七七次 139 針葉樹＊・板目

上下両端切断の後削り、左右両辺削り。「但馬国二方郡波太郷」は、『和名抄』の但馬国二方郡八太郷にあたる。

三六五三・但馬国二方郡□
・采女直馬弖

(161)×17×3 6032 DM27 一七七次 137 ヒノキ科・板目

上端・左右両辺削り、下端二次的削りか。但馬国二方郡の采女直は、采女直真島・采女直玉手女が天平勝宝二年（七五〇）正月八日但馬国解（東南院文書四‐附録九〈『大日古』東南院二‐六〇二〉）にみえる。

一二六五四　伯耆国相見郡巨勢郷雑腊一斗五升　養老□年十月

187×14×3 *6031* *DN27*　一七七次 *139*
ヒノキ科・板目

四周削り。「伯耆国相見郡巨勢郷」は、『和名抄』の伯耆国会見郡巨勢郷にあたる。

一二六五五・播磨国佐用郡佐用郷江川里□〔播カ〕□

・播磨直知得三斗右六斗一俵

(235)×31×6 *6039* *DN28*　一七七次 *136*
スギ・板目

上端・左右両辺削り、下端折れ。切り込み部分に紐の痕跡が白く残る。二人合成の庸米の荷札。「播磨国佐用郡佐用郷江川里」は、『和名抄』の播磨国佐用郡佐用郷・同郡江川郷にあたるか。郷里制下のコザトが後に郷名としてみえる事例。

一二六五六・美作国英□

・秦部知足

(109)×30×9 *6039* *DN28*　一七七次 *139*
スギ・板目

上端・左右両辺削り、下端折れ。「美作国英」は、『和名抄』の美作国英多郡にあたるか。

三六五七・美作国勝田郡□□郷
・□□部□養六斗

187×28×9 *6033* *DN28* 一七七次 *140*
ヒノキ科・柾目

四周削り。郷名は賀茂（賀毛）郷、廣野郷ないし廣岡郷の可能性があるが、独特な字体で読み切れない。

三六五八・真嶋郡
・□赤井□

(61)×24×2 *6081* *DM27* 一七七次 *139*
スギ・柾目

上下両端二次的切断、左右両辺削り。「真嶋郡」は、『和名抄』の美作国真嶋郡にあたる。

三六五九・備中国賀陽郡□
・□□□□加□

(91)×18×3 *6039* *DN28* 一七七次 *141*
ヒノキ科・板目

上下両端折れ、左右両辺削り。「備中国賀陽郡」は、『和名抄』の備中国賀夜郡にあたる。

三六六〇 ⌞□〔部カ〕郡賀太□〔里カ〕

(48)×19×2 *6081* *DN27* 一七七次 *142*
ヒノキ科・板目

上下両端折れ、左右両辺削り。「部郡賀太里」は、『和名抄』の紀伊国海部郡賀太郷にあたるか。

一二六六一　阿波国阿波郡□〔加ヵ〕美郷建部乱庸米六斗

242×26×8 *6032* *DN28* 一七七次 ヒノキ科・板目 *141*

四周削り。左右両辺とも切り込みより上を欠く。「阿波国阿波郡加美郷」は、『和名抄』の阿波国阿波郡香美郷にあたるか。

一二六六二　阿波国大□□〔御贄ヵ〕□□□足

170×21×6 *6031* *DN28* 一七七次 ヒノキ科・板目 *141*

四周削り。左辺上部の切り込みより上、右辺下部の切り込みより下を欠く。台形状の切り込みをもつなど、阿波国の贄貢進荷札として、典型的な特徴を備える。類例に『平城宮木簡一』**四〇三**、『平城木簡概報』二十一―三三頁下、『同』二十七―二一頁上、『平城京木簡一』**四四五**などがある。

一二六六三　□□〔波ヵ〕国大贄鹿⌈

(91)×16×4 *6039* *DM28* 一七七次 ヒノキ科・板目 *142*

上端・左右両辺削り、下端折れ。一文字目の墨痕は腐蝕により判然としないが、「阿」の残画とみて矛盾しない。阿波国の贄木簡は、**一二六六二**にもみえ、台形状の切り込みをもつなど形状も極めて近い。「鹿」は鹿角菜か。

三六六四　讃岐国山田郡□〔蘇カ〕川郷白米

150×25×4 *6031* *DM28* 一七七次 *142* スギ・板目

上端・左右両辺削り、下端は切断の後削り。左右両辺とも上端の切り込みより上を欠く。右辺は下端の切り込みより下を欠く。「讃岐国山田郡蘇川郷」は、『和名抄』の讃岐国山田郡蕪甲郷にあたる。

三六六五　香川郡仲津間郷秦□〔福カ〕万呂白米五斗

170×(15)×4 *6031* *DM28* 一七七次 *142* ヒノキ科・板目

上下両端・右辺削り、左辺は二次的削りで、一部原形を保つか。「香川郡仲津間郷」は、『和名抄』の讃岐国香川郡中間郷にあたる。

三六六六　讃岐国香川郡細郷生王得万白米五斗

185×23×5 *6031* *DM27* 一七七次 *142* ヒノキ科・板目

上下両端切断の後粗い削り、左右両辺削り。左右両辺の一部欠損。「讃岐国香川郡細郷」は『和名抄』にみえない。同郷の木簡は、三八四〇にもみえる。「細」はあるいは「田」で、田部郷の意の可能性もなしとしない。

三六六七　・山上郷小□□〔蒲萄カ〕子二斗五升　□

・□

189×26×3 *6032* *DN28* 一七七次 *141* ヒノキ科・板目

上端・左右両辺削り、下端切断。裏面には紐の痕跡が白く抜けて残る。「山上郷」は、『和名抄』によると、下総国迊瑳郡・上野国勢多郡・下野国塩屋郡・加賀国能美郡にみえる。「小蒲萄子」は、ヤマブドウの実か。

一二六六八　・□〔大ヵ〕□飯□〔郷ヵ〕□□□
・□

137×22×5 *6032* *DN28* 一七七次 スギ・板目 *142*

四周削りか。腐蝕がはげしい。「大飯郷」は、『和名抄』によると若狭国大飯郡と備中国哲多郡にみえる。

一二六六九　大井里蒜一斗

183×25×6 *6033* *DN27* 一七七次 スギ・板目 *142*

上下両端切断、左右両辺削り。上端は左右とも切り込みより上を欠く。

一二六七〇　仲村郷山田里□智□□□

116×15×3 *6031* *DN27* 一七七次 スギ・柾目 *142*

四周削り。「仲村郷」は、『和名抄』によると、陸奥国宇多郡・栗原郡・磐井郡・新田郡、讃岐国多度郡、土佐国吾川郡にみえ、特定できない。

三六七一　倉椅部黒万呂
□〔調カ〕三斗

上端二次的切断、下端・左右両辺削り。調塩の荷札であろう。

(74)×26×2 *6039* *DN27* 一七七次 ヒノキ科・柾目 *140*

三六七二　□調□□□□□□

上端切断、下端折れ、左辺削りか、右辺割れ。

(172)×(19)×3 *6081* *DM27* 一七七次 スギ・板目 *140*

三六七三　庸米六□〔斗カ〕

上下両端折れ、左右両辺削り。

(65)×20×1 *6081* *DM27* 一七七次 ヒノキ科・柾目 *143*

三六七四　海部千嶋五斗

上端・左右両辺削り、下端切断の後粗く削り。米の荷札であろう。

145×24×4 *6032* *DN28* 一七七次 スギ・板目 *143*

三六七五　□米五斗

上端折れ、下端・左右両辺削り。

(118)×19×4 *6059* *DM27* 一七七次 スギ・柾目 *144*

一二六七六　米五斗□□

上端折れ、下端・左右両辺削り。

(76)×18×2 *6039* *DZ* 一七七次 針葉樹・柾目 *143*

一二六七七　供　御□〔耳カ〕糸十絇

四周削り。「耳糸」は、織物の耳を織る時に、経（たていと）として使用する糸。普通、地糸より太い（『日本国語大辞典』）。浜松市鳥居松遺跡から、「耳糸」の残画とみて矛盾のない木簡が出土している（『木簡研究』第三一号、二〇〇九年）。

114×21×6 *6032* *DN28* 一七七次 ヒノキ科・板目 *143*

一二六七八　□□〔被カ〕御服

上端二次的切断、下端・左辺削り、右辺二次的削り。

(78)×(12)×3 *6081* *DM28* 一七七次 ヒノキ科?・板目 *143*

一二六七九　主水司布一端六尺

四周削り。裏面の切り込み部分に紐の痕跡が残る。「主水司」は、宮内省被管官司。

140×20×3 *6032* *DM27* 一七七次 ヒノキ科・柾目 *143*

三六八〇・布三端一丈三尺又一条長四尺
□〔尺カ〕二寸　孫王□□分
・□〔月カ〕廿九日

(94)×19×4 *6019* *DN28* 一七七次 ヒノキ科・柾目 *143*

上端折れ、下端・左右両辺削り。「孫王」は、親王の子である二世王。

三六八一　西方帳長十尋

136×23×6 *6032* *DM27* 一七七次 ヒノキ科・柾目 *143*

四周削り。切り込み部分の表裏両面に紐の痕跡が白く残る。「尋」は長さの単位。一尋は六尺で、約一・八m。

三六八二・南方帳長十一尋
・二□副

136×23×6 *6032* *DN28* 一七七次 ヒノキ科・柾目 *143*

四周削り。切り込みに紐の痕跡が残る。三六八一と対になるもので、やや横長の区画を囲うための舗設であろう。

三六八三　大林薦

125×23×3 *6031* *DN28* 一七七次 針葉樹＊・板目 *144*

四周削り。左辺は切り込みより上を欠く。

一二六八四　茄子

四周削り。

89×19×3 *6032* *DN28* 一七七次 *144* ヒノキ科・板目

一二六八五　雜□□魚味腊

四周削り。

155×18×4 *6051* *DN27* 一七七次 *144* ヒノキ科・板目

一二六八六　□□〔春部カ〕□

6091 *DN28* 一七七次 *144*

一二六八七　三枝部子□

上下両端二次的切断か、左右両辺削り。

(57)×19×2 *6081* *DN27* 一七七次 *144* ヒノキ科・板目

一二六八八　財田直真君戸塗□〔一カ〕

上端・左右両辺削り、下端切断。右辺は切り込みより上の一部欠損。「財田直」は、備前国・美作国に分布

150×21×5 *6032* *DM27* 一七七次 *144* スギ・追柾目

する。

三六八九　鳥取万呂　(82)×17×2 *6081* *DM28* 一七七次 *144*
上端折れか、下端二次的切断か、左右両辺削り。　スギ・板目

三六九〇　舎人部安□　*6091* *DN27* 一七七次 *144*

三六九一　丈部□□　(57)×(15)×2 *6039* *DM28* 一七七次 *144*
上下両端二次的切断、左右両辺割れ。　ヒノキ科・板目

三六九二　［　　］□□〔日奉ヵ〕　*6091* *DN27* 一七七次 *144*

三六九三　□部大万呂　(95)×(18)×3 *6039* *DN28* 一七七次 *145*
上端折れ、下端・左辺削り、右辺割れ。　スギ・板目

三六九四　□部□大弓刑□　*6091* *DN27* 一七七次 *145*

一二六九五　□麻呂　年□〔廿カ〕正□〔丁カ〕

6091 DM27　一七七次　*145*

一二六九六　□□□宮万呂

上端折れ、下端削り、左辺割れ、右辺二次的割りで切り込みの下部を残す。

(96)×(13)×4　*6039 DN28*　一七七次　*145*
ヒノキ科・板目

一二六九七　□□〔郡カ〕□□〔仁郷カ〕□

上端折れ、下端折れか、左辺削りか、右辺割れ。郷名は、「久仁郷」となる可能性があり、山城国相楽郡久仁郷にあたるか（『続日本紀』天平十二年〈七四〇〉十二月戊午条）。荷札ではなく官人本貫地などの可能性があろう。

(46)×(7)×4　*6081 DM28*　一七七次　*142*
ヒノキ科・柾目

一二六九八　□人　□□〔同郡カ〕　千　□〔郷カ〕□□□□□□

右辺は木簡の原形をとどめる。

6091 DZ　一七七次　*144*

一二六九九・尾張□
・長□
上下両端折れ、左辺割れ、右辺削り。　(59)×(8)×4　6081　DN27　一七七次　ヒノキ科・板目　145

一二七〇〇　小宅宮
上端削り、下端折れ、左右両辺割れ。人名の一部か。　(52)×(11)×7　6081　DM27　一七七次　ヒノキ科・板目　145

一二七〇一・□鳥□受　米九石六□
・養老四年十月十六日
四周二次的削り。右辺の一部のみ木簡の原形を保つ。木簡を二次的に削り馬形に加工したもの。表面九文字目は、「斗」であろう。　(159)×(28)×4　6061　DN28　一七七次　ヒノキ科・板目　145

一二七〇二　□老五年七月
上下両端折れ、左辺削り、右辺割れ。　(70)×(14)×5　6081　DN27　一七七次　ヒノキ科・柾目　145

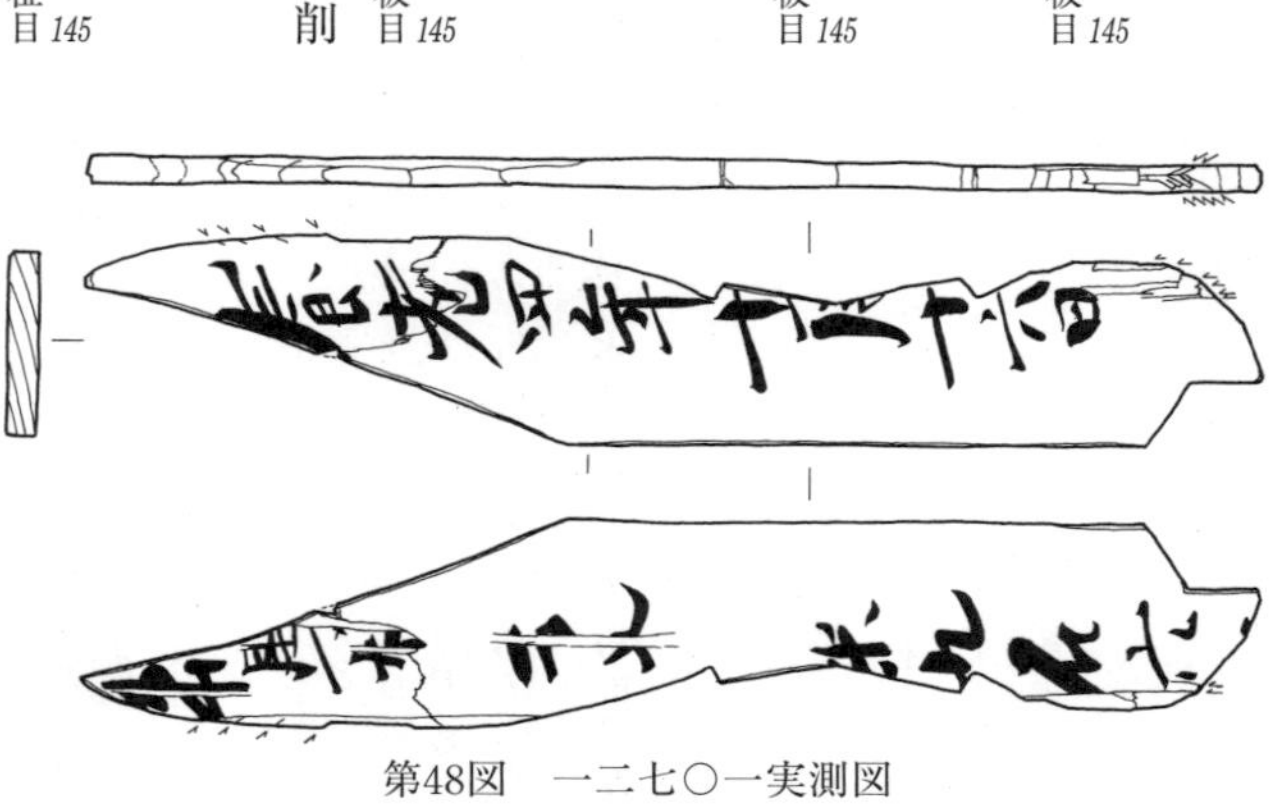

1：2　第48図　一二七〇一実測図

一二七〇三　・　八月
・□

上端削り、下端二次的削り、左右両辺二次的割り。

(78)×(19)×1 *6081* *DN27* 一七七次 *145*
ヒノキ科・柾目

一二七〇四　・　十二月廿九日□□
・□□□

上下両端・左辺の一部削り、左右両辺割れ。形代あるいは曲物の底板などの可能性がある。

(138)×(27)×5 *6065* *DM27* 一七七次 *145*
ヒノキ科・板目

一二七〇五　七日

上端二次的切断か、下端・左辺削り、右辺は大部分割れであるが、ごく一部原形をとどめる。

(95)×30×2 *6019* *NG11* 三一六次 *146*
ヒノキ科・柾目

一二七〇六　□□〔米カ〕□

6091 *DM28* 一七七次 *146*

一二七〇七　八□〔積カ〕五斗

(152)×31×3 *6051* *DN27* 一七七次 *146*
ヒノキ科・板目

上端折れで右端の一部のみ原形の削り、下端折れで右端の一部は原形の削り、左右両辺削り。

三七〇八　□一斗五升　(83)×(10)×4　*6081*　*DM28*　一七七次　*146*
針葉樹・板目

上端二次的切断、下端折れ、左辺二次的割り、右辺削り。

三七〇九　□　斗五升　201×27×3　*6032*　*DM28*　一七七次　*146*
スギ・板目

四周削り。上端は左端の一部原形をとどめ、右辺は切り込みより上を欠く。

三七一〇　又二百　(134)×(13)×8　*6081*　*DM28*　一七七次　*146*
ヒノキ科・柾目

上端折れ、下端・右辺削り、左辺割れか。

三七一一　五　*6091*　*DM27*　一七七次　*146*

三七一二　□〔七カ〕□　*6091*　*DN27*　一七七次　*146*

一二七一三

□□□□□□〔地部カ〕
□□□□□□□〔三百カ〕

6091 DZ27 一七七次 146

一二七一四

・右千九□〔百カ〕□　八百卅
　百廿三　三□□　百九十六　三百卌
・□

上端切断、下端・左右両辺削り。

204×45×9 6011 DZ 一七七次 147
コウヤマキ＊・柾目

一二七一五

・□　□　□□□□（右側面）
・□□□□　□（表面）
・大伴火麻呂□□（裏面）

上端・右辺削り、下端二次的削り、左辺二次的割り。右側面の文字は天地逆。

(223)×(24)×11 6051 DM27 一七七次 148
ヒノキ科・板目

一三七六・　急ゝ如ゝ律ゝ令ゝ　（右側面）

・丈部若万呂　□河　丈部若万呂
天罡ゝゝ　天罡ゝゝ
熱□
丈部若万呂　丈部若万呂
天罡ゝゝ　長□　天罡ゝゝ

・　急ゝ如ゝ律ゝ令ゝ　（左側面）

123×78×(19)　*6011*　*DM27*　一七七次 *149*　ヒノキ科・柾目

四周削り。裏面は割りのまま。「熱□」は「熱河」の可能性がある。「罡」は「皿」の下の左右に「止」と「寸」とを並べる形。「丈部若万呂　天罡ゝゝ」の部分は一筆書きの墨線で囲む。

一二七一七・□而而而海海海□　（右側面）
・□　（表面）
・□□□　□□　（左側面）
・□□　（裏面）

（142）×35×13　*6011*　*DM27*　一七七次　ヒノキ科・板目　*149*

上端切断、下端は二次的に表裏両面から刃物を入れて切断、左右両辺削り。角材を縦に割いて二次的に整形したもので、左右両側面の文字は左右が欠損する。裏面の文字は天地逆に記されている。

一二七一八・常　常易易
常常□　常常常常常涞屋
常常易易
・□□□村村部
遠常道遠何内□常常常

210×25×2　*6011*　*DM27*　一七七次　ヒノキ科・板目　*149*

四周削り。「常」の字体は多様で、草冠に弟の如き文字を記すものが多い。

三七一九 □□〔明 明ヵ〕大□□□□
□□□

(145)×25×5 *6081 DN27* 一七七次 *150* ヒノキ科・板目

上下両端二次的削り、左右両辺削り。

三七二〇 □□□□□□□□〔及 罪 罪 罪 罪ヵ〕

6091 DN28 一七七次 *146*

右辺は木簡の原形をとどめる。

三七二一 □□□〔歳 歳ヵ〕
□□〔則 則ヵ〕

6091 DZ 一七七次 *146*

三七二二 □徳徳

(111)×(17)×2 *6051 DN28* 一七七次 *150* スギ・柾目

上端は二次的に左右から削って尖らせる、下端二次的切断、左辺削り、右辺割れ。右辺の一部は二次的割りの可能性がある。斎串の可能性がある。

一二七二三　・郷□郷□□□□□□
　　　　　　・□□□□□□□　□朝□

(121)×(15)×3　*6081*　*DN28*　一七七次　ヒノキ科・柾目　*150*

上端二次的切断または折れ、下端二次的切断、左辺二次的削りまたは割れ、右辺二次的割り。

一二七二四　少□五匹□□□〔九十カ〕

(137)×(16)×4　*6039*　*DN27*　一七七次　スギ・板目　*150*

上端折れ、下端削りか、左辺削り、右辺二次的削り。左辺の下端は切り込みより下を欠く。

一二七二五　・□□登国□□□
　　　　　　・□　□

(152)×(11)×5　*6081*　*DM27*　一七七次　スギ?・板目　*150*

上下両端二次的切断、左右両辺二次的割り。四片からなる。廃棄に際して元の木簡を縦に四片以上に割き、各々の断片をさらに適当な長さに切断したものか。ほかに同一木簡の断片が五片あるが、接続しない。表面二文字目の残画は能ではなく、能登国とはならない。

二三七六・□□〔合カ〕□□□□
・□□□□□
四周削り。
143×35×5 *6011* *DN27* 一七七次 ヒノキ科・板目 *151*

二三七七 筆墨□□□□□〔手カ〕
上端削りか、下端削り、左右両辺割れか。
212×(24)×13 *6081* *DM27* 一七七次 ヒノキ科・柾目 *148*

二三七八 部　□□□〔進カ〕□□□　□
上下両端折れ、左右両辺割れ。
(156)×(8)×2 *6081* *DM27* 一七七次 ヒノキ科・板目 *152*

二三七九・以□日□
・□□
上端折れ、下端切断、左右両辺割れ。
(83)×(20)×2 *6081* *DN27* 一七七次 針葉樹・板目 *150*

一二七三〇　・□〔南カ〕
・□〔見カ〕
上端・左右両辺削り、下端二次的切断。
(73)×14×6 *6019* *DN28* 一七七次 ヒノキ科・柾目 *150*

一二七三一　・□〔郡カ〕
・□大
上下両端二次的切断、左辺削り、右辺割れ。右辺の一部は二次的割りの可能性がある。
(38)×(24)×2 *6081* *DN28* 一七七次 ヒノキ科・柾目 *151*

一二七三二　□万波□万
上下両端二次的切断、左辺二次的削りか、右辺割りのままか。
(98)×(25)×21 *6081* *DM27* 一七七次 シイ属＊・角材 *151*

一二七三三　海□□
上下両端折れ、左辺割れ、右辺削り。
(120)×(17)×1 *6081* *DM28* 一七七次 ヒノキ科・柾目 *152*

二三七四　□□〔身ヵ〕　(29)×(16)×1 *6081* *DM27* 一七七次 針葉樹・柾目 *152*

上下両端折れ、左右両辺割れ。

二三七五　□〔木ヵ〕　(152)×25×1 *6019* *DM27* 一七七次 ヒノキ科・柾目 *152*

上端二次的切断、下端切断、左右両辺削り。

二三七六　養　(48)×(21)×3 *6081* *DM28* 一七七次 ヒノキ科・板目 *151*

上端切断、下端折れか、左辺割れ、右辺削り。

二三七七　右　(57)×(22)×4 *6081* *DN27* 一七七次 ヒノキ科・板目 *151*

上端切断、下端折れ、左辺削り、右辺割れ。

二三七八　□〔阿ヵ〕　(73)×21×7 *6015* *DM28* 一七七次 ヒノキ科・板目 *151*

上端・左右両辺削り、下端折れ。下端は、側面にあけられた孔の部分で折れている。もと六〇一五型式の木簡の上端部であろう。

一二七三九　□文□□□□　170×30×3 6011 *DN27* 一七七次 *151* ヒノキ科・板目

四周削り。「文」の次の文字は、「殿」または「飯」の可能性がある。

一二七四〇　□〔大田カ〕□□□□□〔六カ〕□　6091 *DM27* 一七七次 *152*

一二七四一　□□〔田カ〕太□□　6091 *DM28* 一七七次 *152*

一二七四二　□〔大カ〕□□□　(72)×(9)×3 6081 *DN28* 一七七次 *151* ヒノキ科・柾目

上端・右辺削り、下端二次的削り、左辺二次的割りか。

一二七四三　□主□　6091 *DM27* 一七七次 *152*

一二七四四　□□〔濃カ〕□　6091 *DM27* 一七七次 *152*

左辺は木簡の原形をとどめる。

一三七四五　〔宿カ〕□□　　6091 DM27　一七七次 *152*

一三七四六・麻子　右内□〔竪カ〕□

・料　　四□

(28)×(126)×4　6081 DM28　一七七次 *152*　ヒノキ科・板目

上端切断、下端折れ、左右両辺割れ、右辺の一部は二次的削り。

一三七四七・□　短□日□□　□　□人

・□□□端□訴□□□□□□□□□□□□人□

(11)×(273)×4　6081 DN28　一七七次 *152*　ヒノキ科・板目

上下両端二次的切断、左右両辺割れ。

6ACC

SD三八二五溝A

一二七四八・尾張国造御前謹恐〻頓首□
・頓　火　火　火頭　布布□

(147)×15×4 *6051* *NJ18* 三一六次 ヒノキ科・板目 *153*

上端・左右両辺削り、中央部分より下は二次的に左右から削って尖らせる。某御前に上申する書式の尾張国造宛の文書。表裏同筆で、ともに習書の可能性が高い。

一二七四九・□□〔神直ヵ〕正月　□□〔立丁ヵ〕春部蓑□〔万ヵ〕
・□□〔部ヵ〕□□□　□□□□〔部廣男ヵ〕

(274)×(8)×5 *6081* *FO22* 二八次 ヒノキ科・板目 *153*

上端削り、下端折れ、左右両辺割れ。「立丁」は、五十戸から二人徴発される仕丁のうち実際に労働に従事する者をいう。人名を記した歴名簡の断片か。

一二七五〇　尾張国丹羽郡丹羽里

(111)×21×3 *6019* *FH22* 二八次 スギ・板目 *154*

上端切断、下端折れ、左右両辺削り。一二七五一とともに、里制下のもので、SD三八二五溝Aの年代とも矛盾しない。

三七五一・美濃国片県郡□□〔否間カ〕里守部連
・少所比米六斗

(179)×21×3 6039 NK18 三一六次 154
ヒノキ科・柾目

上端・左右両辺削り、下端折れ。庸米の荷札。「否間里」は『和名抄』にみえない。字形は「杏問」に近いが、元慶二年（八七八）に正五位上の神階を授けられた「美濃国正五位下否間神」との関係を推測する理解が妥当か（『日本三代実録』同年九月十六日条。近藤大典「平城宮出土「美濃国方県郡杏問里」木簡について」『美濃の考古学』第九号、二〇〇六年）。

三七五二・越前国登ㇾ能郡翼倚□
・庸米六斗　和銅六年

(103)×23×3 6039 DP22 九二次 154
スギ・柾目

上端・左右両辺削り、下端折れ。「越前国能登郡翼倚」は、『和名抄』の能登国能登郡与木郷にあたる。「ㇾ」は転倒符（倒置符）で、その早い用例の一つである。転倒符の用例は、長屋王邸（平城京跡左京三条二坊一・二・七・八坪）のＳＥ四七七〇井戸から出土した養老元年（七一七）十二月二十二日の年紀をもつ木簡（『平城京木簡一』六二）や、年不詳六月二十七日の日付をもつ木簡（『平城京木簡一』六三）に認められるほか、中国簡牘や、韓国咸安城山山城出土の六世紀の木簡にも認められる。

SD3825溝 A　木簡12751～12757

一二七五三・越前国□□郡□□□□□□□
・□
　228×20×4 6033 FM22 二八次 スギ・板目 154
四周削り。

一二七五四　宅里□
　(70)×19×1 6039 FG22 二八次 ヒノキ科・柾目 154
上端切断、下端折れ、左辺削り、右辺下端は削り、右辺上端は割れ。「宅里」は不詳。

一二七五五　内舎人
　293×26×6 6051 NK18 三一六次 スギ・板目 153
上端・右辺削り、左辺は割りのままか。「内舎人」は、中務省に属する舎人で、大宝令で新設された官職。定員は九十名。なお、『延喜斎宮式』によると、伊勢斎宮・賀茂斎院が卜定後過ごす宮内の潔斎所である初斎院の職員にも内舎人一名がみえる（別当以下員条）。

一二七五六　大志
　(130)×22×3 6019 FN22 二八次 ヒノキ科・柾目 153
上端・左右両辺削り、下端折れ。「大志」は衛府の第四等官。

一二七五七　忌寸□□
　159×20×2 6051 LR18 三一五次 ヒノキ科・板目 153

四周削り。完形の荷札であるが、全面を二次的に削っており、わずかな削り残りに墨が残る。

6091（6039） NG18 三一六次 153

三七五八
・□　　□
・日部□〔志カ〕田留

上端・左辺は木簡の原形をとどめる。左辺上部には切り込みの痕跡が残る。

三七五九 □国嶋

上下両端折れ、左右両辺割れ。

（67）×（12）×2 6081 NH18 三一六次 ヒノキ科・柾目 153

三七六〇 徳女

上端折れ、下端・左右両辺削り。四角柱状の材に人名のみを記す。

（133）×9×5 6019 LQ18 三一五次 ヒノキ科・板目 153

三七六一 家守　□□

上端折れ、下端削り、左辺二次的削り、右辺割れ。

（210）×（13）×2 6081 FN22 二八次 ヒノキ科・板目 153

三七六二 弓

（47）×（18）×2 6081 FO22 二八次 ヒノキ科・板目 155

上下両端折れ、左辺削り、右辺割れ。

一二七六三　弓

(102)×23×3 *6019* *FO22* 二八次　ヒノキ科・板目 *155*

上端・左右両辺削り、下端折れ。

一二七六四　・□〔兒カ〕矢己乃者奈夫由己□□〔冊利カ〕〔マヽ〕伊真者〻留部止
・□〔夫カ〕伊己冊〔マヽ〕利伊真役春部止作古矢己乃者奈

(251)×20×13 *6051* *NH18* 三一六次　ヒノキ科・板目 *156*

上端二次的削り、下端・左右両辺削り。難波津の歌を記した木簡。難波津の歌の習書は、墨書土器やヘラ書瓦もあわせると三十例余知られる。下の句まで記される事例は珍しく、藤原京跡左京七条一坊西南坪（『飛鳥藤原京木簡二』**一六〇三**）、兵庫県辻井遺跡（山本崇「難波津の歌の新資料—姫路市辻井遺跡出土木簡の再釈読—」『紀要二〇〇六』）、富山県東木津遺跡（高岡市教育委員会『石塚遺跡・東木津遺跡調査報告』二〇〇一年）など数例のみが知られる。表面十文字目は、「母」の可能性が残るが、裏面四文字目の字体は「冊」で、「も」とは読めない。「部」の字体は「ア」の如くである。

二三七六五・□□□□〔何何カ〕□
・□　　□　　□十□□　（天地逆）
上端・左辺削り、下端折れ、右辺割れ。
(137)×(18)×3 *6065* *NG18* 三一六次 ヒノキ科・柾目 *156*

二三七六六・□□□〔奈奈奈カ〕本□□〔奈本カ〕□
・□　［　］
上端削り、下端折れ、左右両辺割れ。
(152)×(15)×4 *6081* *NG18* 三一六次 針葉樹＊・板目 *156*

二三七六七・□□□〔解カ〕□□□□〔解カ〕□
・　　　□□□□□
上端二次的削り、下端折れ、左右両辺割れ。
(166)×(8)×2 *6081* *FN22* 二八次 ヒノキ科・柾目 *156*

一二七六八　・四百七十四

・三百九□□□〔百カ〕

(113)×20×4 *6059* *LQ18* 三一五次 サワラ＊・板目 *155*

上端二次的切断、下端は削り尖らせるが先端折れ、左右両辺削り。

一二七六九　□〔米カ〕□□

6091 *NK18* 三一六次 *155*

一二七七〇　・□□〔部カ〕□□

・□□□

(210)×48×15 *6065* *FD22* 二八次 広葉樹＊・心持材 *155*

上端・左右両辺削り、下端折れ。杭状の木製品の表裏両面に墨書があるが、極めて特異な文字で釈読できない。

一二七七一　葛□

□葛　(他ニ削リ残リアリ)

6091 *FL22* 二八次 *155*

三七七二・□　　□〔六ヵ〕

・　　〔十ヵ〕□

上下両端削り、左右両辺割れ。

12×(157)×20　*6081*　*LS18*　三一五次
スギ・板目　*155*

ＳＤ三八二五溝Ｂ　6ＡＣＣ

三七七三・右件稲□正下十日上進以解□
　　古文孝経□従□進□

・「□□」
　鳥「□」（異筆3）　「□」（異筆3）
「□（異筆1）　嶋　「南無」（異筆4）　「无无」（異筆4）
　□」　嶋」（異筆2）　□」　「嶋（異筆2）　嶋　□□」

上端削り、下端折れ、左右両辺割れ。下端の一部に二次的切断の痕跡が残る。表面一行目は解の一部である

(294)×(43)×3　*6081*　*LT18*　三一五次
ヒノキ科・柾目　*157*

が、意味は不詳。以下は習書であろう。『古文孝経』は官人の必読書として重視された書物。裏面一文字目は、「不」または「布」の可能性がある。

一二七七四　宮手中　物□　　(138)×20×2 *6081* *LR18* 三一五次 *157* ヒノキ科・追柾目

上端・左辺削り、下端折れ、右辺の下半は削りか。文書木簡の書き出し部分か。

一二七七五・美濃国□□□〔山県郡カ〕□□〔郷カ〕［　　　　　］
・三斗十月廿二日□［　　　　　］　　193×(11)×3 *6033* *LQ18* 三一五次 *157* ヒノキ科・板目

上端・右辺削り、左辺二次的割りか。

一二七七六・備後国品治郡佐我□〔郷カ〕
・庸米六斗　　133×31×5 *6033* *LQ18* 三一五次 *158* ヒノキ科・追柾目

四周削り。左辺の切り込みより上、右辺の下部は欠損。

二三七七　駒椅里雑腊一斗五升　□□干

(155)×18×6 *6039* *LQ18* 三一五次 *158*
スギ・柾目

上端二次的切断か、下端・左右両辺削り。『和名抄』によると、陸奥国柴田郡に駒橋郷がみえるが、この木簡は、出土層位からみると郷里制下のコザトの可能性もある。ただし、近年、平城宮跡出土木簡の中に陸奥国の贄の荷札の存在も確認されている（『平城宮木簡三』三〇五九）。

二三七八　□上郷□□〔部カ〕小足□□〔俵カ〕

153×(14)×5 *6033* *LQ18* 三一五次 *158*
ヒノキ科・板目

上端・左辺削り、右辺割れ。

二三七九　釘肆佰玖隻

197×35×6 *6011* *LS18* 三一五次 *159*
ヒノキ科・板目

四周削り。丁寧に整形された材の上部に文字を記す。二三八二とともに造営に関わるものか。

二三八〇　・釜三口足
・□〔苑カ〕

(94)×15×6 *6081* *LR18* 三一五次 *159*
ヒノキ科・柾目

上端二次的切断か、下端折れ、左右両辺削り。

一二七八一　秦宿奈万呂薦二枚　　122×18×5 *6032* *LR18* 三一五次 *158* ヒノキ科・板目

上端・左右両辺削り、下端は右端の一部のみ削りで、ほかは欠損。

一二七八二　□□〔飛驒カ〕工□　　(110)×(19)×3 *6081* *LS18* 三一五次 *159* ヒノキ科・柾目

上端削り、下端折れ、左辺割れ、右辺二次的削り。

一二七八三　日奉弟麻呂　　(74)×(10)×2 *6081* *LR18* 三一五次 *159* ヒノキ科・板目

上下両端二次的切断、左辺削り、右辺割れか。ＳＤ三七一五溝から出土した「日奉乙麻呂」（一一八八三）と同一人物の可能性がある。

一二七八四　□□　古万呂　□　　(131)×19×4 *6081* *LR18* 三一五次 *159* スギ・柾目

上端二次的切断か、下端折れか、左右両辺削り。人名を墨線で丸く囲っている。

一二七八五　□足嶋□　　*6091* *LR18* 三一五次 *159*

三七八六　□部□末呂　□□〔右四カ〕□□

(164)×(13)×5 *6081 LR18* 三一五次 ヒノキ科・板目 *159*

上端二次的切断か、下端・右辺削り、左辺割れ。

三七八七・矢己乃不由由□

・直□□□〔荎荎カ〕万呂□□□〔稲稲カ〕

(257)×27×2 *6081 LR18* 三一五次 ヒノキ科・板目 *159*

上端は一部に刃物の痕跡があり二次的切断か、下端折れ、左右両辺削り。難波津の歌を記したものと考えられるが、「(さく) やこの」の後「はな」とすべきところを「不由 (ふゆ)」と記し、その続きを記すのをやめている。裏面は「荎」「稲」などの習書か。

SD三八二五溝C　6ACC

三七八八　禁〔マヽ〕弓矢解□〔申カ〕□□□入舎人事

(148)×30×3 *6019 NJI8* 三一六次 スギ・板目 *160*

上端・左右両辺削りか、下端折れ。三文字目は、「兵」の可能性もあるが、字体は「矢」。「入」の上の文字は「参」または「出」か。なお、左半は東西溝ＳＤ一二九六五の遺物として取り上げたが、接続すると同一簡の断片であり、両溝の合流点の遺物として報告する。

一二七八九・□師　従三人六□　□□師
光道師　基寛師
法薬師　安光師　恵智師
奉顗師
・□□　合拾伍人
六月廿二日川口馬長

(182)×35×2　6019　NJ18　三一六次　スギ・板目　161

上端折れ、下端・左右両辺削り。第一次大極殿院で行なわれた仏事に関わる木簡か。「従」は従者で、これを含めて十五名か。「光道」は天平十五年（七四三）三月二十三日から天平感宝元年（七四九）閏五月三日までの第五櫃出経注文（正倉院文書続々修第十五―三〈『大日古』二十四―一七一〉）にみえ、あるいは、天平宝字六年（七六二）光覚知識経奥書（法隆寺蔵衆事分阿毗曇巻九、『寧楽遺文』中―六三六頁）にみえる光道菩薩と同一人物か。「恵智」は、天平勝宝四年（七五二）四月九日東大寺盧舎那仏開眼供養供奉僧名帳断片（正倉院文書塵芥文書雑帳第二帖第三葉・第十葉）にみえる同名の僧二人のうち、いずれかと同一人物であろう。川口馬長は不詳。

三七九〇・□　卅六人　□　□
・□□八人　□人大将□
・□　□
・□坊駆使
　〔作カ〕□

(237)×(24)×5 *6081* *NI18* 三一六次 スギ・板目 *161*

上端折れ、下端切断、左辺二次的切断か、右辺は腐蝕が著しく整形の判定は困難。役夫の割り振りに用いた木簡か。「大将」は、中衛府・授刀衛（天平宝字八年〈七六四〉九月頃から天平神護元年〈七六五〉二月まで）・近衛府・外衛府の長官で、中衛大将・授刀大将・近衛大将・外衛大将のいずれかであろう。

三七九一・□　丈部
・□□□

(71)×(23)×4 *6081* *NI18* 三一六次 スギ・板目 *161*

上端・左辺削り、下端折れ、右辺割れ。

一二七九二　背国葛…郡〔川辺ヵ〕□□郷　6091 NK18 三一六次 160

同一木簡に由来すると思われる削屑が欠損箇所をはさんで復原できる。山背国葛野郡川辺郷であろう。荷札ではなく、官人などの本貫地などを記した木簡の削屑である可能性がある。

一二七九三　伊豆国賀茂郡稲⎾　(97)×(20)×4 6039 NJ18 三一六次 160 ヒノキ科・板目

上端・右辺削り、下端折れ、左辺割れ。「伊豆国賀茂郡稲」は、『和名抄』にみえないが、二条大路木簡に稲梓郷の荷札が認められる（『平城木簡概報』二十二―二八頁上、『同』三十一―二六頁下）。調の荒堅魚の荷札か。

一二七九四　若狭国遠敷郡余戸里宍人□臣足 御調塩⎾　160×35×4 6031 LR18,LQ18 三一五次 160 スギ・板目

四周削り。廃棄の際に二次的に切断されており、下半の左半分は欠損する。同じ土層（暗黒粘土）から平城宮土器Ⅳに属する土器が出土していることから、郷制の郷を里と記した可能性がある。ただし、郷里制下の時期に属する同じ若狭国からの塩の荷札の断片（一二七九五）が出土していることから推して、ともに奈良時代前半の荷札である可能性も捨てきれない。

三七九五　・□□〔郷ヵ〕　□□□〔忌浪ヵ〕□
　　　　　・□　塩三斗
(134)×24×4 *6039* *NI17* 三一六次 *160*
ヒノキ科・板目

上端折れ、下端・左右両辺削り。「忌浪」は、若狭国三方郡能登郷のコザト忌浪里と推測され、『和名抄』の若狭国三方郡能登郷にあたる。平城宮跡造酒司推定地のＳＤ一六七四二溝（平城第二五九次調査）から出土した木簡に「若狭国三方郡乃止郷忌浪里」（『平城木簡概報』三十二―九頁下）とみえる。若狭の塩が長期の保管に耐える素材であったことにより、貢納から廃棄までの間に長い時間が経過したとも理解できる。

三七九六　但馬国七美郡七美郷舂米伍斗 伍保三使部身成 天平神護元年四月
224×34×11 *6031* *LS18* 三一五次 *162*
スギ・板目

四周削り。左辺は切り込みより下を欠く。

三七九七　・讃岐国寒川□
　　　　　・庸米六斗
(76)×20×5 *6039* *NJ18* 三一六次 *160*
ヒノキ科・柾目

上端・左右両辺削り、下端折れ。「讃岐国寒川」は、『和名抄』の讃岐国寒川郡にあたる。

一二七九八・長□□〔屋郷カ〕［　　　］　206×(17)×6 *6051 NJ17* 三一六次 ヒノキ科・柾目 *162*
・米一表〔俵〕　□上□□□

上端・右辺削り、左辺割れ。「長屋郷」は、『和名抄』によると大和国山辺郡と伊勢国安濃郡にみえる。

一二七九九・□□部□□白□　141×25×5 *6051 NJ18* 三一六次 スギ・板目 *163*
・□斗〔参カ〕［　　］

上端切断、左右両辺削り。

一二八〇〇　布乃利　101×18×3 *6011 NG18* 三一六次 ヒノキ科・板目 *163*

四周削り。上端は山形に整形する。左辺上部にわずかなへこみがみられ、紐の圧痕の可能性がある。フノリの付札。品目名のみのフノリの付札は、平城京跡左京七条一坊十五・十六坪東辺の東一坊大路西側溝ＳＤ六四〇〇溝（平城第二五二・二五三次調査）から出土した「布乃理」の類例がある（奈文研『平城京左京七条一坊十五・十六坪発掘調査報告』八二号・『平城木簡概報』三十一―九頁下）。

三八〇一　□丈五□〔尺カ〕二

(27)×(8)×3 *6081* *NJ18* 三一六次 ヒノキ科・板目 *163*

上下両端折れ、左辺削り、右辺割れ。

三八〇二　□〔十カ〕文　天平

(98)×15×6 *6019* *LS18* 三一五次 ヒノキ科・柾目 *163*

上端折れ、下端・左右両辺削り。

三八〇三　・□□〔无カ〕山口无　□□□□□

・□□□

(201)×(35)×5 *6061* *LR18* 三一五次 ヒノキ科・板目 *162*

四周二次的削り。右辺の下半部は割れ。木簡を琴形状の木製品として転用したものか。

三八〇四　□□〔更カ〕更□□

6091 *FFZ* 二八次 *163*

一二八〇五　□〔故ヵ〕　6091 NG18 三一六次 *163*

一二八〇六　公□　6091 FFZ 二八次 *163*

一二八〇七　大□　6091 FFZ 二八次 *163*

一二八〇八　□〔米ヵ〕□□
　　　　　　□　6091 FFZ 二八次 *163*

一二八〇九　□〔米ヵ〕　6091 LT18 三一五次 *163*

SD三八二五溝BまたはC

三八一〇・左衛士府
　・宜相替国
上端削り、下端折れ、左辺二次的削り、右辺割れ。「相替」は、『続日本紀』養老六年（七二二）二月甲午条、もしくは『延喜兵部省式』にみえる「凡衛士相替、三年為限」とかかわるか（衛士相替条）。
（78）×（14）×4　*6081*　*FL22*　二八次　ヒノキ科・板目　*164*

三八一一・右衛士府
　・□　□□
　　　□□　□□
　　　　　　□
上端・左辺削り、下端折れ、右辺二次的割り。ほかに削り残り多数あり。
（174）×（22）×3　*6019*　*FM22*　二八次　ヒノキ科・板目　*164*

三八一二・□人解
　・［　　］
上端二次的削り、下端・左右両辺削り。
（45）×30×2　*6019*　*FG22*　二八次　ヒノキ科・板目　*164*

三八一三・長谷部内親王所

・□　□　□□□　□　□

(160)×(19)×8 6081 FK22,FO22 一八次 164
ヒノキ科・板目

上端の左断片は二次的切断、右断片は二次的削り、下端・左辺削り、右辺二次的割りで一部二次的削り。裏面の文字が欠けることからすれば、さらに幅の広い木簡であった。長谷部内親王（泊瀬部皇女）は天武天皇の娘で、霊亀元年（七一五）正月に四品とみえ（『続日本紀』同月甲午条）、天平九年（七三七）二月に三品に昇り（『続日本紀』同月戊午条）、天平十三年（七四一）三月没（『続日本紀』同月己酉条）。長谷部内親王を記す木簡は、帳内の考選木簡と思われる削屑が二点（『平城宮木簡六』**八三〇**・**八三一**）、性格は不詳だが「長谷部内親王」と記した削屑が一点（『平城木簡概報』三十一―九頁下）出土している。「長谷部内親王所」は、内親王宮である居宅か、あるいは宮を造営するために設置された「所」のいずれかであろう。（内）親王＋所と記された木簡の事例として、長岡京跡左京一条三坊六・十一町（左京二〇三次調査）から出土した「酒人内親王所」と書かれたと思われる削屑がある。調査地は、遺跡の立地や木簡の記載内容から、長岡京の造営に伴なう物資の陸揚げ地・集積地・加工場と解されており、「酒人内親王所」はここから材木の供給をうけた先と理解される（『長岡京左京出土木簡一』**三六四**〜**三六八**、**三七〇**。橋本義則「長岡宮内裏考」『長岡京古文化論叢』Ⅱ、三星出版、一九九二年）。

三八一四　参河国播豆郡析嶋海部供奉□〔去カ〕天平十八年十二月料御贄佐米□「鱐六斤」

285×21×4 *6031* ***FM22*** 二八次 ヒノキ科・板目 *165*

四周削り。「鱐」以下の文字は、同筆にみえるが墨が薄く、削り直した後に書き直したものと思われる。類例からすれば、「佐米」の次にはもと「楚」が記されていたと推測でき、墨痕もそれと矛盾しない。鱐は、「雑鱐一百斤」（『賦役令』調絹絁条）とあり、アヘツクリと訓む（『和名抄』）。『令義解』によると、「謂、割乾魚也」とあり、臓物を取り出して干した乾魚で、「腊（キタヒ）」に比べて大型の魚が多い。魚肉を細長く割いて塩干にした楚割とは異なる。この木簡は、参河国幡豆郡の贄木簡で年紀を記す唯一の事例であるとともに、「鱐」を記す唯一の事例であり注目される。年を記すのは、未納分を遡って貢進することと関係するか。

三八一五　参河国□□〔芳豆カ〕郡□□□〔御贄カ〕

(123)×25×4 *6032* ***FE22*** 二八次 ヒノキ科・板目 *165*

上端・左右両辺削り、下端は二次的削りか。

三八一六　甘作郡雄諸郷舟史廣足戸

195×15×4 *6051* ***FL22*** 二八次 ヒノキ科・板目 *164*

上端・右辺削り、左辺は上半が削りで下半を欠く。「甘作郡雄諸郷」は、『和名抄』にはみえないが、近江国神埼郡雄諸郷にあたる。「甘作」の表記は、「近江国甘作郡雄諸郷大津里大友行商」（『平城宮木簡三』**三一九八**）、「近江国甘作郡」（『平城木簡概報』三十一―二八頁上）にみえる。

一二八一七　⊔□〔国カ〕名方郡石井郷川根里山部

(121)×37×6　6033　*FO22*　二八次　*166*
ヒノキ科・追柾目

上下両端二次的削り、左右両辺削り。上端部の切り込みより上を二次的に整形したものか。もと切り込みがある六〇三三型式の木簡を二次的に整形した可能性もあるが、六〇三三型式としてはやや異形で、下端も二次的整形と考えておく。阿波国名方郡は、寛平八年（八九六）九月、名東・名西の二郡に分かたれた（『類聚三代格』巻七郡司事所収、昌泰元年〈八九八〉七月十七日太政官符所引寛平八年九月五日太政官符）。名東・名西両郡は、「名西郡・名東郡」（高山寺本・名古屋市立博物館蔵本）、「名方西郡・名方東郡」（神宮文庫蔵本・大東急記念文庫蔵本）につくるが、諸本に石井郷はみえない。山部の右に墨付が認められるが、この荷札に伴うものか、文字か否かも判然としない。

一二八一八　・讃岐国山□〔田カ〕⌈
　　　　　　・□多□二人

(56)×20×4　6039　*FM22*　二八次　*165*
ヒノキ科・柾目

上端・左右両辺削り、下端折れ。「讃岐国山田」は、『和名抄』の讃岐国山田郡にあたる。裏面一文字目は、「次」、三文字目は、「之」または「丸」の可能性がある。

一二八一九　□〔伊カ〕豫国□
(40)×(13)×2 6039 FG22 二八次 ヒノキ科・板目 166

上端切断、下端折れ、左辺削り、右辺割れ。左辺の切り込みより上部欠損。一二八二〇と同一木簡の断片である可能性が高い。

一二八二〇　□□〔麻カ〕調楚割
(67)×26×2 6081 FG22 二八次 スギ・板目 166

上下両端折れ、左右両辺割りのままか。一二八一九と同一木簡の断片である可能性が高い。「調楚割」は、伊豫国の荷札以外実例は知られない。調贄の楚割は、『平城宮木簡二』二七八六、『平城木簡概報』二十四―三〇頁下にみえるほか、調楚割も『平城宮木簡三』三〇七〇にみえる。

一二八二一　□多紀郡□□□□　□
(207)×(17)×3 6039 FO22 二八次 ヒノキ科・板目 165

上端折れ、下端・左右両辺削り。「多紀郡」は、『和名抄』の丹波国多紀郡にあたるか。ただし、美濃国多藝郡を多紀郡と記すこともあり、なお検討が必要である（『続日本後紀』承和五年〈八三八〉八月壬辰条）。

一二八二三　□魚十一斤十両□□〔連カ〕□□〔丸カ〕
養老七年九月
(211)×(10)×5 6039 FL22 二八次 ヒノキ科・板目 165

上端折れ、下端・左辺削り、右辺割れ。調の荒（麁）堅魚の荷札の断片であろう。

一二八二三　□□部得人米五斗

(122)×23×7 *6039* ***FM22*** 二八次 *165*
ヒノキ科・板目

上端折れ、下端・左右両辺削り。

一二八二四　榑風　□〔楉カ〕夫

(175)×(23)×4 *6051* ***FN22*** 二八次 *166*
ヒノキ科・板目

上端・右辺削り、下端は左辺から削って二次的に尖らせている、左辺割れ。「榑風」は、『和名抄』によると「榑風。弁色立成云、榑風板〈上音布悪反、和名如字。楊氏漢語抄説同〉」とみえる。正倉院文書に散見するほか、木簡では『平城宮木簡二』二六三九、『長岡京木簡一』三三七などにみえる、博風・薄風・愽風・搏風と表記するものと同じで、いずれも破風（破風板）のことであろう。

一二八二五　□□〔一俵カ〕

(78)×23×5 *6039* ***FM22*** 二八次 *166*
ヒノキ科・板目

上端折れ、下端・左右両辺削り。

三八二六 □〔勝カ〕寶四年十二月□日秦国万呂

(161)×(17)×3 *6081* *FM22* 二八次 ヒノキ＊・柾目 *164*

上端折れ、下端・右辺削り、左辺割れか。

三八二七 □月

(65)×(22)×3 *6081* *FN22* 二八次 ヒノキ科・板目 *164*

上下両端折れ、左右両辺割れ。一文字目は、「二」または「三」であろう。

三八二八・調調調□□〔調調カ〕

・調調調調

(112)×27×3 *6019* *FK22* 二八次 ヒノキ科・柾目 *166*

上端・左右両辺削り、下端折れ。

三八二九・□□□〔我我斬カ〕

・□物□

(68)×19×3 *6081* *FM22* 二八次 ヒノキ科・板目 *166*

上下両端折れ、左右両辺削り。

一二八三〇　□《〔買ヵ〕》□□□　(87)×(8)×6 6081 FO22 二八次 166

上下両端折れ、左辺割れ、右辺削り。針葉樹・板目

一二八三一　□注□　6091 FL22 二八次 166

SD三八二五溝不明　6ACC

一二八三二　紀伊国名草郡□《〔野ヵ〕》里白米五斗　179×(10)×6 6032 FE22 二八次 167

上下両端・左辺削り、右辺割れ。「紀伊国名草郡野里」は、『和名抄』の紀伊国名草郡野応郷にあたる。紀伊国名草郡を記した木簡は、「名草郡」（『藤原木簡概報』六―一二頁上）、「国名草郡人」（『平城宮木簡五』六七五九）、「名草郡大屋里」（『平城木簡概報』二十三―一四頁上）、「山直加太名草郡上神郷戸主」（『平城木簡概報』三十一―八頁下）が知られるが、いずれも断片である。ヒノキ科・板目

三八二三・□□［　　　　］若犬甘部 若桜部

・［　　　　］

上端削り、下端・左右両辺二次的削り。

(193)×(25)×4 6081 *LS18* 三一五次 ヒノキ科・板目 *167*

三八二四・□□〔麻呂カ〕ム□□　□木木　［　］部毛

□得麻呂　和尓部白□

・□　□〔番カ〕入入入　□

［　　　　］

上下両端削り、左辺割れ、右辺二次的割りか。

151×(22)×3 6081 *FG22* 二八次 ヒノキ科・柾目 *167*

三八二五　□□〔五カ〕

6091 *Z* 三一五次 *167*

SD一二九六五溝　6ACC

一二八三六　・「□」左弁宣長五丈
「今五」廣二丈
・丈部伯麻呂　伯麻
(106)×27×3 *6019* *DJ28* 一七七次 ヒノキ科・板目 *168*

上端・左右両辺削り、下端折れか。「□」と「今五」は異筆か。

一二八三七　□郡形原郷□
(69)×(20)×3 *6081* *NJ18* 三一六次 ヒノキ科・柾目 *168*

上下両端折れか、左辺割れ、右辺削り。「郡形原郷」は、『和名抄』の参河国宝飯郡形原郷にあたる。荷札木簡の断片であろう。形原郷の木簡として初例である。

一二八三八　・□□〔美濃カ〕国大野郡美和郷長神直三田次進酢年
・□〔魚カ〕二斗六升　神亀三年十月
169×24×3 *6011* *NJ21* 三一六次 ヒノキ科・板目 *168*

四周削り。「大野郡美和郷」は、『和名抄』の美濃国大野郡大神郷にあたる。「酢年魚」は鮎ずし。税目は不詳。これまでに知られる美濃国大野郡の荷札は、いずれも庸米である。郷長を進上主体とする荷札は類例がない。

三八三九 ・備後国品治郡□ 漢人部□
・并二人

(102)×23×6 *6039* *NI19* 三一六次 *168* ヒノキ科・板目

上端・左右両辺削り、下端折れ。庸米の荷札の断片であろう。

三八四〇 讃岐国香川郡□〔細カ〕郷秦公□

(103)×21×5 *6039* *DJ27* 一七七次 *168* ヒノキ科・板目

上下両端折れ、左右両辺削り。左辺上端一部欠。「讃岐国香川郡細郷」は『和名抄』にみえない。同郷の木簡は、三六六六にもみえる。「細」はあるいは「田」で田部郷の意の可能性もなしとしない。

三八四一 讃岐国鵜足郡和軍六斤

(153)×23×4 *6031* *NI21* 三一六次 *168* ヒノキ科・板目

上端折れ、下端・左右両辺削り。上端は切り込みより上部を欠き、下端も右を欠く。税目は不詳。「軍布」が「メ」であることからすれば、「和軍」は「ニギメ」のことであろう。

一二八四二・□□□

・一裹

上端・右辺削り、下端二次的切断、左辺二次的割りか。

(103)×(18)×5 *6039* *NJ19* 三一六次 ヒノキ科・柾目 *168*

一二八四三・事
麻呂事麻呂麻
事

・「□ □□□」　（「　」天地逆）
事事事　事

上下両端二次的切断、左右両辺二次的削りか。

(128)×(28)×2 *6081* *NJ21* 三一六次 ヒノキ科・板目 *169*

一二八四四・得（花ノ絵）徳□□□□　（□天地逆）

・□□〔嶋ヵ〕□□□□□

四周二次的削り。楕円形曲物底板の断片。

(234)×(24)×3 *6061* *NJ18* 三一六次 ヒノキ科・柾目 *169*

一三八四五・□□〔并カ〕□
・□
(80)×(11)×4 6081 NJ18 三一六次 ヒノキ科・板目 169
上下両端折れ、左辺割れ、右辺二次的割りか。

SD一八二二〇溝 6ACC

一三八四六 □〔人申カ〕□□
6091 LT22 三一五次 169
文書木簡の削屑か。

一三八四七・道之来月之
・□人□〔土カ〕□□
(156)×16×4 6019 LT22 三一五次 スギ・板目 169
上端折れ、下端・左右両辺削り。

SK三八三三土坑　　6ACC

一二八四八　□□　　生部廣□　□　　(211)×(13)×3 *6081* *FF26*　二八次　スギ・柾目 *169*

上端二次的切断、下端折れ、左右両辺割れ。裏面は割ったままか。

SA八四一〇塀　　6ABG

一二八四九　少丹生里米七斗
秦人老五□〔戸ヵ〕　　148×25×5 *6051* *AN48*　一〇二次　スギ・板目 *170*

四周削り。「少丹生里」は、『和名抄』の若狭国遠敷郡遠敷郷にあたる。七斗の米の荷札はこの木簡のみで、小丹生（遠敷）に少の字を用いる例もこの一例のみである。なお、若狭国遠敷郡の米の荷札は珍しく、庸米が二例（一一九五九、滋賀県鴨遺跡出土木簡）、白米が二例（一二六四三、『平城木簡概報』十九―二二頁上）あるのみである。

SK一二五三〇土坑

三八五〇　□□〔移ヵ〕　6091 AQ34　一七一次　*170*

一文字目は、「府」などの可能性がある。移の文書木簡の削屑であろう。

三八五一　□□〔贓贖ヵ〕□　6091 AQ34　一七一次　*170*

三八五二　□位下□□□〔行令史ヵ〕　6091 AQ34　一七一次　*170*

「令史」は、司の第四等官で官位相当は大初位上から少初位下まで。残画からすれば一文字目は、「八」の可能性が高い。

三八五三　□〔六ヵ〕位下□　6091 AQ34　一七一次　*170*

三八五四　従八位下□　6091 AQ34　一七一次　*170*

一二八五五　大初　6091 AQ34 一七一次 170

一二八五六　□布里弓削子首□　6091 AQ34 一七一次 170

一二八五七　里田部□　6091 AQ34 一七一次 170

一二八五八　上毛野朝臣廣人　6091 AQ34 一七一次 170

「上毛野朝臣廣人」は、和銅元年（七〇八）正月、従六位上より従五位下、和銅七年（七一四）三月、従五位上に叙せられた。同年十一月迎新羅使右副将軍、養老元年（七一七）三月には右少弁とみえ左大臣石上朝臣麻呂の薨に際して太政官の誄を述べた。同年四月任大倭守。養老四年（七二〇）正月正五位下に叙せられた。同年九月、正五位陸奥国按察使として陸奥にあり、蝦夷の反乱に遭って殺害された（『続日本紀』和銅元年正月乙巳条・和銅七年三月乙卯条・同年十一月庚戌条・養老元年三月癸卯条・同年四月乙未条・養老四年正月甲子条・同年九月丁丑条）。土坑の年代が奈良時代初期に属することから推して、年代的にも矛盾しない。

一二八五九　□□□〔紀ヵ〕　6091 AQ34 一七一次 170

一三八六〇　□〔額ヵ〕田□〔部ヵ〕　*6091*　*AQ34*　一七一次　*170*

一三八六一　□田□〔連ヵ〕　*6091*　*AQ34*　一七一次　*170*

一三八六二　□〔君ヵ〕麻　*6091*　*AQ34*　一七一次　*170*

一三八六三　真上［　　］　*6091*　*AQ34*　一七一次　*170*

一三八六四　麻呂　*6091*　*AQ34*　一七一次　*170*

一三八六五　□□□〔志癸下ヵ〕　*6091*　*AQ34*　一七一次　*170*

「志癸下」は、『和名抄』の大和国城下郡にあたるか。ＳＫ一二五三〇土坑から出土する削屑にみえる地名は、荷札等に由来するものではなく、官人本貫地などに関わる記載の一部であろう。

一三八六六　伯耆□□　*6091*　*AQ34*　一七一次　*170*

一二八六七　□年正月一日□　6091 AQ34 一七一次 170

一二八六八　□□〔月カ〕□　6091 AQ34 一七一次 170

一二八六九　十八日□□□〔刑部カ〕　6091 AQ34 一七一次 170

左辺の一部は、木簡の原形をとどめる。

一二八七〇　銭□　6091 AQ34 一七一次 170

一二八七一　□廿□〔端カ〕　6091 AQ34 一七一次 170

一二八七二　□□□〔端カ〕　6091 AQ34 一七一次 170

一二八七三　丈□〔六カ〕　6091 AQ34 一七一次 170

二八七四　□長□〔夜カ〕不足
□
6091　AQ34　一七一次　171

二八七五　□〔三カ〕
6091　AQ34　一七一次　170

二八七六　五□五　煮□
末尾の文字の偏は言偏。
6091　AQ34　一七一次　170

二八七七　道道□
□　□
6091　AQ34　一七一次　171

二八七八　受財而
左辺は木簡の原形をとどめる。
6091　AQ34　一七一次　171

二八七九　□作□
6091　AQ34　一七一次　171

一二八八〇　□邑　6091 AQ34　一七一次 171

一二八八一　□人　6091 AQ34　一七一次 171

一二八八二　里□　6091 AQ34　一七一次 171

一二八八三　□□〔大カ〕□　□　6091 AQ34　一七一次 171

一二八八四　□〔大カ〕□　6091 AQ34　一七一次 171

一二八八五　□〔海カ〕□□　6091 AQ34　一七一次 171

一二八八六　近□　6091 AQ34　一七一次 171

一二八八七　□〔門カ〕□　6091 AQ34　一七一次 171

二八八八　□〔佐ヵ〕　6091 AQ34 一七一次 171

二八八九　下　6091 AQ34 一七一次 171

二八九〇　□〔主ヵ〕□
　　　　　□
6091 AQ34 一七一次 171

二八九一　・□〻〔東ヵ〕■■■■■□〻〔留ヵ〕■■■■■
　　　　　・■　■■□〻〔郡ヵ〕■■■■■■■■□〻□〻〔麻呂ヵ〕
(295)×(14)×7 6081 BM47 一七一次 171
ヒノキ＊・板目
上端二次的切断、下端折れ、左右両辺二次的削りか。

二八九二　□　□　□麻呂
　　　　　　□〔伊ヵ〕
6091 AQ34 一七一次 171

SE一一七二〇井戸　　6ABY

一二八九三　中　□　大　□　　6091 BL19　一五七次　171

横材の同一木簡の削屑二片からなるが、直接接続しない。

出土遺構不明　　6ABH・6ABI・6ABJ・6ACC

一二八九四　□□□〔万呂庸ヵ〕□六斗□□　　(147)×(6)×4　6081 Z　三一五次　172　スギ・板目

上端二次的切断か、下端折れか、左右両辺二次的削り。

一二八九五　・□□□□□〔米ヵ〕五斗
・五百木部□足□□
□　　166×15×4　6032 Z　二八次　172　ヒノキ科・柾目

四周削り。

二八九六　冊□〔斤ヵ〕大
上端切断、下端・左右両辺削り。
(101)×22×4 *6039* *Z* 二八次 ヒノキ科・板目 *172*

二八九七・
・□二年十月
上端折れ、左右両辺削り。
(117)×20×3 *6059* ***FF22*** 二八次 ヒノキ科・板目 *172*

二八九八　□□〔三事ヵ〕
上端折れ、下端・左辺削り、右辺割れ。
(122)×(19)×4 *6081* ***FF22*** 二八次 ヒノキ科・板目 *172*

二八九九　郷
上端折れか、下端折れ、左辺削り、右辺割れか。
(19)×(18)×2 *6081* ***Z*** 三一五次 針葉樹・板目 *172*

一二九〇〇　・十□□
　　　　　　・□□
上端二次的切断、下端切断、左右両辺削り。
(100)×36×6　6011　Z　二八次　172
針葉樹・板目

一二九〇一　□成
上端二次的切断、下端切断あるいは二次的切断、左右両辺削り。
(37)×27×3　6081　Z　一四〇次　172
ヒノキ科・板目

Nara National Research Institute for Cultural Properties
Independent Administrative Institution
National Institute for Cultural Heritage

THE WOODEN TABLETS FROM THE NARA PALACE SITE
Ⅷ

English Summary

NARA, 2010

PUBLICATIONS ON HISTORICAL MATERIALS
VOLUME 85, SUPPLEMENTUM

English Summary

1. Introduction

This report is the seventh volume of *The Wooden Tablets from the Nara Palace Site*. This volume contains wooden tablets unearthed in the excavation at the Former Imperial Audience Hall and the Central Halls of State Compound in the Nara Imperial Palace site. There were 4,764 *mokkan* (including 3,299 shavings) recovered from the excavations. Among them, 1,617 *mokkan* (including 819 shavings) containing one or more legible characters were reported in this volume. The *Mokkan* were obtained from the 27th, 28th, 41st, 77th, 91st, 92nd, 97th, 102nd, 111th, 117th, 136th, 140th, 150th, 157th, 157th add., 171st, 177th, 315th, 316th, and 337th excavations. The archaeological features in which the *mokkan* were associated were the Former Imperial Audience Hall Compound, two major drain systems located on the eastern and western outer wards to the east and west of the Former Imperial Audience Hall Compound, and the Central Halls of State Compound.

2. Archaeological features yielding *mokkan*

(1) Features and deposits at and around the Former Imperial Audience Hall Compound

Ground soil of the Former Imperial Audience Hall Compound (337th)

This ground soil was prepared for the initial construction of the Former Imperial Audience Hall. A baggage tally *mokkan* which has an inscription of the date of March, Wado 3 (AD 710) was obtained from the ground soil under the south composite corridor. This implies that the corridor was built after AD 710. There were 14 *mokkan* recovered from the ground soil.

Black silt layer in the lower part of the ground soil at the southwest corner of the outer ward of the Imperial Domicile (91st)

Before the construction of the palace, the land of the southeast corner of the Former Imperial Audience Hall Compound was a swamp, and black clay was accumulated in the deposit. This original ground was covered by thin black silt layer containing broken timbers, wooden chips, barks, and *mokkan*. There were 212 *mokkan* (including 142 shavings) recovered from the layer.

Buildings SB 8182 and SB 8184 (91st)

Numbers of small buildings were constructed on the first ground soil (50 cm in depth) in the southwest corner of the outer ward of the Imperial Domicile. There were 18 *mokkan* (including 16 shavings) recovered from the postholes of the two buildings.

Building SB 7802 (77th)

This was an east-west building with internal pillars measuring 5 by 3 bays located to the east of the south gate SB 7801 in the Former Imperial Audience Hall Compound. There were 240 *mokkan* (including 154 shavings) recovered from the holes that were excavated for salvaging the pillars.

Building SB 18500 (337th)

This was a same size building as the building SB 7802. These two buildings were bilaterally symmetrical about the north-south axis of the Former Imperial Audience Hall Compound. There were 1415 *mokkan* (including 1247 shavings) recovered from the 14 holes that were excavated for salvaging the pillars, and especially numbers of *mokkan* shavings were obtained from the hole of the northeast corner.

Wall SA 3777 (41st)

This wall was parallel and overlapped with the eastern pillar

line of the east composite corridor with earthen wall (SC 5500). This was a temporary wooden wall for the eastern side of the Former Imperial Audience Hall Compound, as the buildings of the Former Imperial Audience Hall and the composite corridor with earthen wall were dismantled and relocated to the Kuni Imperial Palace in Phase I-3. Remains of a pillar with inscription were recovered from the twelfth posthole from the south in the trench of the 41st excavation.

Ditch SD 5563 (41st)

This was a wooden water pipe for drainage passing through the east composite corridor SC 5560, constructed after the dismantlement of the wooden wall SA 3777. There were 2 inscriptions on the wooden drain, which were numbering for timber written on the original timber before being recycled as the water pipe.

Well SE 9210 (117th)

A rectangular two-tiered hole was dug for the construction of the well. The plan of the upper tier measured 7.3 m in the north-south direction with 1.7 m in depth, and the plan of the lower tier that was positioned in the northwest part of the upper step measured 4.5 m in the north-south direction and 4.9 m in the east-west direction with 1.9 m in depth, then the entire hole was with 3.9 m in depth. There were 1 *mokkan* recovered from the well and 16 ink inscriptions recognized on the frame timbers for the well. The inscriptions were written on the inside of the frame and indicated the direction and order of rows such as “North-1”.

(2) The Former Imperial Audience Hall Compound and the eastern side of the Central Halls of State Compound

Ditch SD 3765 (41st, 150th, and 171st)

This was a north-south ditch located in the south part of the eastern outer ward of the Former Imperial Audience Hall Compound, measuring 1.6 to 2.6 m in width with 60 cm in depth. There was a *mokkan* with date inscription recovered from the ditch, indicating that the ditch existed in the period of Wado (AD 708 to AD 715). The ditch existed for a short period, and was buried by silt soil. There were 47 *mokkan* (including 39 shavings) recovered from the ditch.

Pit SK 5535 (41st)

This was an irregular pit measuring 1.5 m in diameter with 30 cm in depth. North-south ditch SD 3715 intersected the eastern part of the pit. There were 11 *mokkan* (including 6 shavings) recovered from the pit.

Ditch SD 3715 and weir feature SX 8411 (41st, 97th, 102nd, 111th, 136th, 140th, 157th, 157th add., and 171st)

The ditch SD 3715 was a north-south ditch measuring 2 to 3 m in width with 1 m in depth, which ran along the edge of the eastern outer ward of the Former Imperial Audience Hall Compound. The deposit of the ditch can be divided into three, and the evidence of river improvement was revealed, so the feature of the ditch can be divided into at least three phases (SD 3715 A, B, and C). There is also a tendency of spatial distribution of *mokkan* in the ditch. There were some *mokkan* that date back to the early part of the Nara period recovered from the location near the center of the palace investigated in the 97th, 102nd, and 111th excavations. The feature of weir SX 8411 measuring 4 by 4 m was connected to the ditch SD 3715, and there were 138 *mokkan* (including 34 shavings) recovered from the feature associated with remains of piles and wooden materials. Deposit of dark grey clay was recognized both at the bottoms of features in SX 8411 and SD 3715, so it is likely that the

deposit was formed simultaneously, and the *mokkan* recovered from the deposit belong to the same time. There were 1558 *mokkan* (including 1015 shavings) recovered from the 97th, 102nd, and 111th excavations, including several *mokkkan* with date inscriptions in the period between Jinki 3 (AD 726) and Tenpyo 3 (AD 731), and many *mokkan* related with the construction of the palace.

Ditch SD 5505 (41st)

The ditch SD 5505 was an east-west ditch measuring 2 m in width with 50 cm in depth, which met the ditch SD 3715 from the east direction. A feature of overflow was observed at the junction. There were 47 *mokkan* (including 10 shavings) recovered from the ditch.

Ditch SD 5564 (41st)

The ditch SD 5564 was an east-west ditch, which was connected to the wooden pipeline SD 5563 that went through the east composite corridor with earthen wall SC 5500, and drained the water from the court to the eastern major drain system SD 3715. The stratigraphy of deposition indicated that the water was regurgitated from the ditch SD 3715. There were 8 *mokkan* (including 6 shavings) recovered from the ditch.

Ditch SD 5490 (41st)

The ditch SD 5490 was an east-west ditch measuring 1 m in width with 20 cm in depth, which met the ditch SD 3715 from the east direction. There were 14 *mokkan* (including 13 shavings) recovered from the ditch.

Ditch SD 8419 (97th)

The ditch SD 8419 was an east-west ditch, which was connected to the ditch SD 3715 from the east direction. There were 5 *mokkan* (including 2 shavings) recovered from the ditch.

Pit SK 3730 (27th)

The pit SK 3730 was a pit measuring 2.2 m in length with 60 cm in depth, located to the south of the wooden duct SD 3770. There were ceramics of the Heijyo V and IV types, large amount of cypress barks, and 4 *mokkan* recovered from the pit.

Ditch SD 10325 (140th)

The ditch SD 10325 was a north-south ditch measuring 2.4 to 5 m in width with 70 cm in depth. The ditch was overlapped with the middle phase of the SD 3715, and the feature of SD 10325 B was the earliest. The relation with the ditches SD 10705, SD 10706, SD 10707 (including no *mokkan*) indicated that the ditch was existed in the period of the Heijyo III type ceramics. There were 291 *mokkan* (including 215 shavings) recovered from the ditch.

Ditch SD 10705 (Phase A) (140th)

The ditch SD 10705 was an east-west ditch measuring 2 to 3 m in width with 50 cm in depth, which was branched off from the ditch SD 3715 to the west direction. The deposition was divided into two phases. There were ceramics of the Heijyo III type recovered from the lower feature SD 10705 A. This indicated the feature belongs to the Phases I-3 to 4. There was one *mokkan* recovered from the ditch.

Ditch SD 10706 (140th)

The ditch SD 10706 was a north-south ditch measuring 1.2 m in width with 50 cm in depth in the north part and 2.2 m in width with 90 cm in depth in the south part, which was branched from the ditch SD 10705 to the south direction. The deposition was divided into three phases. There were roof tiles of types 6225 C and 6691 A that were existed in the period of the Heijyo III type ceramics, and 36 *mokkan* (including 27 shavings) recovered from the ditch.

(3) Features and deposits at the western side of the Former Imperial Audience Hall Compound

Deposit at the southern bank of pond SG 8190 (92nd)

The Saki-ike pond (SG 8190) was a feature of the imperial garden. This had originally been remain of a natural river at the time of the palace construction, and was largely modified into an artificial pond in the garden in the period of the modification of the Former Imperial Audience Hall Compound in Phase I-2. There was a number of *mokkan* that date back to the Nara period, which was discarded at the southern bank of the pond at the time of the pond construction. There were 37 *mokkan* (including 6 shavings) recovered from the feature.

The layers containing wooden chips and charcoal in the lower part of the ground soil of the western edge of the Former Imperial Audience Hall Compound (177th and 316th)

There was a soil preparing for the ground observed in the south of the Saki-ike pond SG 8190 at the western outer ward of the Former Imperial Audience Hall compound. The deposit was divided into three phases; at the lower part of the 1st ground soil, there were thick layers of wooden chips and charcoal, containing a number of *mokkan*. The 1st ground soil dated back to Yoro 6 (AD 722) at the earliest. There were 271 *mokkan*(including 63 shavings) recovered from the deposit.

Ditch SD 3825 (28th, 92nd, 315th, and 316th)

The ditch SD 3825 was a north-south ditch running along the western edge of the Former Imperial Audience Hall Compound western outer ward. The deposit was divided into three phases (Phases A, B, and C). The ditch in the Phase A (SD 3825 A) measured 1.8 m in width with 50 cm in depth, located ca. 36 cm west of the edge of the west composite corridor with earthen wall.

It is likely that the water came from the former river of the pond SG 8190, and reached the southern edge of the palace. The north part of the ditch was once buried and modified into the ditch SD 3825 B after the pond SG 8190 was constructed in the period of Phase I-2. The ditch SD 3825 B was connected with the pond at ca. 70 cm east of the location of the former ditch SD 3825 A. The elevation of the ditch SD 3825 B was ca. 60 cm higher than the former ditch, and the western edge of the ditch was destructed by the modification of the south bank of the pond SG 8190. The ditch SD 3825 B was modified into the ditch SD 3825 C when the south bank of the pond SG 8190 was modified in the period after Phase I-4. This ditch was connected with the pond to the east of the former ditches, so the ditch ran from northeast to southwest direction by the junction with the ditch SD 12965, and then ran to south direction. This ditch was excavated after the period of capital relocation from Kuni in Tenpyo 17 (AD 745), and continued to exist by the end of the Nara period. There were 264 *mokkan* (including 127 shavings) recovered from the feature.

Ditch SD 12965 (177th and 316th)

The ditch SD 12965 was the east-west ditch, connecting to the ditch SD 3825 B. A *mokkan* with an inscription of Jinki 3 (AD 726) was unearthed from the lower deposit. There were 11 *mokkan* recovered from the feature.

Ditch SD 18220 (315th)

The ditch SD 18220 was a north-south ditch measuring 1.5 to 2 m in width with 30 cm in depth. The deposit was divided into two phases. A number of wooden implements and *mokkan* was recovered from the lower deposit, which dates back to the later part of the Nara period (Phase 2). There were 5 *mokkan* (including 4 shavings) recovered from the ditch.

Pit SK 3833 (28th)

The pit SK 3833 belongs to uncertain period. Several pits in different times were overlapped. A roof tile of Type 6663 A in the Phase II-2 of the roof tile chronological sequence was unearthed from the pit. There were 2 *mokkan* recovered from the pit.

(4) Features at the Central Halls of State Compound

Wall SA 8410 (102nd)

The wall SA 8410 was a north-south wooden wall located at ca. 4.5 m west to the eastern major drain system SA 3715. The interval of each post measured ca. 3 m. Each post was embedded in a square pit measuring 1.5 to 2 m in sides with ca. 40 cm in depth. This wall was probably designated as a partition at the eastern edge of the Central Halls of State Compound; however, there was no evidence of existence of the post at each pit. This suggests that the wall was unfinished. There were two *mokkan* recovered from the 10th and 11th pits counting from the southern edge of the trench.

Pit SK 12530 (171st)

The pit SK 12530 was a pit measuring ca. 3.6 m in north-south direction and ca. 2.4 m in east-west direction with 70 cm in depth. There were 212 *mokkan* (including 203 shavings) recovered from the bottom of the pit, associated with the Heijyo I type pottery and a large amount of wooden chips.

Well SE 11720 (157th)

The well SE 11720 was a well without any frame. There was no artifact recovered from the bottom, however, there were some artifacts that date back to the period of the palace construction (Phase I-1) and one *mokkan* shaving recovered from the upper deposit.

3. Unearthed *mokkan* and changes in features at the Former Imperial Audience Hall Compound

In this chapter, we examine the *mokkan* associated with temporal transition, function, and characteristic of the Former Imperial Audience Hall Compound.

Phase I-1: The discovery of the baggage tally from Ise (伊勢) with the date inscription of AD 710, recovered from the ground soil of the south composite corridor with earthen wall in the Former Imperial Audience Hall Compound, revealed that the Compound was unfinished at the beginning of the relocation of the capital, and urges reconsideration of the history of the Nara Palace. The *mokkan* from the ground soil form some groups associated with each country. This implies that the duration from arrival to consumption of the goods was short. The number of official document was small in the collection of *mokkan* recovered from the ground soil. This implies the situation that the administration works using documents had not been commenced at the time of the construction.

Phase I-2: In the latter part of the Yoro period (from AD 717 to 724), the area around the Former Imperial Audience Hall Compound was modified. This modification commenced from the construction of the Saki pond (SG 8190) and ended to the construction of the East Tower (SB 7802) and West Tower (SB 18500) annexed to the south composite corridor with earthen wall. The *mokkan* with the inscription of the "office of food service" (膳部所) were recovered from the lower layer containing wooden chips and charcoals. There are some descriptions in historical documents that "the new palace was built near the North pond". It is probable that the "North pond" corresponds to the Saki pond. Some *mokkan* regarding the construction of "Tower" were recovered from the ditch SD 3715. These *mokkan* were associated with the *mokkan* in the period between Jinki 3 (AD 726) and Tenpyo 3 (AD 731). Therefore, it is likely that these *mokkan* were associated with the

constructions of the East Tower (SB 7802) and West Tower (SB 18500).

Phase I-4: The *mokkan* recovered from the pillar-removal holes revealed that the East Tower (SB 7802) and West Tower (SB 18500) were dismantled after Tenpyo-Shoho 5 (AD 753). A variety of *mokkan* was recovered from the pillar-removal holes of the two towers, including the *mokkan* about the dismantlement and the situation of patrol around the palace. The unearthed *mokkan* revealed that the Phase I-4 spans from the end of the Former Imperial Audience Hall Compound to the construction period of the palace facilities in the Phase II.

Phase II: The *mokkan* recovered from the ditch SD 3715 tend to form groups of coherent dates and contents in each precinct in the archaeological feature. The spatial information of unearthed *mokkan* is important to examine the characteristics of *mokkan*. Some small tags with inscriptions of foods were recovered from the features in the late Nara period, including precious stuff such as abalone, and rare stuff such as deer's meat and strawberry. It is probable that these *mokkan* were delived from the Imperial Domicile located to the east and some offices serving the palace facilities in the central area in the Phase II.

Appendix: Identification of tree species for *mokkan* materials

This is a preliminary report for identification of tree species for *mokkan* materials by microscopic observation. This is the first trial of the identification for *mokkan* recovered by the Nara National Research Institute for Cultural Properties.

We have long carried out identification for *mokkan* materials recovered from the Nara palace site by eye observation in the principle of non-destructive method. However, this method is essentially inaccurate, and this issue has been receiving increasing attention in the study of wooden cultural property such as Buddhism sculptures in Japan. Taking into account of this issue, we

made a deliberate decision to carry out microscopic observation for 86 *mokkan* materials, ten percent of the total number in this volume.

The result indicates that the species of cypress and cider make up a substantial portion, which is consistent with previous studies. In addition, we also identified various species such as Chamaecyparis, Cupressaceae, *Chamaecyparis pisifera*, Abies, *Sciadopitys verticillata*, and *Torreya grandis* in softwoods and Castanopsis and diffuse-porous woods in hardwoods. This result invites further empirical investigation.

CONTENTS

page

Preface 3
Table of Contents 5
List of Illustrations and Tables 11
Index to Plates 14
Explanatory Notes 25
General Text
Chapter 1: Introduction 3
Chapter 2: Archaeological features yielding *mokkan* 11
1 Results of archaeological excavations 11
2 Features and deposits at and around the Former Imperial Audience Hall Compound 34
3 The eastern outer ward of the Former Imperial Audience Hall Compound and the Central Halls of State Compound 43
4 Features and deposits at the western outer ward of the Former Imperial Audience Hall Compound 50
5 Features at the Central Halls of State Compound 54
Chapter 3: Unearthed *mokkan* and changes in features at the Former Imperial Audience Hall 56
1 *Mokkan* belonging to the initial Nara period (Phase I-1) 56
2 *Mokkan* belonging to the early Nara period (Phase I-2) 62
3 *Mokkan* belonging to the middle Nara period (Phase I-4) 67
4 *Mokkan* belonging to the late Nara period

(Phase II) ····································70
Appendix: Identification of tree species for *mokkan* materials······74
1 Principle of the identification of tree species ·········74
2 Method of the identification of tree species ·········76
3 Result ····································80
Transcriptions
Mokkan recovered from the ground soil at the Former Imperial Audience Hall Compound ·····························85
Mokkan recovered from the black silt layer in the lower part of the ground soil at the southwest corner of the outer ward of the Imperial Domicile ··························89
Mokkan recovered from the building SB 8182 ·····················112
Mokkan recovered from the building SB 8184 ·····················113
Mokkan recovered from the building SB 7802 ·····················114
Mokkan recovered from the building SB 18500 ····················139
Mokkan recovered from the wall SA 3777 ··························194
Mokkan recovered from the ditch SD 5563 ··························195
Mokkan recovered from the well SE 9210 ···························196
Mokkan recovered from the ditch SD 3765 ··························199
Mokkan recovered from the pit SK 5535 ····························202
Mokkan recovered from the ditch SD 3715 and weir SX 8411 ···204
Mokkan recovered from the ditch SD 5505 ··························338
Mokkan recovered from the ditch SD 5564 ··························345
Mokkan recovered from the ditch SD 5490 ··························347
Mokkan recovered from the ditch SD 8419 ··························347
Mokkan recovered from the pit SK 3730 ····························348
Mokkan recovered from the ditch SD 10325 ·························349
Mokkan recovered from the ditch SD 10705A ························365
Mokkan recovered from the SD 10706 ································366
Mokkan recovered from the deposit at the southern bank of the pond SG 8190 ···369
Mokkan recovered from the layers containing wooden chips

and charcoal in the lower part of the ground soil at the western part of the Former Imperial Audience Hall Compound ……377
Mokkan recovered from the ditch SD 3825A ……413
Mokkan recovered from the ditch SD 3825B ……420
Mokkan recovered from the ditch SD 3825C ……424
Mokkan recovered from the ditch SD 3825B or C ……432
Mokkan recovered from the ditch SD 3825 (uncertain context) ……439
Mokkan recovered from the ditch SD 12965 ……441
Mokkan recovered from the ditch SD 18220 ……444
Mokkan recovered from the pit SK 3833 ……445
Mokkan recovered from the wall SA 8410 ……445
Mokkan recovered from the pit SK 12530 ……446
Mokkan recovered from the well SE 11720 ……453
Mokkan recovered from uncertain context ……453
Index ……xxxiii
English summary ……iii

ILLUSTRATIONS

1. *Mokkan* recovery locations at the Nara palace site …… 8
2. Plan of the Former Imperial Audience Hall Compound and the Central Halls of State Compound in the early Nara period and locations of trenches ……13
3. Plan and archaeological excavation precincts in the 27th investigation ……15
4. Plan and archaeological excavation precincts in the 28th investigation ……16
5. Plan and archaeological excavation precincts in the 41st investigation ……17
6. Plan and archaeological excavation precincts in the 77th

investigation……………………………………………………………18
7. Plan and archaeological excavation precincts in the 91st investigation……………………………………………………………19
8. Plan and archaeological excavation precincts in the 92nd investigation……………………………………………………………20
9. Plan and archaeological excavation precincts in the 97th investigation……………………………………………………………21
10. Plan and archaeological excavation precincts in the 102nd investigation……………………………………………………………22
11. Plan and archaeological excavation precincts in the 111th investigation……………………………………………………………23
12. Plan and archaeological excavation precincts in the 117th investigation……………………………………………………………24
13. Plan and archaeological excavation precincts in the 136th investigation……………………………………………………………25
14. Plan and archaeological excavation precincts in the 140th investigation……………………………………………………………26
15. Plan and archaeological excavation precincts in the 150th investigation……………………………………………………………27
16. Plan and archaeological excavation precincts in the 157th investigation……………………………………………………………28
17. Plan and archaeological excavation precincts in the 157th investigation (the eastern and additional precincts) …………28
18. Plan and archaeological excavation precincts in the 171st investigation……………………………………………………………29
19. Plan and archaeological excavation precincts in the 177th investigation……………………………………………………………30
20. Plan and archaeological excavation precincts in the 315th investigation……………………………………………………………31
21. Plan and archaeological excavation precincts in the 316th investigation……………………………………………………………32
22. Plan and archaeological excavation precincts in the 337th investigation……………………………………………………………33

23. Cross-section of the Former Imperial Audience Hall Compound ··········34
24. Features of the buildings SB 8182 and SB 8184 (from the south) ··········35
25. Feature of the building SB 7802 and numbering of the postholes ··········36
26. Plan and cross-section of the posthole in the feature of the building SB 7802 ··········36
27. Feature of the building SB 18500 and numbering of the postholes ··········37
28. Feature of the building SB 7802: An overview (from the east) ··········38
29. Feature of the building SB 18500: An overview (from the north) ··········38
30. Plan and cross-section of the postholes in the feature of the building SB 18500 ··········39
31. Drawing of wooden post remains of the wall SA 3777 ··········40
32. Drawing of the wooden pipeline SD 5563 ··········41
33. Plan and cross-section of the well SE 9210 ··········42
34. Picture of reconstructed wooden frame of the well SE 9210···42
35. Cross-section of the ditch SD 3765 ··········46
36. Cross-section of the ditch SD 3715 ··········46
37. Features of the ditch SD 3715 and the weir SX 8411 (from the northwest) ··········46
38. Features of the ditches SD 5505, SD 5564, and SD 3715 (from the east) ··········47
39. Features of the ditches SD 10325, SD 10705 A, and SD 10706 (from the north) ··········49
40. Cross-section of the deposit at the southern bank of the pond SG 8190 ··········50
41. Cross-section of the layers containing wooden chips and charcoal in the lower part of the ground soil at the western part of the Former Imperial Audience Hall Compound ··········51

42. Cross-section of the ditches SD 3825 and SD 12965 ··············52
43. Feature of the ditch SD 3825 (from the south) ··················52
44. Feature of the ditch SD 18220 (from the northwest) ·········52
45. Features of the wall SA 8410 and ditch SD 3715
(from the north) ···55
46. Changes in features at the Former Imperial Audience
Hall Compound ···57
47. Pictures of microscope photographs ·····························84
48. Drawing of the *mokkan* 12701 ·································400

TABLES

1. Numbers and types of *mokkan* reported in this volume,
by archaeological feature where recovered ························ 6
2. Inventory of identified tree species for *mokkan* material
(identified species / types) ·······································82
3. Tree species and methods of taking boards from timber
(by biological microscope) ··83
4. Tree species and methods of taking boards from timber
(by stereoscopic microscope) ·····································83

PLATES

1) Ground soil at the south composite corridor with earthen wall; Document and baggage tallies; Record, Ise (伊勢), etc. (11285, 11286, 11293)
2) Ground soil at the south composite corridor with earthen wall; Baggage tallies and tag; Ise, Mikawa (参河), Totoumi (遠江), Suruga (駿河), unknown countries (11287-11292, 11294)
3) Lower layer of the ground soil at the outer ward outside of the southwest corner of the Imperial Domicile; Documents; invoice etc. (11295, 11296)

4) Lower layer of the ground soil at the outer ward outside of the southwest corner of the Imperial Domicile; Documents, baggage tallies, shaving; Directories, Yamashiro（山背）, Settsu（摂津）, Owari（尾張）（11297-11301）
5) Lower layer of the ground soil at the outer ward outside of the southwest corner of the Imperial Domicile; Baggage tallis; Mikawa, Omi（近江）, Kozuke（上野）, Echizen（越前）, Oki（隠岐）, Bitchu（備中）（11302-11305, 11311, 11320）
6) Lower layer of the ground soil at the outer ward outside of the southwest corner of the Imperial Domicile; Baggage tallies; Hikami（氷上）and Kasa（加佐）districts in Tanba（丹波）（11306-11310）
7) Lower layer of the ground soil at the outer ward outside of the southwest corner of the Imperial Domicile; Baggage tallies; Harima（播磨）, Sanuki（讃岐）, Iyo（伊豫）（11312-11315, 11322-11325）
8) Lower layer of the ground soil at the outer ward outside of the southwest corner of the Imperial Domicile; Baggage tallies; Bizen（備前）, Bitchu, Bingo（備後）（11316-11319, 11321）
9) Lower layer of the ground soil at the outer ward outside of the southwest corner of the Imperial Domicile; Baggage tallies; Unknown country（11326-11329）
10) Lower layer of the ground soil at the outer ward outside of the southwest corner of the Imperial Domicile; Baggage tallies, anomalies; Personal names, unknown countries, wooden implements with ink inscription, etc.（11330-11334, 11336-11338）
11) Lower layer of the ground soil at the outer ward outside of the southwest corner of the Imperial Domicile; Baggage tally, anomalies; list of districts and countries, unknown country, etc.（11335, 11341, 11350）
12) Lower layer of the ground soil at the outer ward outside of the southwest corner of the Imperial Domicile; Anomalies, shavings; Personal names, etc.（11339, 11340, 11342-11349, 11351-11353,

11359, 11366)

13) Lower layer of the ground soil at the outer ward outside of the southwest corner of the Imperial Domicile; Calligraphy practice, anomalies, shavings; Numbers, etc. (11354-11358, 11360-11362, 11370, 11371)

14) Lower layer of the ground soil at the outer ward outside of the southwest corner of the Imperial Domicile, SB 8182, SB 8184; Calligraphy practice, shavings; Thousand Character Classic (11363-11365, 11367-11369, 11372-11392)

15) SB 7802; Document, calligraphy practice; *Cho* (牒, document exchange between offices not hierarchically linked), etc. (11393, 11397, 11399-11401)

16) SB 7802; Document; Invoice (11394)

17) SB 7802; Documents; *Ge* (解, document addressed to a superior office), invoice, etc. (11395, 11396, 11398)

18) SB 7802; Documents, baggage tallies; Directories, Shima (志摩), etc. (11402-11407, 11409-11411, 11415, 11416)

19) SB 7802; Baggage tallies, tags; Izu (伊豆), Tango (丹後), unknown country, tags of *Emonfu*(headquarter of the palace gate guards), etc. (11412-11414, 11417-11419, 11442, 11443)

20) SB 7802; Tags, anomalies, shavings; Personal names, distributions of food, etc. (11408, 11420-11424, 11431, 11435, 11439, 11444, 11457)

21) SB 7802; Tag, anomalies, shavings; Personal names, etc. (11425-11430, 11433, 11434, 11436-11438, 11441, 11446)

22) SB 7802; Tags, calligraphy practices; Personal names, etc. (11432, 11445, 11451)

23) SB 7802; Calligraphy practices, shavings; Calendar year, etc. (11440, 11447-11450, 11452-11455)

24) SB 7802; Tags, fragments, shavings (11458-11462, 11464-11467, 11471-11475, 11489)

25) SB 7802; Shavings (11456, 11463, 11468-11470, 11476-11488, 11490-11495)

26) SB 18500; Documents, shavings; *Sen* (宣, order), *I* (移, document exchange between offices not hierarchically linked), *Ge*, etc. (11496, 11500, 11502, 11504-11509)
27) SB 18500; Documents; *Ge*, invoices (11501, 11503, 11513, 11514)
28) SB 18500; Documents; *Shinjyo* (進上, regards to a superior), invoice, directories (11510, 11511, 11515, 11516)
29) SB 18500; Documents and baggage tallies; Axis of scroll with index, invoices, Ise, Owari, etc. (11512, 11517-11521)
30) SB 18500; Baggage tallies; Mikawa, Musashi (武蔵) Tajima (但馬), Oki (隠岐), Suo (周防), Awa (阿波), unknown country (11522-11526, 11530,11532, 11533)
31) SB 18500; Baggage tallies; Bizen, Aki (安芸), Awaji (淡路) (11527, 11529, 11531)
32) SB 18500; Baggage tallies, anomaly; Bitchu, pear, etc. (11528, 11534, 11539)
33) SB 18500; Baggage tallies, tags, anomalies, shavings; Firewoods, *katako* (片児, possibly a kind of fish egg), government post, personal name (11535-11538, 11540-11553)
34) SB 18500; anomalies, shavings; Ranks, personal names (11554-11572)
35) SB 18500; fragments, shavings; Kawachi (河内), Owari, Tango, calendar years, personal names, etc. (11573-11579, 11581-11598, 11613,11614)
36) SB 18500; Calligraphy practices, shavings; Personal names, etc. (11580, 11618-11625)
37) SB 18500; Documents, calligraphy practices, shavings; Numbers, numeral classifiers, etc. (11599-11612, 11615-11617)
38) SB 18500; Shavings (edge-grain); Government post, ranks, personal names, etc. (11626-11647, 11649, 11650, 11653)
39) SB 18500; Shavings (edge-grain); Ranks, personal names, etc. (11648, 11651, 11652, 11654-11676)
40) SB 18500; Shavings (edge-grain); Personal names (11677-11701)
41) SB 18500; Shavings (edge-grain); Personal names, etc. (11702-

11737)

42) SB 18500; Shavings (edge-grain); Personal names, etc. (11738-11780)

43) SB 18500; Fragments, shavings, transom *mokkan*; Personal names etc. (11781-11802)

44) SA 3777, SE 9210; Post remain, wooden implement; Incised inscription, wooden stick (11803, 11822)

45) SD 5563; Wooden pipelines; Incised inscriptions (11804, 11805)

46) SE 9210; Frame of a well; Numbering (1st tier) (11806-11809)

47) SE 9210; Frame of a well; Numbering (2nd tier) (11810-11813)

48) SE 9210; Frame of a well; Numbering (3rd tier) (11814-11817)

49) SE 9210; Frame of a well; Numbering (4th tier) (11818-11821)

50) SD 3765; Documents, baggage tally, shavings; *Ge,* Ise, Name of an office, personal names, etc. (11823-11836)

51) SK 5535; Calligraphy practices, shavings; Calendar years, etc. (11837-11843)

52) SD 3715; Documents, shavings; *So*(奏, document addressed to the emperor), I, *Cho, Ge,* etc. (11844, 11846-11858)

53) SD 3715; Documents; *Syukuso* (宿奏, patrol), *Sei* (請, term used in statements of request), etc. (11845, 11860, 11861)

54) SD 3715; Documents; *Moshijyo* (申状, document addressed to a superior office), *Sei,* etc. (11859, 11862, 11863)

55) SD 3715; Documents, invoices; Invoices of food (11864, 11868)

56) SD 3715; Documents; Invoices of food, etc. (11865-11867, 11870-11872)

57) SD 3715; Document; Directory (11869)

58) SD 3715; Documents; Tribute roof tiles (11873-11876)

59) SD 3715; Documents; Tribute coin, ice, pebble, etc. (11877-11880)

60) SD 3715; Documents; Document of summon, etc. (11881-11884)

61) SD 3715; Documents, shavings; Personal names, etc. (11885-11893)

62) SD 3715; Document; Directory (11894)

63) SD 3715; Documents; Directories (11895-11897)

64) SD 3715; Documents; Construction of the palace (11898-11901)

65) SD 3715; Documents; Construction of the palace (11902, 11906-11908)

66) SD 3715; Documents; Construction of the palace (11903-11905, 11909-11913, 11916)

67) SD 3715; Documents; Construction of the palace (11914, 11915)

68) SD 3715; Documents; Construction of the palace (11917, 11918)

69) SD 3715; Documents; Directories, etc. (11919-11921, 11923, 11926)

70) SD 3715; Documents; Personal name, etc. (11922, 11924)

71) SD 3715; Documents; Directories (11925, 11927-11929, 11931-11933)

72) SD 3715; Documents; Invoices, etc. (11930, 11934, 11938-11940)

73) SD 3715; Documents; Invoices, etc. (11935-11937)

74) SD 3715; Documents; Scroll with index, employee evaluations (11941-11947, 11952)

75) SD 3715; Documents; Axes of scroll (11948-11951)

76) SD 3715; Baggage tallies; Yamashiro, Mikawa, Totoumi, Omi, Mino, Tango (11953, 11955-11958, 11961)

77) SD 3715; Baggage tallies; Owari, Wakasa (若狭), Noto (能登), Awaji (淡路), Sanuki (11954, 11959, 11960, 11963, 11964, 11966, 11967)

78) SD 3715; Baggage tallies; Suo (周防), Awa (阿波), unknown countries (11962, 11965, 11968, 11969, 11971)

79) SD 3715; Baggage tallies; Unknown countries (11970, 11972-11976)

80) SD 3715; Tags; Foods, tribute foods (11977-11980, 11982-11987)

81) SD 3715; Baggage tallies; Foods, coins, etc. (11981, 11988-11995)

82) SD 3715; Anomalies, shavings; Government post, etc. (11996-12007, 12009, 12010)

83) SD 3715; Anomalies, shavings; Government post, etc. (12008, 12011-12022)

84) SD 3715; Anomalies, shavings; Ranks, personal names (12023-12038, 12040, 12042, 12043, 12050, 12051, 12055)

85) SD 3715; Anomalies, shavings; Personal names (12039, 12041, 12044-12049, 12052-12054, 12056, 12057)

86) SD 3715; Anomalies, shavings; Personal names, clans (12058-12071, 12073-12078, 12094)

87) SD 3715; Anomalies, shavings; Personal names (12072, 12079-12093)

88) SD 3715; Anomalies, shavings; Personal names (12095-12116)

89) SD 3715; Anomalies, shavings; Names of countries and districts (12117-12126)

90) SD 3715; Tags, anomalies, shavings; Calendar years (12127-12137)

91) SD 3715; Anomalies; Dates, etc. (12138, 12140, 12157)

92) SD 3715; Anomalies, shavings; dates, names of goods, etc. (12139, 12141-12156, 12158, 12160, 12161)

93) SD 3715; Anomaly; Name of goods (12159)

94) SD 3715; Anomalies, shavings; Numeral classifiers, etc. (12162-12180)

95) SD 3715; Anomalies, shavings; Numeral classifiers, etc. (12181-12192)

96) SD 3715; Anomalies, shavings; Numbers, "99" (12193-12209)

97) SD 3715; Calligraphy practices, shaving (12210, 12211, 12215-12220)

98) SD 3715; Calligraphy practices (12212-12214)

99) SD 3715; Calligraphy practices, anomalies, shavings; (12221-12234, 12248)

100) SD 3715; Calligraphy practices, anomaly, shavings; (12235-12247, 12249-12259)

101) SD 3715; Wooden implement; Basin (12260)

102) SD 3715; Wooden implements; Ruler, wooden containers, etc. (12261, 12262, 12264-12269)

103) SD 3715; Wooden implement; Board (12263)

104) SD 3715; Anomalies, shavings (12270-12284)

105) SD 3715; Anomalies, shavings (12285-12307)

106) SD 3715; Anomalies, shavings (12308-12327)

107) SD 3715; Anomalies, shavings (12328-12356)

108) SD 3715; Anomalies, shavings (12357-12394)

109) SD 3715; Transom *mokkan,* transom *mokkan* shavings; *Sen, Sei,* personal names, etc. (11395-12411)

110) SD 3715; Transom *mokkan,* transom *mokkan* shavings; Names of goods, etc. (12412-12432)

111) SD 3715; Transom *mokkan,* transom *mokkan* shavings (12433-12453)

112) SD 5505; Documents, anomaly; *Ge, Shinjyo,* etc. (12454-12459)

113) SD 5505; Baggage tallies, anomalies.; Harima, Mimasaka (美作), unknown countries, etc. (12460-12464, 12466, 12467, 12470, 12473-12475)

114) SD 5505; Calligraphy practices, anomalies, shavings; Personal names, etc. (12465, 12468, 12469, 12471, 12472, 12476, 12477)

115) SD 5564, SD 5490, SD 8419, SK 3730; Documents, scroll with index, tags, anomalies, shavings; calendar year, dried trepang, sea weed (*Chondrus ocellatus*), etc. (12478-12489)

116) SD 10325; Documents, tag, shavings; *So, Sei,* West Palace (西大宮), name of an office, ranks, etc. (12490-12495, 12498-12510)

117) SD 10325; Documents; Distribution of food, personal name, etc. (12496, 12514)

118) SD 10325; Documents, shavings; *Ge,* personal names, etc. (12497, 12512, 12513, 12515-12517, 12521-12524, 12528)

119) SD 10325; Calligraphy practices, anomalies, shavings; Personal names, etc. (12511, 12518-12520, 12526, 12527, 12529, 12530, 12535, 12537-12539, 12542-12545)

120) SD 10325; Calligraphy practice, anomalies, shavings; Personal names, dates, Chinese calendar, etc. (12525, 12531-12534, 12536, 12540, 12541, 12546-12548, 12550-12552, 12554-12556, 12558-12562)

121) SD 10325; Anomalies, shavings, transom *mokkan* shaving; Personal names, etc. (12549, 12553, 12557, 12563-12581)

122) SD 10705 A, SD 10706; Document, baggage tally; Distribution of

rice, etc. (12582, 12587)

123) SD 10706; Document, transom *mokkan,* baggage tallies, shaving; *Sen, Kusen* (口宣, informal message), *Danjyodai* (弾正台, police office), Harima, etc. (12583-12586, 12588-12591)

124) Deposit of the southern bank of the pond SG 8190; Documents; *Ge,* directory of soldiers (12592, 12594)

125) Deposit of the southern bank of the pond SG 8190; Document, baggage tally; Office of food service (膳部所), Kozuke (12593, 12598)

126) Deposit of the southern bank of the pond SG 8190; Documents, transom *mokkan;* Operations management of soldiers, etc. (12595-12597)

127) Deposit of the southern bank of the pond SG 8190; Baggage tallies; Ise, Echizen Harima, Bizen, etc. (12599-12603)

128) Deposit of the southern bank of the pond SG 8190; Baggage tallies, tags, anomaly, shavings; Firewood for sacred kitchen range, unknown country, etc. (12604-12610, 12612)

129) Deposit of the southern bank of the pond SG 8190; Calligraphy practice, anomalies, shavings (12611, 12613-12616)

130) The layers containing wooden chips and charcoal in the lower part of the 1st ground soil; Documents; Kettle, Gate of *Tajihi* (丹比門), *Ka* (火, platoon leader), *Goju-jo* (五十上, leader of 50 soldiers troop) (12617-12619, 12622)

131) The layers containing wooden chips and charcoal in the lower part of the 1st ground soil; Document; Directory (12620)

132) The layers containing wooden chips and charcoal in the lower part of the 1st ground soil; Documents, anomalies, shavings; Personal names, etc. (12621, 12623-12626)

133) The layers containing wooden chips and charcoal in the lower part of the 1st ground soil; Baggage tallies; Ise, Owari, Mikawa, Suruga, Izu, etc. (12627-12633)

134) The layers containing wooden chips and charcoal in the lower part of the 1st ground soil; Baggage tallies; Omi, Mino, Kozuke,

Echizen, etc. (12634-12638,12644)

135) The layers containing wooden chips and charcoal in the lower part of the 1st ground soil; Baggage tallies; Wakasa (12639, 12641, 12643)

136) The layers containing wooden chips and charcoal in the lower part of the 1st ground soil; Baggage tallies; Wakasa, Harima (12640, 12642, 12655)

137) The layers containing wooden chips and charcoal in the lower part of the 1st ground soil; Baggage tallies; Tanba, Tango, Tajima (12645-12649, 12653)

138) The layers containing wooden chips and charcoal in the lower part of the 1st ground soil; Baggage tallies; Tajima (12650, 12651)

139) The layers containing wooden chips and charcoal in the lower part of the 1st ground soil; Baggage tallies; Tajima, Hoki (伯耆), Mimasaka (12652, 12654, 12656, 12658)

140) The layers containing wooden chips and charcoal in the lower part of the 1st ground soil; Baggage tallies; Mimasaka, etc. (12657, 12671, 12672)

141) The layers containing wooden chips and charcoal in the lower part of the 1st ground soil; Baggage tallies; Bitchu, Awa (阿波), unknown country (12659, 12661, 12662, 12667)

142) The layers containing wooden chips and charcoal in the lower part of the 1st ground soil; Document, baggage tallies; Kii (紀伊), Awa (阿波), Sanuki, unknown countries (12660, 12663-12666, 12668-12670, 12697)

143) The layers containing wooden chips and charcoal in the lower part of the 1st ground soil; Baggage tallies, tags; Food for royal family (供御), cloth of *Syusuishi* (主水司, office of water), veils, etc. (12673, 12674, 12676-12682)

144) The layers containing wooden chips and charcoal in the lower part of the 1st ground soil; Baggage tally, tags, shavings; Mat, eggplant, dried meat, personal names, etc. (12675, 12683-12692, 12698)

145) The layers containing wooden chips and charcoal in the lower part of the 1st ground soil; Horse-shaped wooden implement, fragments, shavings; Calendar years, personal names, etc. (12693-12696, 12699-12704)

146) The layers containing wooden chips and charcoal in the lower part of the 1st ground soil; Tags, calligraphy practices, anomalies, shavings (12705-12713, 12720, 12721)

147) The layers containing wooden chips and charcoal in the lower part of the 1st ground soil; Anomaly; Number (12714)

148) The layers containing wooden chips and charcoal in the lower part of the 1st ground soil; Anomalies; Ink brush, ink, personal name, etc. (12715, 12727)

149) The layers containing wooden chips and charcoal in the lower part of the 1st ground soil; Charm, calligraphy practices (12716-12718)

150) The layers containing wooden chips and charcoal in the lower part of the 1st ground soil; Calligraphy practices, anomalies (12719, 12722-12725, 12729, 12730)

151) The layers containing wooden chips and charcoal in the lower part of the 1st ground soil; Anomalies (12726, 12731, 12732, 12736-12739, 12742)

152) The layers containing wooden chips and charcoal in the lower part of the 1st ground soil; Transom *mokkan,* anomalies, shavings; Personal names, etc. (12728, 12733-12735, 12740, 12741, 12743-12747)

153) SD 3825 A; Document, calligraphy practice, anomalies, shaving; Kuninomiyatsuko (国造, indigenous local chief) of Owari, names of offices, personal names, etc. (12748, 12749, 12755-12761)

154) SD 3825A; Baggage tallies; Owari, Mino, Echizen, unknown country (12750-12754)

155) SD 3825A; Anomalies, shavings; Bows, etc. (12762, 12763, 12768-12772)

156) SD 3825A; Calligraphy practices, anomaly; Poem of *Naniwa*

harbor（難波津歌）, etc.（12764-12767）

157）SD 3825B; Documents, baggage tally; *Ge, Moshijyo,* Mino（12773-12775）

158）SD 3825B; Baggage tallies, tag; Bingo, unknown country, mat（12776-12778, 12781）

159）SD 3825B; Tags, calligraphy practice, anomalies, shavings; Iron nail, personal names, Poem of *Naniwa* harbor, etc.（12779, 12780, 12782-12787）

160）SD 3825C; Document, baggage tallies, shaving; *Ge,* Yamashiro, Izu, Wakasa, Sanuki（12788, 12792-12795, 12797）

161）SD 3825C; Documents; Directory of monks, anomalies, Government post（12789-12791）

162）SD 3825C; Baggage tallies, wooden implement（possibly Japanese harp）; Tajima, unknown country, etc.（12796, 12798, 12803）

163）SD 3825C; Baggage tally, tag, shavings; Sea weed（*Gloiopeltis* spp.）, etc.（12799-12802, 12804-12809）

164）SD 3825B or C; Documents, baggage tally; *Ejifu*（headquarter of the palace gate guards）, *Ge,* Princess *Hasebe*（長谷部内親王）, Omi, calendar years, etc.（12810-12813, 12816, 12826, 12827）

165）SD 3825B or C; Baggage tallies; Mikawa, Sanuki, unknown countries, etc.（12814, 12815, 12818, 12821-12823）

166）SD 3825B or C; Baggage tallies, calligraphy practices, anomalies, shaving; Awa（阿波）, Iyo, etc.（12817, 12819, 12820, 12824, 12825, 12828-12831）

167）SD 3825（uncertain context）; Baggage tally, calligraphy practice, anomaly, shaving; Kii, personal names, etc.（12832-12835）

168）SD 12965; Document, baggage tallies, tag; *Sen,* Mikawa, Mino, Bingo, Sanuki, etc.（12836-12842）

169）SD 12965, SD 18220, SK 3833; Calligraphy practice, shaving, wooden implement; Bottom of a wooden container, etc.（12843-12848）

170）SA 8410, SK 12530; Baggage tally, shavings; Wakasa, *I,* ranks, personal names, etc.（12849-12873, 12875, 12876）

索　　引

数字は木簡番号。(　)は推定。
(項目)は釈文以外に立項したもの。

地　　名

京
　右京一条三坊　12117
　東梨原　11534
大和国
　大養(徳)　(11726),12118
　奈良　12479
　佐貴　(11727)
　志癸下　12865
　(高市郡)夜部上里　(11533)
　大倭国十市郡　11859
山背国
　山背国乙訓郡石作郷　11953
　背国葛(野)郡川辺郷　12792
　(紀伊郡)石原里　11299
　(紀伊郡)堅井里　11299
　(相楽)郡(久)仁郷　(12697)
河内国　11895
　河内　(11590)
　河内錦織　11897
　河内国大県　11897
　(河内)丹比　11897,(12120)
摂津国
　(住吉郡)大羅　(12119)
　三嶋上郡白髪部里　11300
伊勢国
　三重郡　12599
　(河)匂郡　12627
　伊勢国安農郡県里　11287
　伊勢国安農郡阿刀里　11286
　安農(郡)□□部里　11520
　安濃　(12533)
　一之郡　11827
志摩国
　答志郷　11411
尾張国　11954
　尾張　(11591),(11592),(12699)
　尾治国海郡嶋里　11301
　尾張国中嶋郡□田郷　12628
　(羽)栗郡漆部里　11521
　尾張国丹羽郡丹羽里　12750
　尾張国知多郡英比郷　12629
参河国　11288
　三川国飽海郡大鹿部里　11302
　参河国播豆郡析嶋　12814
　参河国芳豆郡比莫嶋　12630
　参河国芳豆郡　12815
　寳飯郡(穂郡)　11335,12631
　(寳飯)郡形原郷　12837
　参□国寳飯郡度津郷　11522
　(寳飯郡)豊川郷　11522
　八名郡　11336
遠江国　11360
　遠江国敷智郡□呼嶋　11956
　長田上郡大□里　11289
駿河国
　駿河国盧原郡川名郷　12632
　五百原　11290
伊豆国
　(田方郡吉妾)郷三津里　12633
　伊豆国田方郡棄妾郷　11412
　伊豆国賀茂郡稲　12793
相模国

相模　11917
武蔵国
播羅郡　11523
上総国
上総　11917
常陸国
常陸　11917
常陸那賀郡　12595
近江国　11303,11335,12635
近江国甲可郡山直郷　12634
甘作郡雄諸郷　12816
(坂田郡)阿那(郷)　(11728)
近江国浅井郡岡本郷　11957
美濃国　12636
美濃国大野郡美和郷　12838
鵜甘部郡　11335
美濃国片県郡否間里　12751
美濃国厚見郡草田郷　11958
美濃国山県郡　12775
可児郡邑薩郷　12637
飛驒国　12121
信濃国
更科郡　11824
上野国
(緑野郡)大前里　11304
上野国緑野　12598
上野国山田郡真□　12638
下野国
利足(足利)　12123
梁田　12123
安宗　12123
文倭(委文)　12123
都賀　12123
寒川　12123
阿(河)内　12123
塩(屋)　12123
若狭国
若狭国遠敷郡遠敷里　12639
若狭国遠敷郡玉置郷田井里　12640
玉置郷伊都里　12641
若狭国遠敷郡余戸里　12794
(遠敷郡)少丹生里　12849
若狭国遠敷郡佐分郷式多里　12642
(遠敷郡木津郷)少海郷　11969
(遠)敷郡青郷川辺里　11959
(三方郡能登郷)□忌浪□　12795
三方郡弥美里　12643
越前国　12753
越前国安　12600
越前国香ゝ郡綾部里　11305
越前国登能郡翼倚→能登国
返駅　12644
能登国
越前国登能郡翼倚　12752
能登　11917
鳳至郡　11960,(12211)
美埼　11960
越中国　11135
丹波国
(桑田郡)川人郷矢田里　12645
丹波国桑田郡模作郷　12646
多紀郡　12821
丹波国氷上郡石負里
11306,(10307),11308
丹波国氷上　11309
(何鹿)郡五雀郷　12647
丹波国加佐郡川□里→丹後国
丹波国竹野郡→丹後国
丹後国　11593,(11961)
丹波国加佐郡川□里　11310
(与謝郡)速石郷　12649
丹後国竹野郡木津郷　11413
丹波国竹野郡　12648
私里　(11326)
但馬国
但馬国出石　12650
(城)埼郡三江里　11524
□馬国二方郡□斗郷□□里　12651

但馬国二方郡波太郷 12652
但馬国二方郡□ 12653
但馬国七美郡七美郷 12796
伯耆国
伯耆 (12866)
伯耆国相見郡巨勢郷 12654
隠岐国
海部郡前里 11311
隠伎国役道郡河内郷 11525
隠伎国役道郡余戸郷 11526
播磨国
播磨 11314,11315
針間国 11335
明郡葛江里 11312
揖保郡 12460
播磨国赤穂郡周勢里 12601
播磨国佐用郡佐用郷江川里 12655
播磨国宍禾郡山守里 11313
幡磨国美 12584
美作国 12596
英多郡 12457
(英多郡)英田郷 11395
美作国英 12656
備前国勝間田郡□□□部里 11316
美作国勝田郡□□郷 12657
美作□勝田 12461
真嶋郡 12658
備前国間□ 11318
備前国 11317,11527
藤原郡和□ 12602
備前国勝間田郡□□□部里→美作国
備前国間□→美作国
備中国
賀陽郡葦 11320
備中国賀陽郡□ 12659
備中国賀陽 11319
備中国哲多郡乃□郷 11528
備後国
(沼隈郡)不知山里 11321
備後国品治郡佐我郷 12776
備後国品治郡 12839
安芸国
安芸国賀茂郡 11529
周防国 11962
大嶋村 11530
紀伊国
紀伊国名草郡野里 12832
(紀伊国海)部郡賀太里 (12660)
淡路国
淡路国津名郡□馬郷 11531
□路国津名郡 11963
淡路国三原郡 11964
阿波国 11965,12662,(12663)
阿波国阿波郡加美郷 12661
国名方郡石井郷川根里 12817
阿波国那賀郡 11532
讃岐国 11335
讃岐 (11324)
讃岐国寒川匚 12797
讃岐国山田郡蘇川郷 12664
讃岐国山田郡林郷 11966
讃岐国山田 12818
香川郡仲津間郷 12665
讃岐国香川郡原里 11322
讃岐国香川郡細郷 12666,12840
綾郡宇治部里 11323
讃岐国鵜足郡 12841
讃岐国那珂郡小□郷 11967
□岐国三野郡 12124
伊豫国 12819
伊豫国桑村郡林里 11325
肥後国
肥後国山鹿郡 11397
肥後国合志郡鳥嶋郷余戸 11395
豊前国
豊前 (11729)
日向国 12276

（不明）
津伎国　11335
英田郡　11395
久米郡　11414
上郡　12125
大郡　12119
□郡
——禾里　11332
——海村　11331
——千郷　12698
——大　11594
跡部郷　12462
大井里　11291,12669
大飯郷　12668
駒椅里　12777
宅里　(12754)
仲村郷山田里　12670
長屋郷　12798
八野郷　11968
三野里　11327,11328,11329
山上郷　12667
新矢里　11330
□布里　12856
□上郷　12778
大林　(12683)
鴾槝　(12123)

人　　名

長谷部内親王　12813
桑原王　11894
中務栗宮（栗栖王）　11539
牟都支王　11894
□守王　12038
□内王　12038
赤染徳太理　11897
県犬養□足　12039
県犬　12575
県馬養　11421
飽波連　11895
葦屋石敷　11873
飛鳥戸椅万呂　11287
阿曇部都祢　11311
阿刀　11514,12511
——大□　12040
——浄継　11869
阿斗部　11520
——身　11286
阿那（奈）　(11728)
——石　11919
穴太老　11873
安倍
——家足　11869
——草万呂　11894
海連赤麻呂　11301
海
——真常　11869
——百継　12041
海部首　11840
海部
——稲□　12060
——千嶋　12674
漢人部　12839
荒田井　12138
粟田禾万　11422
五百木部□足　12895
石川乙勝　11922
石部　11563
石村（寸）
——角　11420
——浄野　11869
——建万呂　11865
伊勢
——子老　11894
——安万呂　11904

泉真造木□ 11901
出雲□□ 11895
勤臣 11885
石上息継 11894
礒部 11426,12218
——黒嶋 11525
糸君益人 11545
糸真嶋 12005,12512
糸□□子 12513
猪名石持 11928
犬甘□□ 11931
犬甘部 12456
伊福部宿祢廣浜 11859
伊福 11647
今木連 11895
鵜甘 12212
宇自善□ 11922
宇治部阿弥 11323
采女直馬弖 12653
馬甘赤 11435
占部
——豊庭 11648
——麻 11522
迺瑳犬 11665
榎本□嶋 11664
役千徳 12515
多朝(臣) 12044
多 11516
大石小山 11507
大市首廣嶋 11897
大市乎麻呂 11507
大春日朝臣神□ 12514
大鹿部塩 11302
大私部目代 11526
大蔵連 12042
大蔵 12043
凡
——高 11666
——真公 11564
凡河内
——小成 12045
——益国 11642
大伴 11640,11923,11936,12048,12049
12586
——古 12047
——人足 12046
——火麻呂 12715
大伴部 11513
——五百山 11667
——牛麻呂 11668
——弟末呂 12595
——三国 12633
——山嶋 11956
大友福麻呂 12515
大原国□ 12050
大豆人成 11507
大神 12575
——大虫 11671
——仲面 12644
——安麻呂 12644
曰佐□ 11895
刑部 12052,12399,12516,12869
——家□ 12051
——鯛麻呂 11565
——多祁 12651
——成山 11669
——麻呂 11914
他田 12621
——国足 11670
——真勝 12053
忍坂安麻呂 12620
己知 11514
乙訓□人 11902
小治田 11560
麻績 11447
尾張 12699
——五百足 12594
——安万呂 12594

笠取直子万呂　11306
春日部国勝　11423
春部　11339,12686
——気万呂　11424
——古□　12601
——麻呂　12594
——蓑万　12749
春□　11412
風速小月　11507
語□　11927
葛木毛人　11920
葛木部公万呂　11318
葛野足山　12497
上毛野朝臣廣人　12858
鴨祢疑　11895
鴨部首
——加都士　11325
——君　11325
鴨　11672
賀茂　11847
韓椅□　11927
軽部　12603
——造兄□　12007
川口　11514
——馬長　12789
河内□□綱　11895
川原　11514
紀朝(臣)　11561
紀　11674,12859
紀□　12023,12502
私　11522
黄文連　11895
黄文　11425
備泉(吉備泉)　11894
木部安万呂　11957
日下部直三竪　11856
日下部　12048,12143,(12143)
——久治良　11426
——黒□　11989
——土麻呂　11427
——人足　11902
——身□　12054
——麻呂　11675
日下　11514,11566,12597
日□　12610
葛原□　11682
久米黒虫　11428
椋(倉)椅部
——黒万呂　12671
——豊庭　11676
椋原　11340
椋人部　11341
蔵　(12506)
栗前黒継　12464
車持若麻呂　11338
車□□　11298
毛野□　12055
巨勢朝臣　12583
許曽倍大魚　11677
小宅宮　12700
佐伯　11678,11679,11828
——大梓　11869
——老　11862
——国成　(11680)
——廣浜　12057
佐伯部祢万呂　11327,(11328)
三枝部子□　12687
坂合部　11882
——大足　12596
尺度忌寸人□　12026
酒部　12056
相模波　11894
坂□　11922
佐久良廣麻呂　12465
雀　11695
——名酒　12512
雀部石麻呂　11863
佐□　12621

宍人□臣足 12794
委文部鳥□□ 11291
下道朝臣 11873
紫守部与曽布 11413
白猪部身万呂 11528
白髪部
——倉主 11869
——猨 11682
城部足浜 12594
勝部連□ 11895
添石前 12495
曽祢 12517
当麻□ 11894
高円廣世 11894
高田
——荒海 11651
——岡 11991
高橋連稲 11895
高向調 11895
財田直真君 12688
竹田□ 11896
高市 11514
竹野臣足 11849
建部乱 12661
丹比 (12120)
——宅万呂 11878
堅部廣宅 11993
田辺五百万 11927
田部 12857
——大嶋 11906
——弟麻呂 11685
——息万呂 11894
玉□鳥嶋 11407
民金麻呂 12058
丹波若麻呂 11652
小子
——得万呂 11902
——檜前 11902
小子部
——志□ 12129
——□万呂 11903
道守髪黒 12518
津 11513
欟本 12508
津守 12519
鳥取万呂 12689
鳥取部 11297
——大山 11297
舎人部安□ 12690
伴小刀良 11923
中臣
——大庭 12496
——黒万呂 12059
(中)臣酒人宿祢 11826
奈癸
——家公 11869
——古万 11581
贄兄人 11666
贄道 11683
錦部連
——宮 11897
——豊 11885
——龍□ 11897
錦□□継 11895
丹生波田 11326
丹人部由毛万呂 11312
額田 11538,12216
——嶋守 11641
——高家 12216
——道長 11864
額田部 11298,12860
——御□ 11298
漆部色人 11319
乃止臣 12211
乃止浄麻呂 12211
野中大成 12060
羽咋佐祢比等 11641
羽栗臣 11521

筥作得万呂　11990
土師宿祢老　12127
土師宿　12061
土師　11896,12583
土師部牛　12637
丈　11686
——真麻呂　11567
丈部　11429,11513,11515,11568～11571,11618,11799,12063
12064,12520,12691,12791
——子首　12062
——古　11515
——古万　12623
——伯麻呂　12836
——真□　11515
——若万呂　12716
秦忌寸　11895
——田□　11895
——船　11895
秦小酒得麻呂　11874
秦公　12840
——□身　11322
秦　11513,11687,11959,12065
——大蔵　12213
——男□　12053
——国万呂　12826
——宿奈万呂　12781
——千河　11867
——福万呂　12665
秦部知足　12656
秦人　11688
——老　12849
——足結　12640
秦□廣成　12214
八多□　11896
服部□□　12652
播磨直知得　12655
播□　12655
非浄浜　11861
日置　11522,12050
——鳥　12066
飛驒廣□　12122
常陸　12582
檜前
——豊前　12620
——万呂　11903
日奉　12692
——乙(弟)麻呂　11883,12783
日奉部　11342
氷部　11308
福戸東人　12081
藤井川守　11894
葛井木村　12067
布勢□□　11894
舟史廣足　12816
船住(麻呂)　12000
文屋万呂　11894
文忌寸麻呂　12129
文人上　12582
辟田麻呂　11507
伯耆廣君　11654
穂積　12262
品遅部□　11690
前部足人　11684
勾
——葦椅　11902
——五百足　11903
丸子　11393
——大黒　11393
——刀千　11393
——友注　11393
——友依　11393
——豊　11393
——豊額　11393
——豊宅　11393
——人君　11696
——廣宅　11393
茨□□得　11895

三嶋 11895
——永調 11869
——小道 12620
三使部身成 12796
美努連 11895
身人部□ 11692
生 11655
(王)秋麻 12080
(生王)得万 12666
壬生部
——首麻呂 11908
(生部)廣□ 12848
三宅 12068
三家人乙末呂 12642
都豊人 11700
神直
——三田次 12838
——正月 12749
神 11653
神人 11691
六人部連 11895
六人部石□ 11961
村□□□ 11922
水取立麻呂 11693
模作
——赤万呂 12646
——古万呂 12646
物部 11325,11344,12070,12071
——荒人 11868
——老 11919
——国道 11929
——黒人 11956
——佐久米 11695
——得足 11921
——人万呂 11445
——人□ 11572
——廣足 12069
——伯耆 11694
——虫万呂 11445
——安万 11958
物 11289
守部連少所比 12751
守部 11524
守□□水 11895
陽侯黒須 12594
矢田部 11430
山代東人 11431
山君林 12621
山部 12817
——小田 11921
——加之川支 11313
弓削 12072,12408
——秋万呂 11894
——生□ 11922
——子首□ 12856
——廣□ 11894
弓・・・麻 11894
湯坐連野守 11432
若犬甘部 12833
若桜部 12833
若湯坐 11882
和尓 12073
和尓部
——白□ 12834
——廣成 12521
(姓)
朝臣 11562,11873,12074～12076
12514,12583,12858
宿祢 11573,11826,11859,12077
12127,12524
忌寸 11895,12026,12051,12129,12757
臣 11521,11885,12106,12211
直 11306,11574,11575,11580,11856
12653,12655,12688,12749,12838
連 11301,11432,11885,11895,11897
11926,12042,12078,12095,12751
12861
造 11901,12007,12617

県主 11658,(11659)
(名)
赤人 11919
赤麻(万)呂 11992
海連—— 11301
模作—— 12646
赤
馬甘—— 11435
阿古万呂 11933
明緒 12079
秋麻
王(壬生)—— 12080
秋麻呂
弓削—— 11894
麻子 12746
浅井 11660
葦椅
勾—— 11902
葦原 11661
廬原 11662
東人 12082
山代—— 11431
福戸—— 12081
東万呂 11865
東 11404
東□
▢部—— 11697
兄人
贄—— 11666
兄□
軽部造—— 12007
海□ 11663
阿弥
宇治部—— 11323
荒当
□人—— 11667
荒海 11702
高田—— 11651
荒国 12496
荒嶋 11406
荒人
物部—— 11868
荒弓 12083
禾万
粟田—— 11422
家公
奈癸—— 11869
家足
安倍—— 11869
▢部—— 11699
五百足
尾張—— 12594
勾—— 11903
五百山
大伴部—— 11667
五百万
——田辺 11927
伊支見 11305
生□
弓削—— 11922
泉
(吉)備—— 11894
糸麻呂 11703
稲人
□田部—— 11923
稲万呂 12084
稲持 11902
稲(□)
海部—— 12060
高橋連—— 11895
犬——
迊瑳 11665
石
阿奈—— 11919
石前
添—— 12495
石敷
葦屋—— 11873

石継
　□本――　12085
石床　11995
石持
　猪名　11928
石麻呂
　――雀部　11863
石□
　六人部――　11961
色人
　漆部――　11319
魚万呂
　□原――　12526
牛養(甘)　11403,11404,11409,11705
牛足　11573
牛麻呂
　大伴部――　11668
牛
　土師部――　12637
馬養(甘)　11332,12522
　県――　11421
　族――　12086
馬弓
　采女直――　12653
馬長
　川口――　12789
梅子　12523
恵得　11902
毛人　11929
　葛木――　11920
大足　11469
　坂合部――　12596
大梓
　佐伯――　11869
大魚
　許曽倍――　11677
大倉(蔵)　11403
　秦――　12213
　□部――　12087
大黒
　丸子――　11393
大嶋　(11349)
　田部――　11906
大継　11707
大名　11402
大成
　野中――　12060
大庭
　中臣――　12496
大野　12466
大林　12683
大万呂
　□部――　12693
大虫
　大神――　11671
　□□連――　11926
大山
　鳥取部――　11297
大弓
　□部――　12694
大□
　阿刀――　12040
岡
　高田――　11991
息継
　石上――　11894
息万呂
　田部――　11894
刑□　12694
忍勝　12619
忍麻呂　11824
小田
　山部――　11921
小千国
　人――　12089
小月
　風速――　11507
乙勝

石川―― 11922
弟人 11706
男人
内―― 12119
弟(乙)麻(万・末)呂 11932
大伴部―― 12595
田部―― 11685
日奉―― 11883,12783
三家人―― 12642
弟万 11932
男□
秦―― 12053
首麻呂 11320
壬生部―― 11908
臣足
宍人□―― 12794
竹野―― 11849
□田―― 12620
老
穴太―― 11873
佐伯―― 11862
土師宿袮―― 12127
秦人―― 12849
物部―― 11919
老人
□部―― 12411
尾張 (12699)
角
石村(寸)―― 11420
笠□ 11708
加之川支
山部―― 11313
加須美 11658
加須麻呂 11909
加都士
鴨部首―― 11325
金麻呂 11404,(11489)
民―― 12058
髪黒
――道守 12518
川相 11673
川守
藤井―― 11894
君(公)麻(万)呂 11394
葛木部―― 11318
君麻 12862
君
鴨部首―― 11325
木村
葛井―― 12067
浄足 11709
浄継 12211
阿刀―― 11869
浄野
石村(寸)―― 11869
清(浄)浜 12498
非―― 11861
浄人 12090
浄麻呂
乃止―― 12211
京万呂 12582
木□
泉真造―― 11901
草原 (11925)
草万呂
安倍―― 11894
久治良
日下部―― 11426
国勝 11578
春日部―― 11423
国嶋 12759
国庭 11395
国足
他田―― 11670
国成
佐伯―― (11680)
国万呂
秦―― 12826

国麻
　冂部――　11698
国道
　物部――　11929
国依
　□井――　12620
国□
　大原――　12050
倉主　11869
　白髪部――　11869
倉橋　11433
倉人　12583
黒嶋
　礒部――　11525
黒須
　陽侯――　12594
黒継
　栗前――　12464
黒人
　物部――　11956
黒万呂
　椋(倉)椅部――　12671
　中臣――　12059
黒虫
　久米――　11428
黒□
　日下部――　11989
毛
　冂部――　12834
気万呂
　春部――　11424
小足
　冂部――　12778
子老
　伊勢――　11894
子首
　丈部――　12062
子首□
　弓削――　12856
小刀良
　伴――　11923
小成
　凡河内――　12045
子人　12622
古(子)万(末)呂　11329,11387,12784
　笠取直――　11306
　模作――　12646
古万
　奈癸――　11581
　丈部――　12623
小道
　三嶋――　12620
小山
　大石――　11507
子□
　三枝部――　12687
古
　大伴――　12047
　春部――　12601
　丈部――　11515
佐岐万呂　12091
咋万呂　11446
佐久米
　物部――　11695
少所比
　守部連――　12751
佐祢比等
　羽咋――　11641
沙弥万呂　12092
佐美麻　12093
佐夜　11912
猨
　白髪部――　11682
塩
　大鹿部――　11302
塩麻(万)　12094
　冂部――　11576
色夫　11478

志田留
　日部―― 12758
嶋足 11902
嶋麻呂 11710
嶋守
　額田―― 11641
嶋□ 11923
白□
　和尓部―― 12834
志□□
　小子部―― 12129
宿奈万呂
　秦―― 12781
須々支万呂
　□部―― 12087
住(麻呂)
　船―― 12000
苑足
　浪―― 11701
田井人 11711
鯛麻呂
　刑部―― 11565
高家
　額田―― 12216
高
　凡―― 11666
多須麻呂
　大戸―― 11536
立魚 11931
立麻呂
　水取―― 11693
龍□
　錦部連―― 11897
建石
　□田連―― 12095
建麻(万)呂 12524
　石村(寸)―― 11865
多祁
　刑部―― 12651
玉麻呂 12096
珠女 11398
多麻呂 12088
多米 11712
足嶋□ 12785
足庭 11346
足浜
　城部―― 12594
足人
　前部―― 11684
足万呂 11436
　□部―― 12582
足山
　葛野―― 12497
足結
　秦人―― 12640
田□
　秦忌寸―― 11895
力
　支部―― 12457
千河
　秦―― 11867
千嶋
　海部―― 12674
千徳
　役―― 12515
知得
　播磨直―― 12655
継成 11714
筑波麻
　治―― 11713
継人 12211
津嶋 11715
土麻呂
　日下部―― 11427
綱人
　□部―― 12525
都祢
　阿曇部―― 11311

常人　11932
徳(得)足　12211
　物部――　11921
徳太理
　赤染――　11897
得人
　□部――　12823
得麻(万・末)呂　11902,11990,12834
　小子――　11902
　筥作――　11990
　秦小酒――　11874
　部造――　12617
得万
　生王――　(12666)
徳女　12760
刀千
　丸子――　11393
知足
　秦部――　12656
友注
　丸子――　11393
知万
　見部――　11331
友依
　丸子――　11393
豊
　錦部連――　11885
　丸子――　11393
豊額
　丸子――　11393
豊庭
　占部――　11648
　椋(倉)椅部――　11676
豊人　11864,12097
　都――　11700
豊宅
　丸子――　11393
鳥
　委文部――　11291
　日置――　12066
鳥嶋
　玉□――　11407
直麻呂　11580
長尾　11930
長水　11933
永調
　三嶋――　11869
仲面
　大神――　12644
名酒
　雀――　12512
難波
　□部――　12081
波田
　丹生――　11326
奈羅　12457
成山
　刑部――　11669
主守　11716
祢万呂
　佐伯部――　11327,(11328)
野守
　湯坐連――　11432
伯麻呂
　丈部――　12836
伯麻　12836
間人　11857
椅万呂
　飛鳥戸――　11287
秦万呂　11925
林
　山君――　12621
常陸　12582
人上
　文――　(12582)
人君
　丸子――　11696
人足

　大伴―― 12046
　日下部―― 11902
人成 11402
　大豆―― 11507
　□守―― 11509
人万呂
　物部―― 11445
人□
　尺度忌寸―― 12026
　物部―― 11572
檜前
　小子―― 11902
火麻呂
　大伴―― 12715
廣男
　□部―― 12749
廣君
　伯耆―― 11654
廣嶋
　大市首―― 11897
廣宅
　堅部―― 11993
　丸子―― 11393
廣足 11582,11717
　舟史―― 12816
　物部―― 12069
廣津 11718
廣長 11937
廣成
　秦□―― 12214
　和尓部―― 12521
廣浜
　伊福部宿祢―― 11859
　佐伯―― 12057
廣人 11398,11998,12526
　上毛野朝臣―― 12857
廣麻呂 12100
　佐久良―― 12465
廣見 12462
廣道 11402,11403,11583,11719
廣世
　高円―― 11894
廣 11864
　□部―― 12097
廣□
　飛驒―― 12122
　生部―― 12848
　弓削―― 11894
福麻(万)呂
　大友―― 12515
　秦―― 12665
豊前 (11729)
　檜前―― 12620
船
　秦忌寸―― 11895
伯耆
　物部―― 11694
穂積 12262
真勝
　他田―― 12053
真上□□ 12863
真神
　□部―― 11919
真公(君)
　凡―― 11564
　財田直―― 12688
真嶋
　糸―― 12005,12512
益国
　凡河内―― 11642
益足 11405
　□川―― 12098
　□田―― 12045
益人 11720
　糸君―― 11545
益麻呂 12214
益□ 11405
真龍 11919

真足　11403
真束　11928
真常
　海――　11869
真成　11434
真廣　12099
真麻呂
　丈――　11567
麻(万)呂　11298,11437,11515,11580
11585～11588,11721
11722,11884,11907,12100
12101,12214,12410,12472
12529,12530,12618,12834
12843,12864,12894
　刑部――　11914
　春部――　12594
　日下部――　11675
　鳥取――　12689
　檜前――　11903
　文屋――　11894
　文忌寸――　12129
　辟田――　11507
　忌寸――　12051
　□部――　11681,11864
□麻(万・末)呂　11347,11438,11565
11723,12102～
12105,12411,12527
12528,12481,12611
12620,12634,12695
12787,12891,12892
　小子部――　11903
　□部――　12786
真□
　丈部――　11515
麻
　占部――　11522
三国
　大伴部――　12633
三田次
　神直――　12838
三竪
　日下部直――　11856
乱
　建部――　12661
道小　11434
道長
　額田――　11864
道守　11522
道
　贄――　11683
道□
　□田連――　11577
調
　高向――　11895
身成
　三使部――　12796
三野　11988
蓑万
　春部――　12749
身人　12531
身万呂
　白猪部――　11528
宮手　12774
宮人　12106
宮万呂　12696
宮
　小宅――　12700
　錦部連――　11897
神□
　大春日朝臣――　12514
身
　阿斗部――　11286
身□
　日下部――　12054
御□
　額田部――　11298
虫麻(万)呂　12620
　物部――　11445

正月
　神直―― 12749
正月麻呂 11408
宗好 11724
目代
　大私部―― 11526
望麻呂
　女□□―― 12107
百足 12108
百継
　海―― 12041
諸勝 12109
諸公 11516
宅主 12110
宅万呂
　丹比―― 11878
家守 12761
家□
　刑部―― 12051
安人 12532
　□寸□―― 12635
安麻(万)呂 11293,12026
　伊勢―― 11904
　大神―― 12644
　忍坂―― 12620
　尾張―― 12594
　木部―― 11957
安万
　物部―― 11958
安□
　舎人部―― 12690
弥高 11725
矢祢万呂 11398
山嶋
　大伴部―― 11956
和麻呂 12111
由毛万呂
　丹人部―― 11312
弓嶋 12112
善□
　宇自―― 11922
吉男 11589
与曽布
　紫守部―― 11413
若麻(万)呂
　車持―― 11338
　丹波―― 11652
　丈部―― 12716
済 11925
乎麻(万)呂
　大市―― 11507
　□部―― 11314

僧

安光師 12789
恵智師 12789
基寛師 12789
光道師 12789
奉顕師 12789
法薬師 12789
□□師 12789
□師 12789

官　職

官　司

(神)祇官 12597
左弁(官) 12836
中務省 11497,11881
　中務 11877
　右大舎人寮 11881
　図書寮 11399
　陰陽寮 11881
　内薬司 11881
式部省 11881

　散位寮　11999
民部省　11846
兵部省　11540
刑部省
　贓贖(司)　12001,12851
大蔵
　大蔵　11499
宮内省　11285
　宮内　11546
　(大)膳職　(12617)
　大炊司　11868
　(内)染司　(12617)
　主水司　12679
造宮省　12499
勅旨省　11998
弾正台　12583
中衛府　11847,11848,12491
外衛府　11849
衛門府　11418,11419,11507
　12500,(12501)
左兵衛府　12492
右兵衛府　11848
左衛士府　11508,12810
右衛士府　12811
衛府　11844,11847,11882
御府　12592
授刀所　11417
禁弓矢　12788
左右兵庫　11845
右兵庫　11550
外兵庫　11998
左兵　12003
左馬司　11894
□馬司　11501
東市司　11510
天山司　12454
木屋司　11851
木屋坊　12004
□工司　12294
□司　12211,12400
司家　11873
御曹司　12260
督曹司所　11401
将監曹司　11870
造曹司所　12493
膳部所　12593
中嶋所　11514
造花所　11863
細工所　11862
御田作所　11633
御山所　12582
長谷部内親王所　12813
矢祢万呂所　11398
□□後所　11399
中□　11498
職　12490

職ほか

長官
　右衛士督　11894
　督　11401,12009,12512
　大将　12790
　左馬司頭　11894
　伊賀守　11894
　美野守　11894
　出雲守　11894
　周方守　11894
　伊豫守　11894
　(壱岐嶋)守　11894
次官
　内倉介　11894
　右大舎人介　11894
　(右兵衛)介　(11894)
　遠江介　11894
　下総員外介　11894
　下野介　11894
　能登員外介　11894
判官　12213
　大進　12485

主税大允　12000
将監　11870,12011
石見掾　12503
主典
(催造司)　11873
令史　11547,12006,12852
□部令史　12005
令史大夫　11496
少録　11885
少属　12007
大志　12756
少志　11828,12010,12502
少疏　11856,12583
内倉介　11894
右大舎人介　11894
監物　11500,11541～11544
内豎　11997,12746
内舎人　11862,11996,12755
式部大□　11894
玄番□　11894
主税大允　12000
(大)蔵省少主鎰　12002
(右兵衛)介　(11894)
右衛士督　11894
番長　11629,11861,12014,12512
府生　12012,12013
中衛　(11480),(11549),11628,12494
兵衛　11548,11886
衛士　11414
刀授　11694
(大)殿守　11395,11396
御輿人　11394
五十上　11295,12622
十上　12622
長　12594,(12699)
火頭　12748
火　11297,12619,(12748)
列(烈)　11295,11515,11919,11921,12457
12622
左馬司頭　11894
伊賀守　11894
尾張国造　12748
遠江介　11894
下総員外介　11894
美野守　11894
下野介　11894
能登員外介　11894
出雲守　11894
石見掾　12503
周方守　11894
伊豫守　11894
(壱岐嶋)守　11894
史生(生史)　11552,11864,12583
舎人　11551,12251,12497,12788
史　12008
□史　11948
掌　11885
少　11612
大夫　11496,12138
使　11514,11832,11886
従　12789
客人　12497
蔭孫□　11941
留散位　11420
領　11927
飛驒工　11899,12782
雇工　11901
工　11995
椬師　12268
柱作　11902
鉇引作　11902
籠作　12212
石作　12020
薪取　11918
菜択　11867
仕丁　11523,11918,12017
直丁　11924
常□匠丁　12019

正丁 12018,12695
立丁 12749
丁 11874
□坊駆使 12790
駅子 12644
夫 12021
椹夫 12824
海部 12630,12814
郷長 12838
伍保 12796
五戸 11314,11315,12849
戸主 11412,12272
戸口 11531,12644
戸 12688,12816
同姓 11531
奴 12022

位　階

従四位下 12504
五位上 12023
従五位下 11554,12024
外従五位 12505
正六位上 12134,12506
正六位 (12025)
従六位上 11895
従六位下 11555,12026
六位下 12853
正七位下 11556
従七(位)上 11895,12007
従七(位)下 11636,11895,12503,12593
従七位□ 11926
七位上 12507
七位 12027,12028
正八位下 11557,11847,12029
正八位 11637
従八(位)上 11638,11895,12008,12508
従八位下 11640,11641,12509,12854
八位上 11639,11896
八(位)下 11896
八位 12030
従□位下 11558
大初位上 11642,11882
大(初位)下 11559,11829,11896,12510
大初(位) 11643〜11645,(11942),12855
少(初位)上 11559,11641,11896
12032,(12033)
少初位下 11545
少初位 11646,11647
初(位) 12401〜12403
初位下 11648,12034,12035
位上 11560,11649,11650,12026,12610
位下 11651,11653,12031,12036,12852
行 11612,12031,12852
位 11666
上 11561
下 11652,12401
無位 11654〜11657,11882
勲十等 11647
勲位 12037

物　品　名

水産物

押年魚 11984
酢年魚 12838
□年魚 11985
堅魚 12632
煮堅魚 11975
荒(堅魚) 12633,(12822)
黒鯛 12599,12630
鯖 11988
熬海鼠 12480
片児 11537
水母 11981
薄鰒 11978
蒸鮑 11979

短鰒　11526
蕀甲羸交作鮑　11977
佐米楚割　11955
雑魚楚割　11982
楚割　12820
佐米□鱐　12814
雑魚腊　11983
□魚味腊　12685
雑腊　12654,12777
蠣腊　11980
軍布　11311
和軍　12841
末滑海　11827
布乃利(鹿角菜)　(12663),12800
奈弖米　11411
角俣　12488

その他の食品

米　11291,11301,11319,11442,11599
11600,11958,11959,11965,11971
11974,11995,12148～12150
12539,12582,12645,12650,12651
12661,12673,12675,12676,12701
12706,12751,12752,12776,12797
12798,12808,12809,12823,12849
12895
白米　11305～11309,11316,(11413)
11524,12528,11529,12635
12649,12664～12666,12832
舂米　12151,12796
舂白米　12641
赤搗(舂)米　11972,11973
稲　12773,12787
飯　11408,11511,11863,11866～11869
12260,12497
粥　12582
碎粟　12640
塩　11302,11333,11358,11603,11604
11954,11963,12639,12642,12794
12795
果塩　11530
末醤　11511
酒　11870
白酒　11294
白□　12799
氷　11879
菜　11511
蒜　12669
茄子　12684
伊知比古　11987
梨　11534
小蒲萄子　12667
鹿宍　11986

繊維製品

絁　12152,12458
布　11495,12152,12612,12679,12680
耳糸　12677
被御服　12678
帳　12681,12682
薦　12683,12781
縄　11861,11884
加都良　11348
黒葛　11444

建築資材・部材ほか

瓦　11873,12155,12430
鐙瓦　11873
宇瓦　11873,11876
女瓦　11873～11875
柱　11902～11904
小柱　11905
榑　11912,11913
丸桁　11906
榑風　12824
飛炎　12454
小斗　11906～11908
短枚桁　11898
継目　11906
口引(坐)　11906,11907,11910
端切口引　11910

壁代　11911
釘　11915,12779
古釘　11914
木覆釘　11915
五寸打合釘　11914
針　11912
小石　11880
(柱根)　11803
(木樋暗渠)　11804,11805
(井戸枠)　11806～11821

雑

鴨　11507
馬　11988,12161
　御――　11861
　夜行――　11861
鹿匚　12663
銭　11878,11991,11992,12138,12153
　12495,12870
養物銭　11414
養銭　11523
進納物　12607
麦門冬　12636
秇(瓶)　11295
小高坏　12154
缶　11985
鉏　12431
鏫　11906
韈　11359
薪　11535,12606
小竹　11417
机　11495
筆　12727
墨　12727
琴柱　12156
都ゝ美　11443
笠　12158
沓　11514
弓　11836,12762,12763
矢　11994
油　12495
器　12593
釜　12617,12780
天垣　12157
(棒軸)　11948～11951
(題籤軸)　11519,11952,12479
(組合せ箱)　11336
(曲物側板・底板)　11394,12262,12265
　12704,12844
(斎串)　12647
(匙)　11927
(盤)　12260
(定木)　12261
(形代)　12701,12704
(琴形状木製品)　12803
(用途不明木製品)　11337,11338,12157
　12264,12282,12472
　12623,12765,12770

雑　　件

租　税

御調　11302,12794
調　11526,11530,11531,11954,11963
　11975,11976,12633,12639,12642
　12671,12672,12820
庸　11957,12640,12894
庸米　11319,11959,11965,12661,12673
　12752,12776,12797
養　(12657)
大御贄　12662
御贄　11955,12814,12815
大贄　12630,12663

文書形式など

寵大命　11367

奏　11844,12490～12492
宿奏　11845
宣　11496,12395,12583,12836
口宣　12583
解　11398,11500～11503,11823,11852～11855,11952,12211,12454,12472 12523,12592,12773,12788,12812
牒　11399,11850
辞　11825
移　11497～11499,11846～11849,12850
申請　11502,11504,11505,11853
申　11398,11463,11500,11501,11513 11851,11852,11856,11859,11872 11952,12456,12593,12774,12788 12846
請　11506,11509,11822,11823,11861～11863,11865～11867,11870,11871 12260,12396,12493
進　11457,11507,11880,12728,12773 12838
進上　11442,11456,11510,11873～11875 11877～11879,12454,12455,12472
謹　11513,11823,11824,11853～11856 11858,11952,12211,12592,12748
謹上　11857
御前　11851,12748
状　11400,11859,11887,11888,12583
奉行　11398
召　11881
恐ミ頓首　12748
勘帳　12479
勘　12454,12582

年号・年月日

癸卯年(太宝三年)　11285
丁未年(慶雲三年)　11285
太宝三年
——正月　11285
(大宝)四年　11285
慶雲三年　11285
慶雲肆年　11285
和銅二年　11350
和銅三年　11308
——三月　11286
——四月廿三日　(11306),11307
和銅四年
——四月十匚　12639
和銅六年　12752
和銅　11830
霊亀元年
——九月　11837
霊　11838
養老二年　12633
——十月　12640
養老四年
——十月十六日　12701
(養)老五年
——七月　12702
養老六年　12642
養老七年
——九月　12822
養老□年
——十月　12654
神亀三年
——四月六日　12127
——十月　12838
神亀五年
——正月　12128
——十月　11874
神亀六年
——四月十日　11873
天平二年
——十一月廿三日　12129
——十一月　11959
天平三年
——二月廿六　12130
——三月十六日　12131
天平五年
——八月廿一日　11859

天平十八年
——十二月 12814
天平十九年 11519
(天平)勝實四(年) 11510,11526,11531
——(年)月廿七日 (11507)
——十二月□日 12826
天平勝寶五年 11596
——正月 11440
——十一月 11595
(天平)勝寶九歳 12479
天平勝寶□年 11730,11950
——□□月二日 11393
天平寶字四年 11948
天平神護元年
——四月 12796
神護景雲三年
——四月十七日 11861
——八月三日 11884
護景□ 12133
寶亀九年
——三月十六日 12134
寶亀 12135,12136
□亀□年
——十月廿日 11970
天平 12802
天 (12132)
寶 (12137)
元年正月 12486
□二年十月 12897
五年四月 12138
八年 11993,12534
□□年 11285,12139
正月 12462,12495
太宝三年—— 11285
神亀五年—— 12128
天平勝寶五年—— 11440
元年—— 12486
——一日 12867
——十六日 12495
——廿八日 11441
二月
天平三年——廿六 12130
三月
和銅三年—— 11286
天平三年——十六日 12131
寶亀九年——十六日 12134
——一日 11912
閏三月
——十六日 11881
四月 11866
和銅三年——廿三日 (11306),10307
和銅四年——十[12639
神亀三年——六日 12127
神亀六年——十日 11873
天平神護元年—— 12796
神護景雲三年——十七日 11861
五年—— 12138
——十三日 11864
——十六日 12140
——廿日 12582
——廿二(二十二)日 11914,12582
——廿四日 11865
五月 12141
——二日 11867
——三日 12539
——五(日) 11597
六月
——六日 11863
——廿一日 12467
——廿二日 12789
七月
]老五年—— 12702
——十五 11904
——廿□日 11868
八月 11952,12703
神護景雲三年——三日 11884
天平五年——廿一日 11859
九月 11871

霊亀元年―― 11837
養老七年―― 12822
――十四日 12598
十月
養老二年―― 12640
養老四年――十六日 12701
養老□年―― 12654
神亀三年―― 12838
神亀五年―― 11874
□二年―― 12897
□亀□年――廿日 11970
――廿二日 12775
――□□日 11394
十一月 12143
天平二年――廿三日 12129
天平二年―― 11959
天平勝賓五年―― 11595
――十六日 11933,11991
――廿五日 12142
十二月 12618
去天平十八年―― 12814
天平勝宝四年――□日 12826
――十四日 12496
――廿九日 12704
□月 12827,12868
一日 11912,12624,12867
二日 11393,11867
三日 11884,12539
五日 11597,11860
六日 11863,12127
七日 12705
十日 11873,12773
十一日 11934
十二日 11883,12583
十三日 11864
十四(日) (11935),12144,12496,12598
十五日 (11935),11904
十六日 11881,11933,11934,11991,12131
12134,12140,12495,12701
十七日 11861
十八日 12869
十九日 11934,12583
十□日 12639
廿日 11934,11970,12497,12582,12614
廿一日 11553,11859,12145,12467
廿二日 11914,12582,12775,12789
廿三(二十三)日 (11306),10307,11934
12129,12535
廿四日 11410,11865
廿五日 11402,12142,12146
廿六日 12130
廿七日 11409,11507,11831
廿八日 11441
廿九日 12146,12680,12704
廿□日 11868
□日 11598,11934,12826
巳時 12595,(12623)
午時 (12623)
申時 11394
酉時 12142

助数詞

枝 11898,11901～11903,11906,11912
12181,12183,12454
顆・果 11534,12468
荷 11535,11536,11879,12606
貝 11979
塥 11977
貫 11993,12495
斤 11311,11411,11444,11526,11914
11955,11975,11978,12175,12630
12632,12814,12822,12841,12896
八斤五両 11975,12632
十一斤十両 12822
口 11467,12152,12497,12599,12617
12780
絇 12677
具 11994,12497
籠 11979,11980,11982

石(斛)　11352,11599,11601,11880,12701
合　11512,11599,11602,11872,12260
12478,12582
尺　11862,12617,12679,12680,12801
種　11940
升　11321,11334,(11350),11395,11408
11511,11512,11599,11602,11863
11864,11867,11868,11870,11872
11934,11938,11981,11995
(12052),12171～12173,12260
(12290),12457,12460,12478
12495,(12539),12540,12582
(12605),12636,12654,12667
12708,12709,12777,12838
丈　11606,12680,12801,12836,12873
条　11901,12680
後　12642
寸　11862,11916,12617,12680,(12801)
隻　11914,11915,11988,12176,12779
積　12707
節　12632
前　11535
束　11956
足　12154
端　12152,12679,12680,12871,12872
裹　12842
斗　11287,11290,11291,11294,11299
11301,11302,11305～11309
11316,11321,11326,11333,11410
11413,11442,11520,11524,11527
～11529,11531,11599,11625
11863,11867,11868,11870,11872
11935,11938,(11954),11958
11959,11965,11972,11974,11981
11995,12173,12457,12460,12539
12582,12605,12617,12634
(12635),12639～12641,12645
12646,12649～12652,12654
12655,12657,12661,12665～
12667,12669,12671,12673～
12676,(12701),12707～12709
12751,12752,12775～12777
12795～12797,12799,12823
12832,12838,12849,12894,12895
三(参)斗　11302,11333,11531,(11954)
11995,12655,12671,12775
12795,12799
五(伍)斗　11287,11290,11291,11299
11305～11309,11316
11413,11520,11524,11527
～11529,11965,11974
(12635),12641,12649～
12652,12665,12666,12674
～12676,12707,12796
12823,12832,12895
五斗八升　11321,11995
六斗　11301,11326,11442,11958,11959
11972,12617,12634,12640,12645
12646,12655,12657,12661,12673
12751,12752,12776,12797,12894
七斗　12849
人　11297,11351,11394,11396,11402
11403,11406,11407,11509,11514
11516,11605,11628,11630,11633
11634,11732～11734,11832
11864,11867,11868,11873,11874
11900～11902,11906,11908
11911,11917～11922,11924
11925,12017,12020,(12021)
(12022),12028,12030,12090
12162～12169,12387,12410
12418～12420,12496,12537
12538,12594,12619,12620,12789
12790,12818,12839
疋　12152
匹　12724
俵　11935,11971,12655
12778,12798,12825

尋　12681,12682
編　11978
枚　11552,11873,11876,12155
12184～12186,12781
村　11906～11909,12177
名　12170
文　11414,11878,(11991),11992
11993,12174,12495,12802
　六百文　11414
　一千文　11993
翼　11507
料　12187
両　11876,11914,11975
12159,12632,12822
烈　12632
　五烈六節　12632
連　12822
　□連□丸　12822

雑

中宮　11626,11627
大宮　11439
西大宮　12495
東宮南道　12583
大殿　11396
高殿　11898
造東高殿　11899
西高殿　11900
丹比門　12618
北門　11513,11514
京橋　12583
正倉　11397
屋壱門　12282
厨　11866,11867
寺　11535,11782
草原　11925
済　11925
御竈　12606
孫王　12680
式部位子　11545
位子　11883
番上選目録　11943
考状帳　11948
□帳　11952
去出　11941
今上　11942
中等　11944
年分　12593
供御　12677
供奉　12630,12814
仕奉　11296
奉　12293
人給　12478
功　11873
相替　12810
(暁)夜行・行夜　11861,11886,12594
宿官人　12015
宿侍　11477,12016
宿衛　11553
宿　11883
初　11882
初夜　11460
半　11882
一番　11847
六番　12178
十二月番　12618
他番　11630,12179
当番　11631,11632
発遣　11400
入　12595,12596
散　11630
車　11876,12159,12459
御輿　11394
御馬　11861
夜行馬　11861
修理　11397
月米　11995
去天平十八年十二月料　12814
四月料　12630

六月料　11517
七月料　11995
八月上半月料　11995
十一人料　11868
舍人三口料　12497
客人料　12497
御粥料　12582
工作高殿料　11898
□□料　12478
料　12187,12746
常食　11402,11511
食　11865
貢　11531
納　11309,11537
俵　11293,11312,11314,11320,11321
11323,11327,11328,11521
一俵納　11306,11307
俵納　11308
中俵　11325
朝夕　11865,12496,12536
夕　12141
頭　11337
所生　11960
逃亡　12288
黒子　12287
小便　11518
父母　11613
母身　11614
孝服　11285
服　11859
仮　11860
臥病　11634
死　12619
頭　11337
北　11806,11810,11814,11818
東(卯)　(11804),11807,11811,11815
11819
南　11783,11808,11812,11816,11820
12459,12682,12730
西　11809,11813,11817,11821,12681
義衆　11460
仏御供養雑物　12495
妙法蓮華　11397
古文孝経　12773
(千字文)　11388
(難波津歌)　12764,12787
(九九)　12209
子丑寅卯辰巳午未　12541
(呪符)　12210,12716
急〻如〻律〻令〻　12716
天罡　12716

記　号

乛(合点)　11514,11869,11896,11991
12046,12059,12067,12142
12399,12407,12416,12574
12575,12621
レ(転倒符)　12752
(絵)　12210,12844
その他の記号　11808

平城宮木簡七　解説

二〇一〇年四月二十三日　第一刷発行

編　者　独立行政法人国立文化財機構　奈良文化財研究所

発行所　株式会社　八木書店

東京都千代田区神田小川町三―八

電話〇三―三二九一―二九六一〔営　業〕

〇三―三二九一―二九六九〔編　集〕

〇三―三二九一―六三〇〇〔FAX〕

印刷所　株式会社　天理時報社

奈良文化財研究所史料第八十五冊

ISBN978-4-8406-2047-5（解説）